新手学邮币卡
投资实战交易与技巧

李晓波 王征◎编著

中国铁道出版社有限公司
CHINA RAILWAY PUBLISHING HOUSE CO., LTD.

内 容 简 介

为了能够让更多的投资者正确地掌握邮币卡的交易方法和技巧，作者首先讲解邮币卡的基础知识，如什么是邮币卡、邮币卡的收藏与投资价值、邮币卡投资的原则与技巧、邮币卡交易的窍门、邮币卡行情分析软件——邮币之星；然后分别讲解邮票、钱币、电话磁卡的基础知识与投资技巧；接着讲解邮币卡交易中的各种分析技术，如 K 线、趋势、形态、均线、MACD、KDJ 等；最后讲解邮币卡交易的实战技巧和申购技巧。

本书结构清晰、功能详尽、实例经典、内容全面、技术实用，并且在讲解过程中既考虑了读者的学习习惯，又通过具体实例剖析邮币卡交易中的热点问题、关键问题及种种难题。

本书既适用于邮票、钱币、磁卡等投资者和爱好者，也适用于股票、期货、大宗商品、黄金、白银、基金、债券等投资者和爱好者，更适用于那些有志于在这个充满风险、充满寂寞的征程上默默前行的征战者，以及屡败屡战、愈挫愈奋并最终战胜失败、战胜自我的勇者。

图书在版编目（CIP）数据

新手学邮币卡投资实战交易与技巧 / 李晓波，王征
编著. — 北京 : 中国铁道出版社，2016.10（2022.1 重印）
ISBN 978-7-113-22269-7

Ⅰ. ①新… Ⅱ. ①李… ②王… Ⅲ. ①邮票-投资-
基本知识②纪念币-投资-基本知识 Ⅳ. ①F832.48

中国版本图书馆 CIP 数据核字（2016）第 203864 号

书　　名：新手学邮币卡投资实战交易与技巧
作　　者：李晓波　王　征

责任编辑：张亚慧　　　编辑部电话：（010）51873035　　　邮箱：lampard@vip.163.com
封面设计：MXK DESIGN STUDIO
责任印制：赵星辰

出版发行：中国铁道出版社有限公司（100054，北京市西城区右安门西街 8 号）
印　　刷：佳兴达印刷（天津）有限公司
版　　次：2016 年 10 月第 1 版　2022 年 1 月第 2 次印刷
开　　本：700mm×1000mm 1/16　印张：13.25　字数：287 千
书　　号：ISBN 978-7-113-22269-7
定　　价：49.00 元

前　言

目前，在国务院关于《文化产业振兴规划》和"互联网+"战略发展方针的推动下，邮币卡行业正高速发展，新增投资者源源不断地涌入这个新兴市场。

邮币卡市场是一个金钱满天飞的市场，这里充斥着令人心涌澎湃的神话，也散发着让人心惊胆寒的血腥。投资者一定要明白：邮币卡市场交易的本质就是财富再分配的过程，在这里智者把愚者的钱拿走了，勤奋者把懒惰者的钱拿走了，主力把散户的钱拿走了。

在这个没有硝烟的战场，如果没有经过系统的学习和训练，就匆匆入市，那么大多数的投资者都会把自己的资金送给市场，然后永久性地退出市场。无视学习、轻视经验、不重视市场，是大多数投资者常犯的错误。

为什么要写这本书

现在，市面上关于邮币卡交易的书籍很少，大多是基础类的书籍，实战类的书籍很少，并且实战类的书籍多数讲解不全面，剖析不够深入，没有讲解中小资金每年翻番的操作技巧，没有讲解现货市场中真正的"收益越大，风险越小"的实战操作模式。

本书作者在投资生涯前期，也曾走过很长时间的弯路，也曾几度陷入经济危机和心理危机，也曾怀疑市场上有无走出痛苦、走向成功的方法。事实上成功并不遥远，财富就在身边，这就是本书写作的主题。

本书结构

本书共 12 章，具体章节安排如下。

- 第 1 章：讲解邮币卡的基础知识，首先讲解什么是邮币卡、邮币卡的收藏与投资价值、邮币卡市场的历史与前景；然后讲解邮币卡电子盘的优势与发展简史；接着讲解邮币卡的投资原则、技术及交易窍门；之后讲解邮币卡行情分析软件的下载、安装与使用技巧；最后讲解邮币卡与股票的区别。
- 第 2～5 章：讲解邮币卡的基础知识与投资技巧，即邮票、钱币、磁卡的基础知识与投资技巧。

- 第 6～10 章：讲解邮币卡的 K 线、趋势、形态、均线、MACD、KDJ 交易技巧。
- 第 11～12 章：讲解邮币卡交易的实战技巧和申购技巧。

▶ 学习体系

全书共分为 4 篇，分别讲解邮币卡基础篇（第 1 章）、邮币卡基本面篇（第 2～5 章）、邮币卡技术面篇（第 6～10 章）、邮币卡实战篇（第 11～12 章），具体如下图所示。

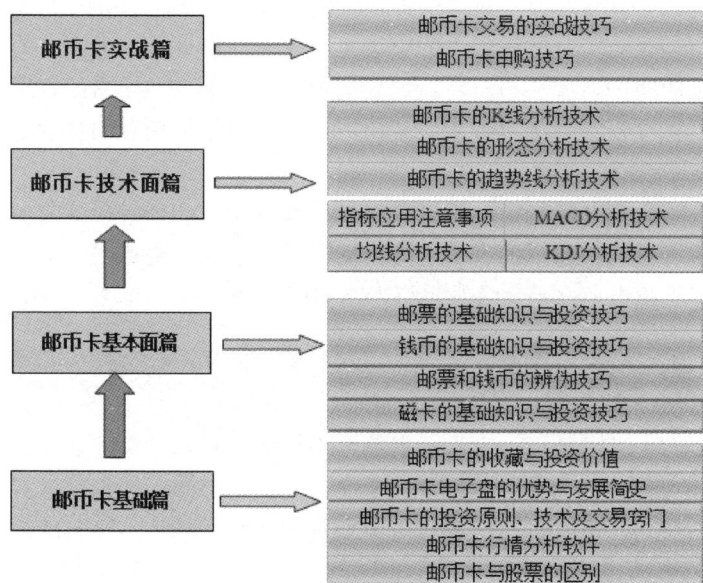

| 邮币卡实战篇 | → | 邮币卡交易的实战技巧 |
| | | 邮币卡申购技巧 |

邮币卡技术面篇	→	邮币卡的K线分析技术
		邮币卡的形态分析技术
		邮币卡的趋势线分析技术
		指标应用注意事项　MACD分析技术
		均线分析技术　KDJ分析技术

邮币卡基本面篇	→	邮票的基础知识与投资技巧
		钱币的基础知识与投资技巧
		邮票和钱币的辨伪技巧
		磁卡的基础知识与投资技巧

邮币卡基础篇	→	邮币卡的收藏与投资价值
		邮币卡电子盘的优势与发展简史
		邮币卡的投资原则、技术及交易窍门
		邮币卡行情分析软件
		邮币卡与股票的区别

▶ 本书特色

本书的特色归纳如下。

1．实用性：本书首先着眼于邮币卡实战应用，然后再探讨深层次的技巧问题。

2．详尽的案例：本书附有大量的例子，通过这些案例介绍知识点。每个案例都是作者精心选择的，投资者只需反复练习，举一反三，即可真正掌握交易技巧，从而学以致用。

3．全面性：本书包含了邮币卡的所有知识，首先讲解邮币卡的基本知识、行情分析软件、邮币卡的基础知识与投资技巧、邮币卡 K 线分析技巧、邮币卡的趋势线分析技巧、邮币卡的形态分析技巧、邮币卡的技术指标分析技巧、邮币卡交易的实战技巧、邮币卡申购技巧。

▶ 本书适合的读者

本书既适用于邮票、钱币、磁卡等投资者和爱好者，也适用于股票、期货、大宗商品、黄金、白银、基金、债券等投资者和爱好者，更适用于那些有志于在这个充满风险、充满寂寞的征程上默默前行的征战者，以及屡败屡战、愈挫愈奋并最终战胜失败、战胜自我的勇者。

▶ 创作团队

本书由李晓波、王征编写，以下人员对本书的编写提出过宝贵意见并参与了部分编写工作，他们分别是陆佳、张振东、王真、周贤超、杨延勇、解翠、王荣芳、李岩、周科峰、陈勇、孟庆国、赵秀园、吕雷、孙更新、于超、栾洪东、尹吉泰、纪欣欣、王萍萍、高云、李永杰、盛艳秀。

由于作者知识水平有限，书中的缺点和不足之处在所难免，敬请读者批评指正。

编　者
2016 年 7 月

目 录

第 1 章　邮币卡投资快速入门

第 2 章　邮票的基础知识与投资技巧

第3章　钱币的基础知识与投资技巧

第 6 章 邮币卡的技术分析

第 7 章 邮币卡的 K 线分析技术

第 8 章　邮币卡的趋势线分析技术

第 12 章　邮币卡的申购技巧

第 1 章

邮币卡投资快速入门

由于邮币卡市场提供了一条全新的理财途径，所以邮币卡投资近年来相当火爆，并且越来越多的人开始参与邮币卡投资。

本章主要内容：

- 邮币卡的含义及收藏与投资价值
- 邮币卡市场的历史与前景
- 邮币卡电子盘的优势
- 邮币卡电子盘发展简史
- 邮币卡投资的原则与技巧
- 如何选择有收藏价值的邮币卡
- 邮币卡交易的窍门
- 邮币卡行情分析软件的下载、安装与使用技巧
- 邮币卡与股票的区别

1.1 初识邮币卡

想要进行邮币卡投资，首先需要了解邮币卡的基础知识，即什么是邮币卡、邮币卡为什么有收藏与投资价值，还要了解邮币卡市场的历史与前景，下面来讲解一下。

1.1.1 什么是邮币卡

邮币卡是邮票、钱币、电话卡的简称。

（1）邮

邮，即集邮品，包括邮票、小本票、邮资明信片、邮资信封、首日封等的一切邮政用品，还包括印花税票，如图 1.1 所示。

图1.1 邮

（2）币

币，即钱币，包括流通币（市场流通的纸币和硬币）、贵金属币（金币和银币）、非贵金属币（除金银币外的金属硬币）。可以分为国内币和国外币等，总之是指可以合法买卖的所有钱币，如图 1.2 所示。

图1.2 币

（3）卡

卡，即电话卡，最早指田村卡，也是我国使用最早的电话卡，现已被 IC 卡替代。田村卡主要分为两种，一种是全国通用卡，由当时的国家电信局发行；另一种是地方卡，由各省市地方电信局发行。

通用类田村卡、地方类田村卡、通用 IC 卡、地方 IC 卡，还有 20 世纪 90 年代和地方田村卡同期使用的各种联机卡，具体有：亚斯康制式（1985 年中国最早开通的深圳绿箭电话卡就是该制式）、英国 GPT 制式（深圳 89 十景珍卡就是该制式）、太科卡（各省市邮电管理局、市县邮电局都有发行），还有少许地方诸如黑龙江使用的韩国薄卡、山西 ID 卡。现在已经包括了电话卡、银行卡、上网卡、储值卡、游戏点卡等，如图 1.3 所示。

图1.3　卡

一般邮币卡市场内是以摊位为单位进行邮、币、卡的买卖。少部分藏友之间也会出现以物换物的情况。现在邮币卡市场经营的邮票大部分是新中国邮票，币主要是新中国一、二、三版纸币，四、五版成交也很好（但是法律规定四、五版纸币不允许买卖），卡现在比较没落，田村卡、充值卡都相对较少。

1.1.2　邮币卡的收藏与投资价值

邮币卡具有非常独特的文化艺术属性，每样藏品都有着发行量的限制。随着时间的流逝，其文化底蕴与时凝练，纪念意义逐步凸显；随着市场的消耗，邮币卡的珍稀性也逐渐显现。

例如一张邮票，当年发行时的发行量是 500 万张，在市场流通中慢慢有了损毁，邮局过一段时间也会销毁。5 年后机构中保有的存世量也就只剩下了几十万张在市场上交易。它的价值就要比原来的票面价值提高很多，也就是说它的收藏价值和投资价值就提高了。邮币卡的交易正是依托着这样的文化底蕴和经济价值形成的。

在邮币卡收藏与投资过程中，一定要注意邮币卡的品相。所谓品相，是指邮币卡本身是否完整、清洁、美观，也即保留着原来发行时的一切模样。因此，邮票、钱币以及各种各样的银行卡或电话磁卡等的收藏投资，都要注意其品相。品相好坏直接关

系其收藏和投资的价值。同一枚邮票，如果品相不同，其价钱或许会相差数倍甚至数10倍。

平日里在邮市中可以看到，如果是一位老资格的收藏投资者，他购买这些东西时会百般挑剔，手拿放大镜，左看看，右看看，绝对不会轻易出手购买。若发现某一收藏品某个地方有瑕疵，他将会把价钱砍去大半后再考虑是否投资的问题。老资格的收藏投资专家都知道，品相就是邮币卡的生命。投资此类物品不仅要观其质，更要看其外表。

有关专家称，目前邮市里炒得最火爆的是"庚申猴"这枚面值八分钱的邮票。如果这一枚猴年邮票品相上佳，开价 1 300 元以上，将很快被人买走，但如果其品相一般，其价格 600 元也未必有人问津。一张品相较好的第二套人民币"叁元券"价值在 2 500~3 000 元之间，而一张破损严重、并经重新修补过的"叁元券"，可能只有数百元。总之，品相好的邮币卡收藏品，价钱即使略高于市价，仍然有人追捧。

1.1.3　邮币卡市场的历史与前景

邮币卡市场的形成，要从邮票开始谈起。20 世纪 80 年代初期，集邮活动兴起，很多人开始和朋友交换邮票，但是那时候还没有出现交易，那个年代交易邮票还属于投机倒把的行为。大家一般通过朋友圈子的扩大进行交换。

自 20 世纪 90 年代开始，邮票交易政策放开，就出现了很多人熟悉的马路邮市，说白了就是摆地摊卖邮票。那种蹲在马路边挑选邮票的情景至今还常常被人们所津津乐道，卖家端一本集邮本蹲在马路边上，买家蹲在对面讨价还价。最常听见的就是那句：您喜欢什么就买两张吧！这张 5 毛，那张 1 块；慢慢地，随着市场管理规范化，开始有了正规化的邮票交易市场，最大的就是原来的月坛邮票市场，后来是北京马甸邮票市场。有点岁数的人都记得那时邮票市场的火爆场面，人头攒动，交易火热。可以说 20 世纪 90 年代是我国邮票交易市场盛况空前、繁荣火爆的年代，很多人从单纯地收藏邮票，到认识邮票的金融价值，钱币、电话卡也逐渐走进了交易市场中。于是，邮票市场就变为了邮币卡市场。

随着经济日新月异的发展，人们开始寻找一种稳健而有价值的经济投资，邮币卡市场逐渐脱离了收藏，变为投资者和收藏者共同的乐园。

在发展中，邮币卡实物交易市场渐渐显示出了它的弊端。比如无法进行异地交易，如果你家住在河北、天津，你想买邮票，但由于当地的集邮市场不健全，购买不到你想要的邮票，你就需要到北京购买。来到北京，如果你只是一个集邮爱好者，对集邮的知识不可能完全了解，面面俱到，就有可能出现买到品相不好邮票的情况。

在邮币卡市场，很多人最爱问的一句话就是：你这邮票不会是假的吧？为了解决大家跑来跑去购买邮票的这种局面，出现了网上交易（利用淘宝、ebay 进行交易），与此并存的还有一种方式就是邮票拍卖，拍卖的手续费很高，如价值 1 万元的邮票，拍

卖公司要挣 30% 的差价，也就是说售卖者只能得到 7 000 元的交易额。种种原因促成了人们对新的交易模式的需求。如何克服这种传统的运作模式呢？让交易更简便、更安全，同时还能突破地域性的限制？在总结了股票、期货的一些运作模式后，线上邮币卡实物交易模式（邮币卡电子盘）形成了。

1.2　火爆的邮币卡电子盘

近年来，邮币卡电子盘非常火爆，那么什么是邮币卡电子盘呢？邮币卡电子盘有什么优势呢？下面来具体讲解一下。

1.2.1　什么是邮币卡电子盘

邮币卡电子盘，也叫作邮币卡电子交易平台，就是卖家将邮票、金银币、电话卡等有价值的藏品，拿到文物交易所鉴定，然后以实物挂牌的方式上市交易，让投资人和收藏者像买卖股票一样买卖邮票钱币等藏品。

邮币卡电子盘丰富了藏品交易的种类和数量，让买家和卖家不再"跑断腿"，增强了藏品的投资属性。在互联网大潮中，这是文化产业和金融产业的深度结合。

1.2.2　邮币卡电子盘的优势

在从业者和投资者看来，邮币卡的现货交易有很多弊端，如卖家找不到买家，交易成本过高；现货交易价格混乱，卖家漫天要价；没有鉴定机构，假货问题严重；藏品品相没有评判标准，交易纠纷太多，交易时间过长等。

邮币卡电子盘的出现让这些问题迎刃而解。卖家再也不用费力地去找买家；交易价格透明，不用担心受骗；有了文交所的鉴定，买家对藏品的真伪、评级、价值也更加放心，不用担心藏品的品相问题，采用 T+0 交易，可当天买当天卖，交易时间短。

有了这种优势，邮币卡电子盘随即受到热捧。电子交易平台不仅数量在增加，交易额更是狂飙突进。以南京文交所邮票交易中心为例，2013 年 10 月上线，第一年的总交易额 2 亿元，第二年 547 亿元，到 2015 年 6 月份是 3 081 亿元，其中的邮资封片指数在其上线后 8 个月暴涨超 100 倍，远超同期 A 股涨幅，更有单品 5 个月内涨幅达 181 倍，如图 1.4 所示。

很多人对邮币卡业务情有独钟，是因为邮币卡具有收藏价值，每年都会涨，而且很可能短时间内转手一卖就能翻倍。

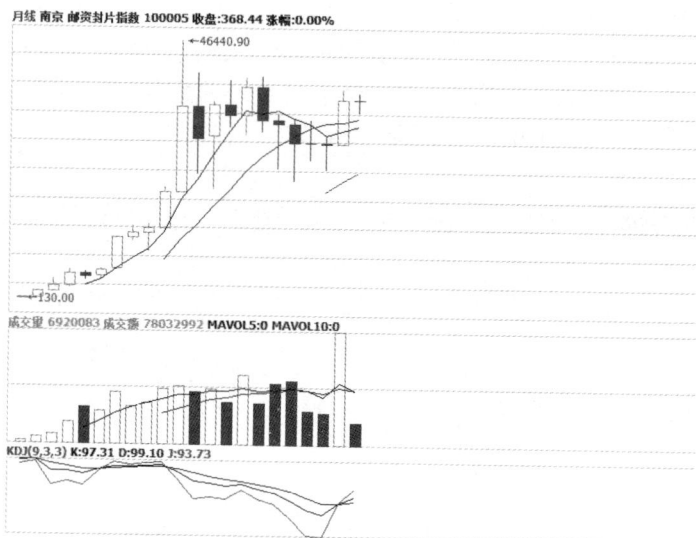

图1.4 邮资封片指数的月K线图

1.2.3 邮币卡电子盘发展简史

俗话说，盛世古董，乱世黄金。由于近年来国力日益强大，普罗大众投资收藏品的热情逐年增长，在进一步弘扬中国文化的同时，文化藏品成为投资手段是发展趋势。

2009 年 6 月 15 日，获得中央批准后，由上海联合产权交易所、解放日报报业集团和上海精文投资有限公司联合投资创立的上海文化产权交易所正式成立，成为国内首家文交所。同年 9 月 17 日，天津文化艺术品交易所紧随上海文交所成立。值得提出的是，与上海文交所国有股份控股不同，天津文交所前两大股东都是民营房产开发商。 同年 11 月，深圳文交所宣布挂牌。

2010 年 7 月，中国第一个基于权益拆分模式的艺术品资产包——深圳文交所 1 号资产包正式推出，从而迈出了艺术品金融创新的第一步。2010 年 12 月，上海文交所推出的资产包是艺术家黄钢创作的"红星和箱子"系列作品。由于发售的资产包拆分数量较少，面向特定的客户群体发售，并且参与投资的门槛较高，因此沪、深两地文交所的艺术品金融创新并没有在投资市场引起太大的影响。

然而紧随其后的天津文交所做出的金融创新却要激进得多，不但投资门槛大幅降低到了 5 万元，而且采取 T+0 的交易方式，当天买入的份额在当天就可以卖出，即采取标准类证券化模式对资产包的作品进行买卖。2011 年 1 月，天津文交所将画家白庚延作品《黄河咆哮》和《燕塞秋》挂牌上市。由于大众化的投资门槛和不受限的交易方式，使得这两幅作品一上市就遭到疯狂炒作。

2011 年下半年，国务院相继发布一项决定和两大意见，要求文交所对于艺术品份

额化交易进行清理整顿。由此，这一轮泡沫被狠狠戳破，全国各大文交所也相继退出该类交易，转型为发展邮票、钱币投资及其他业务。直到 2013 年 10 月 21 日，南京文交所钱币邮票交易中心上线，才最终形成邮币卡电子盘交易模式。

截止到 2016 年 3 月底，国内邮币卡交易中心已经形成包含中南邮票中心、南京文交所、北京金马甲、上海邮币卡交易中心、北京福丽特、江苏文交所、南方文交所、渤海收藏品交易中心等多家共存，"欣欣向荣"的格局。与其说这是时代趋势，倒不如说它正是契合了时下最流行的"互联网+"概念。

1.3　邮币卡投资的原则

邮币卡投资有 5 项原则，分别是关注政策变化的影响、投资重点应该是强势板块和品种、选择权威发行部门发行的品种、邮币卡是一种实物投资、要有风险意识，如图 1.5 所示。

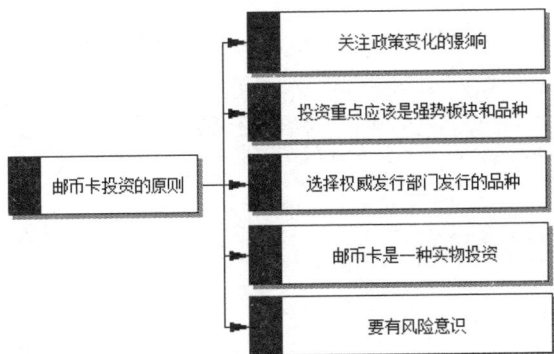

图1.5　邮币卡投资的原则

1．关注政策变化的影响

近年来金银纪念币行情走势较好，与中国金币总公司执行"总量控制、结构调整、确保精品、推陈出新"的发行政策有关。而 2014 年邮品行情之所以能够走得较强，则与国家邮政局连续推出的多项政策利好有关。所以要在投资邮币卡中取得好成绩，最主要的是要对发行管理部门政策变化有深刻认识，对政策利好要能够领会并且采取积极的投资策略。

2．投资重点应该是强势板块和品种

要在邮币卡投资市场取得成功，短线投机时要紧紧盯住强势热门板块，如近年的彩金币板块和小版张板块。强势板块中最容易跑出黑马品种，这是经过市场行情反复检验的事实。如果是稳健型的投资者，则需要寻找目前市场价格被低估的品种，在邮币卡市场中这些品种不仅存在，有时还大量存在，寻找到这些品种后选择时机介入，作为长线投资，投资回报也很可观，并且承担的市场风险要小得多。

3．选择权威发行部门发行的品种

中国人民银行、国家邮政局等是权威的发行管理部门，金银纪念币和正规的邮品只有它们才有权发行。投资者在选择具体的投资品种时，发行部门的权威性是首先要考虑的因素。同样题材的品种，由谁发行其价值是大不相同的。通常情况下，每一款现代中国金银纪念币，都附有中国人民银行行长签名的鉴定证书，同样金银纪念币有面值等货币的特征。相比之下纪念章的发行则要随意得多，当然其价值也不如纪念币。

4．邮币卡是一种实物投资

与股票等不同，邮币卡是一种实物交易，所以投资邮币卡具有实物交易的特点，如买入假品和品相不好的邮币卡品种，会造成很大的资金损失。以邮票为例，背面胶水发黄、边齿损坏、褪色、折痕、霉点等都会影响其市场价格。

5．要有风险意识

由于邮币卡市场行情具有暴涨暴跌的特点，所以市场风险相对较大，对于刚刚涉足邮币卡投资的人来说，控制风险是最重要的。除了政策变化的风险外，在市场价格已经被炒高时介入就有很大的风险；另外如果是借贷资金进行炒作，一旦要回笼资金应急时，卖出的价格会比市场价格低很多。

总之，邮币卡市场是一个高风险、高收益的投资场所，具有资金大小不受限制、交易手续费几乎为零、行情起伏大、机会多等特点，不熟悉者不要因为有人赚大钱而盲目入市。

1.4 邮币卡投资的技巧

邮币卡投资的技巧主要有三个，分别是该出手时就出手；把握行情，做理智收藏者；熟悉市场方能百战不殆，如图1.6所示。

图1.6 邮币卡投资的技巧

1．该出手时就出手

一些"老、精、稀"的邮票品种在集邮市场上是非常抢手的。因此，在收藏投资邮票的时候，还需要果断。

由于风险的存在，导致邮票收藏市场风云变幻，使得很多藏友并不能大胆地去收藏投资。其实，藏友们应该学会把眼光放长远一点，不要被眼前的市场行情所左右。在收藏界中，藏品市场行情的涨跌也是一件很平常的事情，然而我们应该看到，如果是一些精品的话，不管经过多少次浮沉，总是会在收藏市场之中再次发光发热的。因此，对于精品邮票，藏友们应该有足够的耐心去等待它的升值。将眼光放长远一些，将会收获更多。

当然，一旦所收藏投资的邮票市场价格已经涨到了心理预期，也需要果断抛售。

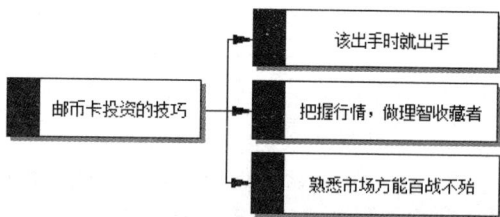

一般来说，当邮票价格涨到一定幅度之后，继续往上涨的可能性就比较小了，如果还继续持有等待进一步的升值，有可能会等来邮票价值下跌的消息，反倒"偷鸡不成蚀把米"。

2．把握行情，做理智收藏者

如果对于邮票收藏的市场行情比较了解的话，那么对于收藏是大有裨益的。一方面，若是对于行情把握充分，可以大大降低投资者收藏投资的风险，获得较高的投资回报。另一方面，对于纯粹的收藏爱好者来说，也能够降低收藏的成本。

对于邮票市场行情的把握，不仅需要对邮票收藏的历史有比较清晰的了解，也需要对邮票收藏未来的政策以及市场导向有比较清晰的掌握。由此，才能够在邮票收藏投资市场中游刃有余。

3．熟悉市场方能百战不殆

一些刚刚接触邮币卡收藏的朋友，往往没有耐心去了解、熟悉市场，容易跟风收藏投资。其实，有经验的爱好者，无一不对市场具有相对的了解。

以邮币为例，目前我国发行的邮票可以分为普通邮票、特种邮票以及个性化邮票等。我们平常接触得比较多的，用来作为邮寄信件的邮资就是普通邮票。它的市场价格不高，而且由于发行数量巨大，收藏价值并不明显。如果要收藏投资的话，选择特种邮票或者个性化邮票是比较明智的。

1.5　如何选择有收藏价值的邮币卡

如何才能选择有收藏价值的邮币卡呢？下面来具体讲解一下。

1．题材

首先要看题材，包括题材是否有纪念意义？是否吸引人？更重要的是看其有没有独创性。1980 版"猴票"因为是第一版生肖邮票，具备了上述所有的特点，所以具有投资潜力；1984 年中国人民银行发行的首个流通纪念币"建国 35 周年"，发行价为 1 元，现在市场价达 300 元；1998 版"彩虎"金质纪念币也因为是第一枚彩色生肖金质币而备受关注，最高时增值 30 倍左右。具有独创性和影响力的"领头羊"品种一定具有投资的机会。

2．发行量

物以稀为贵，发行量越低的品种越值得投资。1985 年的"西藏成立 20 周年"流通纪念币，因其发行量只有 261 万枚，仅是 1984 年发行的"建国 35 周年"纪念币的1/8，也比随后几年流通纪念币的发行量少了许多，因而其增值迄今达到了近 500 倍！2015 年发行的"羊年"流通币发行量为 8 000 万枚，2016 年的"猴币"发行量为 5 亿枚，哪个品种更适合投资一目了然。

3．材质

一般而言，材质越贵重的投资品种所对应的投资人群往往越小，发行量相应越小，

投资风险也相应较小。比如，金银纪念币的材质都是贵金属，其货品单价比较高。一般来说，金银纪念币的发行量要远远少于流通纪念币的发行量，因此前者的投资增值空间比后者大。

例如，人民银行发行的猴年金银纪念币一套共 17 枚，其中金币 10 枚，银币 7 枚，重量从 3.11 克到 10 千克，发行量从 22 万枚到 18 枚，重量越大的发行量相对越少。但是，金银纪念币的品种多、题材杂，对它们的宣传推广力度常常不如流通币，从而其增值空间相应打了折扣。如果金银币的题材和推广能达到流通币的水准，投资意义就大多了。金银纪念币的价格时常受到国际金银市场波动的影响，因此金银币最好是在金价、银价较低的时候购买，卖出则要选在价格高的时候。

4. 发行时间

理论上，收藏应该买老的品种，越老的品种存世量越少越珍稀。但由于老的品种发行过早，题材已经没有了热度；前期涨幅过大，价格较高，上涨接近饱和区；同时，此时的筹码相对分散，主力操盘意愿较小；因此今后继续快速上涨的压力会比较大，但购买老品种贬值的风险相对较小。而刚发行的新品种和近几年发行的次新品种，题材新鲜，已涨幅度有限，常常是主力和投资者喜欢介入的品种。

5. 套装与包装

一般来说，钱币邮票的套装比较难收集齐全，存放多年的散失率也较高，因此其投资价值整套高于散佚失群品种，整套价格往往也多于散货之和。所以，整套的流通纪念币，整套的金银纪念币，整版的邮票收藏会相对更加有意义。

6. 宣传普及率

很多投资品种与重大节日、纪念日相关，如 2000 年千禧年纪念钞、建国纪念币、北京奥运纪念币等。有些则与年度相关，比如生肖币。这些题材往往会经过新闻媒体的大幅炒作，告知面很大，能够吸引大众的广泛参与，其社会影响力会带动投资。

例如，流通纪念币收藏门槛较低，容易辨别，题材多为老百姓喜闻乐见，因而深受大众的喜爱。需要注意的是，这些重要题材的品种往往会出现发行后迅速升值，到一定高度后又逐渐向下调整，呈高开低走的态势。如果拿不到最早的"原始股"，就不要着急追高，应该等其价格下降走稳后，再入市。

7. 关注邮币卡电子盘

近年来，邮币卡电子盘十分火爆，经常有主力通过电子盘炒作一些新品和次新品的投资题材，从而形成线上价格远高于线下现货市场的情况。此时，线上成交价格有一定带动线下价格的作用。因此，在线下投资纪念币时，可以在某些知名电子盘上寻找差价大的品种。

8. 注意金银纪念币与金银纪念章的区别

金银纪念币是国家的法定货币，由中国人民银行发行，币面上带有面值，一般都附带有中国人民银行行长签字的品质证书。而金银纪念章的发行者可能是任何单位，甚至是造币厂，币面上没有面值。纪念章的投资意义远不如纪念币！

面对琳琅满目的邮票品种，希望有投资心理的读者看了以上的选择技巧之后能够帮助到你们，从而选择到心仪的藏品。

1.6 邮币卡交易的窍门

邮币卡电子盘现在仍处于初步发展阶段,在该阶段需要注意几个交易窍门,具体如下:

（1）买入相对低价品种。

低价永远是安全的，这一说法并不绝对，但绝对是大概率。即便是当下邮币卡发展迅速的时代，也到处充斥着各种暴利，但高位接盘仍旧是不明智的。

在邮币卡市场上，低价位的藏品很多，在这些藏品中选择合适的种类进行收藏，是比较容易取得成功的。同时，应该关注价格大幅回落、市场成交大幅萎缩的机会，对近期表现格外突出的新品种进行适量的收藏，因为这些邮资卡一般都具有很大的收藏潜力，只要把握好时机，盈利只是早晚的事情。

（2）买入趋势走向健康品种。

正如股票投资，遵循强者恒强的道理。邮币卡并没有突然并购重组、重大事项的一类利好，不存在埋伏，恐怕只有天灾才能导致市面上该藏品大量损失及瞬间增加某藏品价值，但这是极小的概率事件，不值得幻想。所以趋势走向良好的品种可以适时介入，安心持有，如图 1.7 所示。

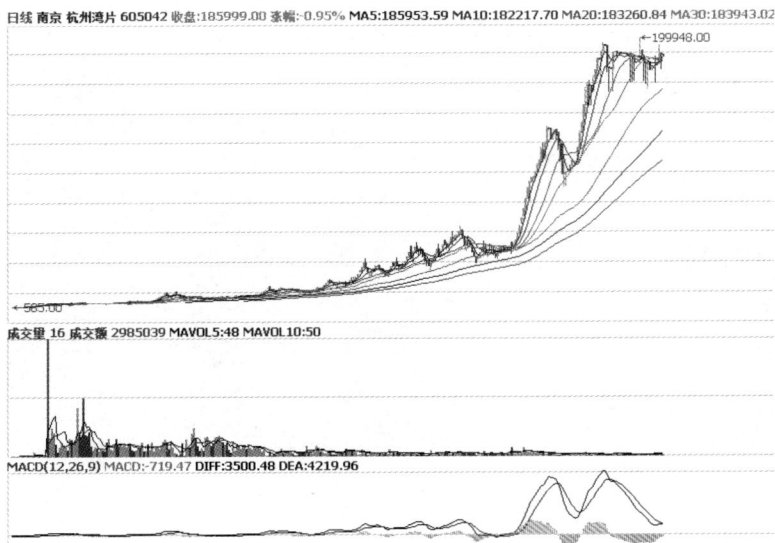

图1.7 杭州湾片的日K线图

（3）积极参与打新。

打新永远是保本并有一定收益的投资手段。在现阶段，新品种推出的频率保持相当高的水平，每次打新都应该积极参与。一旦认购成功，收益相当可观。

（4）获利丰厚，价格明显高于同类别品种，选择高抛。

对于卖点，要因人而异，但操作上一定要保持连贯性。对于自己初期设定的止盈位如非出现特别重大的变故，应予以执行。俗话说，落袋为安。只有交易完成，才能形成收益。切忌思想反复，导致计划不能贯彻执行。

（5）无须痴迷 T+0。

这点对于邮币卡电子盘尤其重要。在符合自己战术规划的同时，无须痴迷 T+0 的交易模式。虽然邮币卡的波动较大，好的 T+0 交易可能会带来一些技术上的额外盈利。但需要谨记，只能把 T+0 作为一种补充的操作手段，在趋势明显的情况下应多看盘、少操作。

1.7　邮币卡行情分析软件——邮币之星

邮币之星集成了国内主要文交所的行情、公告、资讯等信息，包括中国艺交所、南京文交所、中南文交所、上海邮币卡、渤海收藏品等交易所，同时提供策略筛选功能。

1.7.1　邮币卡行情分析软件的下载

在浏览器的地址栏中输入"http://www.youbi365.com"，然后按回车键，即可进入"邮币 365"的首页页面，如图 1.8 所示。

图1.8　"邮币365"的首页页面

在此页面可以下载邮币卡行情分析软件的手机版，即 iPhone 版和 Android 版，方法也很简单，直接单击相应的按钮即可。

向下拖动滚动条，即可看到电脑版邮币卡行情分析软件的下载图标，如图 1.9 所示。

图1.9　电脑版邮币卡行情分析软件的下载图标

单击电脑版邮币卡行情分析软件的下载图标，弹出"新建下载任务"对话框，如图 1.10 所示。

单击"浏览"按钮，弹出"浏览计算机"对话框，可以选择将下载软件放在文件夹，在此放在桌面上，如图 1.11 所示。

图1.10　"新建下载任务"对话框

图1.11　"浏览计算机"对话框

设置好文件夹后，单击"确定"按钮即可。

单击"新建下载任务"对话框中的"下载"按钮，开始下载软件，并可以看到下载进度，如图 1.12 所示。

下载成功后，即可在桌面上看到电脑版邮币卡行情分析软件的安装文件，如图 1.13 所示。

图1.12　下载软件进度　　　　图1.13　电脑版邮币卡行情分析软件的安装文件

1.7.2　邮币卡行情分析软件的安装

电脑版邮币卡行情分析软件的安装文件下载成功后，双击安装文件图标，弹出"邮币之星安装向导"对话框，如图 1.14 所示。

单击"下一步"按钮，选择邮币之星安装的位置，这里选择安装在"E:\邮币之星"，如图 1.15 所示。

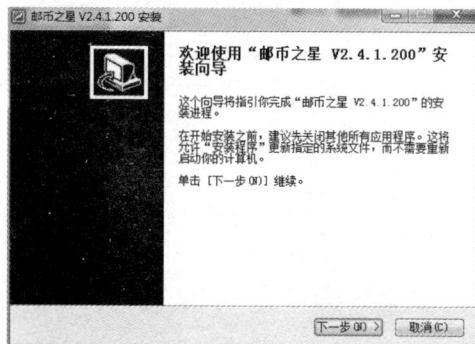

图1.14　"邮币之星安装"向导对话框　　　　图1.15　选择邮币之星安装的位置

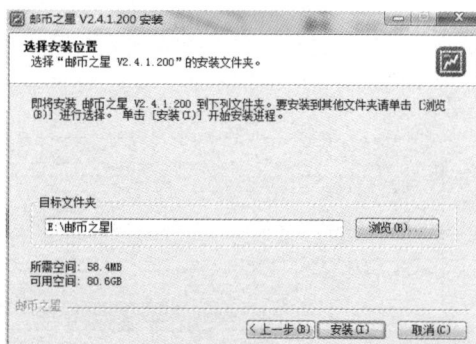

单击"安装"按钮，即可安装邮币卡行情分析软件，即邮币之星，并可以看到安装进度，如图 1.16 所示。

安装成功后，在桌面上可以看到其快捷图标，如图 1.17 所示。

图1.16　安装邮币卡行情分析软件

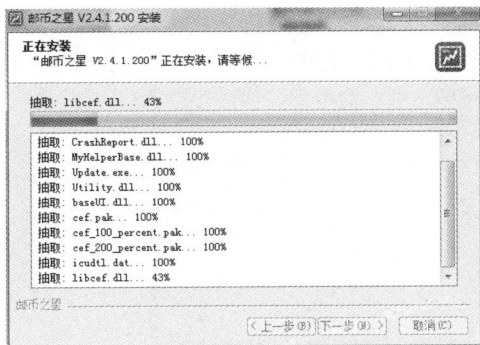

图1.17　邮币之星的快捷图标

1.7.3　邮币卡行情分析软件的使用技巧

双击邮币之星的快捷图标，打开邮币卡行情分析软件，可以看到南京文交所的各种邮币卡的报价信息，如图 1.18 所示。

图1.18　南京文交所的各种邮币卡的报价信息

单击报价信息下方的不同选项卡，即可看到不同文交所或交易中心的邮币卡的报价信息。在这里单击"渤商"，即可看到渤海收藏品交易中心的邮币卡的报价信息，如图 1.19 所示。

在邮币卡的报价信息页面中，双击某藏品名称，即可看到该藏品的分时走势图。在这里双击 "04 年隶书小版"，即可看到 04 年隶书小版的分时走势图，如图 1.20 所示。

图1.19　渤海收藏品交易中心的邮币卡的报价信息

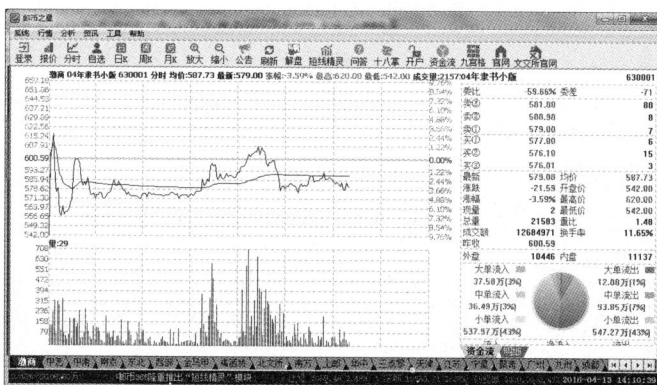

图1.20　04年隶书小版的分时走势图

在分时走势图状态下，按"Enter"键，即可看到 04 年隶书小版的日 K 线图，如图 1.21 所示。

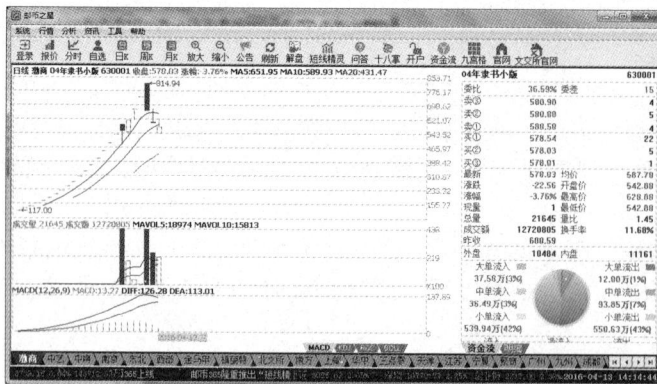

图1.21　04年隶书小版的日K线图

下面来讲解一下工具栏中的主要按钮的应用，如图 1.22 所示。

图1.22　工具栏

（1）按钮：单击该按钮，弹出"登录邮币之星"对话框，如图 1.23 所示。

如果你已经注册，那么直接输入用户名和密码，正确输入后，单击"登录"按钮即可成功登录。

如果你还没有注册，则单击"登录邮币之星"对话框中的"注册"按钮，弹出"注册"对话框，如图 1.24 所示。

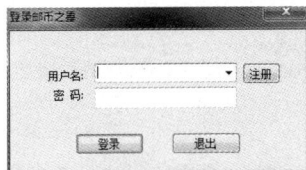

图1.23　"登录邮币之星"对话框　　　　图1.24　"注册"对话框

输入手机号码，即可收到验证码，然后正确输入验证码，单击"下一步"按钮，即可成功注册。

（2）按钮：单击该按钮，就可以显示邮币卡的报价信息。

（3）按钮：单击该按钮，就可以显示邮币卡的分时走势图。

（4）按钮：单击该按钮，就可以显示自选邮币卡的报价信息。

（5）按钮：单击该按钮，就可以显示邮币卡的日 K 线走势图。

（6）按钮：单击该按钮，就可以显示邮币卡的周 K 线走势图。

（7）按钮：单击该按钮，就可以显示邮币卡的月 K 线走势图。

（8）按钮：单击该按钮，就可以放大邮币卡的 K 线图。

（9）按钮：单击该按钮，就可以缩小邮币卡的 K 线图。

（10）按钮：单击该按钮，就可以看到不同文交所或交易中心的公告信息，如图 1.25 所示。

（11）按钮：单击该按钮，就可以刷新邮币卡的报价信息、分时图或 K 线图。

（12）按钮：单击该按钮，就可以看到解盘信息，如图 1.26 所示。

（13）按钮：单击该按钮，就可以看到不同文交所或交易中心的新开板、急拉、急跌、封涨停、封跌停、开涨停、开跌停邮币卡的信息，如图 1.27 所示。

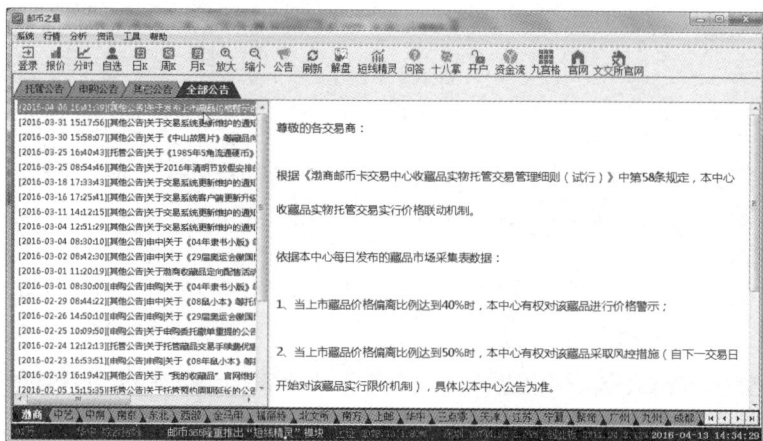

图1.25　公告信息

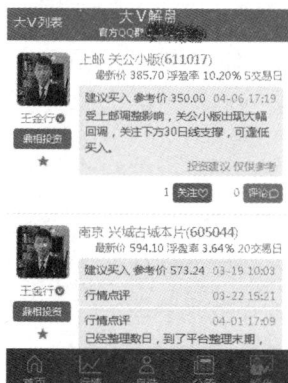

图1.26　解盘信息

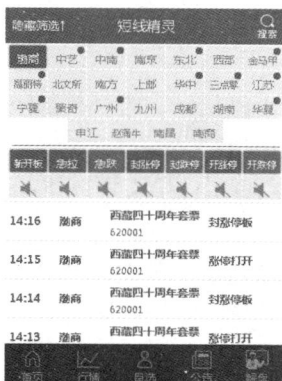

图1.27　短线精灵信息

1.8　邮币卡与股票的区别

邮币卡与股票的区别主要表现在 6 个方面，分别是提货制度、交易机制、价格的透明度、增发和派送、上市方式、长期投资走势，如图 1.28 所示。

（1）提货制度

邮币卡是实物品种，它可以提实物，也可以放在自己的资金账户，类似于农业银行的存金通，既有投资功能，又有收藏功能。股票则不可以提实物，只能单一买入和卖出。

（2）交易机制

邮币卡电子盘可做 T+0 交易，即当天买入的品种可以当天卖出；A 股主要是以 T+1 交易为主，即当天买入的股票需要到第二个交易日才能卖出。

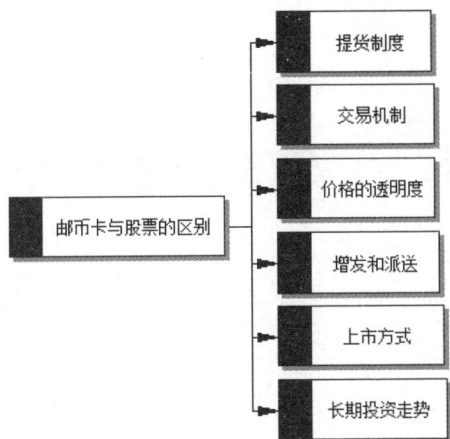

图1.28　邮币卡与股票的区别

（3）价格的透明度

邮币卡的价格有全国各地邮币卡市场的实物成交价格做参考，而且各个钱币邮票交易中心也有相同的品种上市，有很强的可比性。股票的价格与净值、收益等关系不大，只与散户和庄家的炒作程度相关。

（4）增发和派送

邮币卡是由国家权威机构发行的，有一定发行量规定，且通过收藏、礼品、投资等的不断消费，数量只会有减无增，且越来越少。但股票的增发、派送和配股使得股票数量越来越多。

（5）上市方式

邮币卡的上市形式主要是个人行为，通过文交所的品种征集，个人或单位将品种送给指定的鉴定机构，确定品相合格后送入金库保管，通过确认电子份数，再上电子平台交易，手续简单。

股票的上市是以企业单位为标的，必须经过多个政府、机关和有关部门审查审核，要耗费大量的资金和时间在各个环节上，上市成本很大，从而引起企业股票未上市，股价就被明显提高等现象。

（6）长期投资走势

邮币卡交易平台是新兴行业，没有以前的数据作为说明，但从邮币卡实物的大多数品种来看，价格大都是向上增长，随着时间的推移，价格和时间成正比，不论古代钱币或是现代的钱币邮票，都有这个规律。都是以45度角斜坡曲线向上增长。

纵观股市，则不是如此，20年来，中国股市牛短熊长，很多股票都没有再创新高。

第 2 章

邮票的基础知识与投资技巧

随着人们生活水平的提高和追求文化生活的需求，邮票的投资和收藏功能不断凸显，特别是近一二十年在我国兴起的收藏热潮，使人们的投资意识不断增强，邮票已从纯粹的收集和欣赏逐步转化为收藏和投资升值的新宠。

本章主要内容：

- 邮票的含义及邮票的作用
- 中国各个时期邮票发展史
- 邮票的特征与分类
- 邮票的收集技巧
- 邮票的保养技巧
- 邮票收藏有哪些忌讳
- 邮票投资的风险

2.1　初识邮票

下面来讲解邮票的基础知识，即什么是邮票、邮票是怎么诞生的以及邮票的作用。

2.1.1　什么是邮票

邮票是邮政机关发行，供寄递邮件贴用的邮资凭证。邮票是邮件的发送者为邮政服务付费的一种证明，发送者将邮票贴在信件上，再由邮局盖章销值，以用于在邮件被寄出之前，证明寄邮人已支付费用。

邮票的发行由国家或地区管理，是一个国家或地区主权的象征。

邮票的方寸空间，常体现一个国家或地区的历史、科技、经济、文化、风土人情、自然风貌等特色，这让邮票除了邮政价值之外还有收藏价值。邮票也是某些国家或地区重要的财源来源，如图 2.1 所示。

图2.1　邮票

2.1.2　邮票是怎么诞生的

邮票的诞生，是由于邮资的征收对象的改变：不再是收信人付费，而是发件人付费。这是一种"预付模式"（先付费后使用）。而且邮资的费用可以因此而降低，收费也变得简单起来，通信从此走入寻常百姓家。

1836 年，来自卢布尔雅那的奥地利人劳伦斯·科师尔向奥地利政府提出建议，引入邮票简化邮政服务。苏格兰书商詹姆斯·查门斯在 1838 年也递交了类似的建议。建议可能为罗兰·希尔所采纳，而后者在 1835 年受不列颠政府委托去对邮政进行改革。希尔因此成为邮票使用的倡导人。

在 19 世纪早期，邮资是按邮件送递路程的远近和信件纸张数量分别逐件计算的，即"递进邮资制"，费用由收件人支付。按照规定，邮程在 15 英里之内收费 4 便士；20 英里内收费 5 便士；300 英里内收费 13 便士……除此之外，按照邮递条件还会另加邮资。邮资非常昂贵。

据记载，一封从伦敦到爱尔兰的信件就要花费一个铁路工人一个月工资的两成。如此高昂的邮资不仅平民望而却步，连国会议员也难以承受，为此国会竟决定议员可享有免费邮件。结果一些议员将这些免费邮件大肆赠送给亲朋好友，免费邮件竟占邮件总数的 75%，邮政部门因此亏空严重。而民间也想尽办法逃避邮资，诸如请人代送

或拒绝收件等方法层出不穷。

数学家罗兰·希尔于 1837 年 2 月 22 日出版了一本名为《邮政改革·其重要性与现实性》的书籍，主张取消邮件免费特权，提出只要在英国本土邮件重量低于 0.6 盎司一律只收 1 便士的改革方案，并且由寄件人预付邮资，还提出使用一种印刷精美的邮政用品来预付邮资，引起广泛回响。

1839 年 7 月 22 日，希尔的邮政改革主张终于在下议员通过。8 月 17 日，该方案获得了维多利亚女王的通过，决定自 1840 年 1 月 10 日正式实行。

1840 年 3 月，第一批邮票 240 个邮票模板制作完成，4 月 15 日开机印刷，并于同年 5 月 1 日正式发行，在 5 月 6 日生效（但在 5 月 2 日已有人使用）。因为其面值 1 便士且用黑色油墨印刷，所以收藏家称之为"黑便士"，是世界上第一枚邮票。该邮票图幅为 19mm×23mm，无铭记、无齿孔、有背胶、有小皇冠水印，如图 2.2 所示。

最初的两枚邮票是罗兰·希尔所设计的。为之他收到数千份设计稿，最后都为他弃之不用。邮票上的画像来自于一枚他特别喜欢的 1837 年纪念币。面值 1 便士的邮票是黑底的，2 便士面值的邮票则是蓝底的。亨利·科巴为之制作雕版，而印刷工作则由珀金斯、培根·珀斯印刷厂承担。而黑便士邮票也有其不足之处，邮票上的黑色邮戳不易看清，且容易洗掉，因此有人钻漏洞将其反复使用。为此，之后的 1 便士邮票改用红色印刷，1841 年 2 月 10 日，红便士宣告诞生，如图 2.3 所示。

图2.2　黑便士

图2.3　红便士

2.1.3　邮票的作用

第一次世界大战期间邮票发展成了宣传工具。在作战双方国内各自出现其伪邮票，主要是起到丑化对手的作用。而所谓的"间谍伪诈"，就是一方仿制对方的邮票，通过中间人以敌方邮递途径传播宣传材料，也因此被人命名为战争邮政伪诈。所以若在战时以私人名义大量购买邮票是很容易引起对方注意的。宣传伪诈则是模仿对方邮票，但是有所更改，以丑化对方为目的，这些手法在二战最甚。

例如，英美两国曾大量伪造希特勒纪念邮票，将其头像改为希姆莱。德国也将一些英国纪念邮票中乔治五世的头像改为斯大林的头像，并将锤子与镰刀图案画入其中。

邮票同样也可以作为间谍工具。二战中，一名德国女间谍通过信封上邮票的邮戳得以了解一支法国炮兵部队的地址与行踪，最后这支炮兵部队被几乎全歼。奥匈帝国曾经以邮票图案作为情报，以此来达到观察南斯拉夫各部队驻地的目的。

不仅是敌对双方会将邮票作为宣传工具，就如法西斯纳粹德国也通过大量印制邮票制造对希特勒的个人崇拜。类似的还有朝鲜的金正日，前苏联的斯大林，罗马尼亚的尼古拉·齐奥塞斯库。但是除此之外，一些对国民有着深远影响的人物也会登上邮票的版面。例如，英国的伊丽莎白一世，美国的开国之父乔治·华盛顿等。前苏联曾为其卓越的航天技术大做文章，通过发行相关邮票，向加盟国显示自身的科技实力。

2.2　中国各个时期邮票发展史

下面讲解一下中国各个时期的邮票发展史，即清代邮票、民国邮票、解放区邮票、新中国邮票、港澳台邮票的历史。

2.2.1　反映屈辱历史的清代邮票

邮票是国家发行的邮资凭证。可在清代，却出现了这样的怪状：最早的中国邮票，是在中国国家邮政产生之前就发行了；而发行邮票的，却是把持在外国人手里的中国海关。在英国人赫德的建议下，1878 年，中国第一套邮票——大龙邮票诞生了。此后，在外国人把持的海关操纵下，先后还发行了小龙邮票、为纪念慈禧 60 寿诞的万寿邮票，如图 2.4 所示。

图2.4　大龙邮票

1896 年，清政府设立了国家邮政。清代国家邮政最初发行的
邮票，是在原来的小龙邮票、万寿邮票上加盖新的面值；后来又使
用海关的红印花税票加盖面值暂作邮票。红印花邮票有多种珍贵的
变体票，如红印花小字当一元、绿衣红娘、红印花倒盖和复盖等（见
图 2.5），都是中国邮票中的国宝级珍品。后来，中国的集邮家们为
了让这些珍品留在中国人的手中，不惜花重金从外国人手中买回，
在中国集邮史上写下了可歌可泣的爱国篇章。

图2.5　红印花邮票

清代邮政还发行了蟠龙邮票和宣统登基纪念邮票，如图 2.6 所示。

图2.6　蟠龙邮票和宣统登基纪念邮票

2.2.2　动荡多变的民国邮票

孙中山领导辛亥革命，推翻了清朝，成立了中华民国。民国时期战乱不断，军阀
割据，国家四分五裂。因此民国邮票的发行状况尤为混乱。

最早的民国邮票，是在清代蟠龙邮票上加盖文字"中华民国"来使用。民国的很
多邮票是以孙中山的头像作为邮票图案的，达数十套之多，其版别、用纸、暗记等各
不相同，纷繁复杂。最著名的民国邮票有民国五珍：民国的五珍之首是 1914 年北京老
版帆船 2 元"宫门倒印"邮票，1915 年北京老版帆船加盖"限新省贴用"误盖为"限
省新贴用"1 元票；1923 年北京老版帆船 3 分改作 2 分倒盖票；1925 年北京新版帆船
4 分改作 3 分倒盖票；1941 年纽约版孙中山像倒盖票。以上合称"民国五珍"邮票，
如图 2.7 所示。

图2.7　民国五珍邮票

民国时期军阀割据，全国各地币值、币制相差很大，因此出现了很多地方邮票，
很多邮票只能在一个省使用，或者在几个省通用。民国后期，国家经济恶化，通货膨

胀加剧，货币大幅度贬值，出现了很多高面值的邮票，有的面值高达几万元、几十万元、几百万元，最高的竟达到 1 000 万元。通常的情况是邮票刚印刷出来，就要加盖更高面值才能符合邮资中国各个时期邮票发展史需要。无奈之下，邮局只好发行单位邮票，出售邮票时，再根据当天的货币币值来确定售价。单位邮票发行不久，又不适用了，因此发行了基数邮票。基数邮票以银圆为基数面值，出售时收取银圆，在使用金圆券的地方则按银圆和金圆券的比价折合成金圆券出售。

抗日战争期间，日本侵略者扶持的伪满洲国、伪蒙疆政权、伪华北、华南、华中等傀儡政权，也发行了一些邮票。这些邮票已成为日本侵华的历史铁证。

2.2.3　见证革命的解放区邮票

1930 年 5 月由赣西南革命根据地发行的邮票，是最早的解放区邮票。1930 年 10 月闽西革命根据地交通总局发行了赤色邮花，邮票的图案就是苏维埃政权的标志镰刀和锤子，如图 2.8 所示。

抗日战争后，有 10 个抗战根据地先后发行了邮票。1937 年晋察冀边区发行的"半白日图"邮票，是抗战期间的第一套区票。1938 年 9 月，晋察冀边区邮票邮政发行了解放区第一套纪念邮票，图案是抗战军人跑步，因此它也是第一套专供军人使用的邮票。1944 年 3 月在山东战邮发行的一套邮票上，第一次印上了毛泽东的头像，如图 2.9 所示。

图2.8　赤色邮花

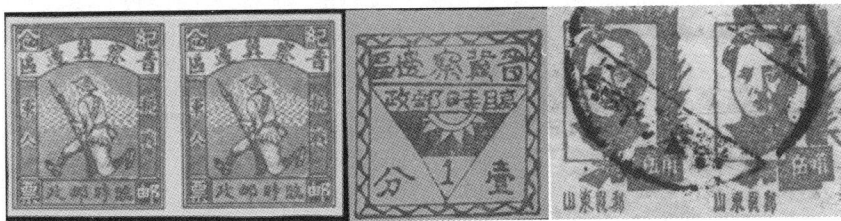

图2.9　抗战根据地发行的邮票

抗日期间的邮票中有一套著名的珍邮，即淮南区发行的"稿"字邮票。这种邮票是专供报社的记者和通信员邮寄稿件用的，邮票的图案为五角星加上一个"稿"字。这种邮票在中国邮票史上是唯一的，十分珍贵。著名的集邮家沈增华保存的一个完整的稿字邮票四方连，至今仍是绝无仅有的孤品，如图 2.10 所示。

抗日胜利后，各解放区都发行了邮票。1946 年 4 月，陕甘宁边区邮政管理局发行了解放战争时期的第一套邮票——宝塔山图邮票。此后，华东、华北、东北、中南、西南解放区以及一些新解放的地区，也都先后发行了邮票。这些邮票真实地记录了解放战争的历史进程，成为珍贵的革命文物，如图 2.11 所示。

图2.10 "稿"字邮票

图2.11 宝塔山图邮票

2.2.4 绚丽多彩的新中国邮票

1949 年新中国成立后，中国邮票的发行权力掌握在人民的手中，中国邮票进入了一个新的时期。新中国邮票内容丰富、印刷精美，深受世界各国集邮者的喜爱，在国际上享有良好的信誉和声望。

1949 年 10 月到 1967 年 3 月，新中国发行了标注有"纪"和"特"字样的纪念邮票、特种邮票。除此之外，还标注了每套邮票的总枚数、单枚邮票在全套中的顺序、总的顺序号以及发行年份等。这种做法在世界上属于首创，人民称这个阶段的中国邮票为老纪特邮票。其中的纪 94 梅兰芳邮票及小型张、特 38 金鱼、特 44 菊花、特 56 蝴蝶、特 57 黄山、特 61 牡丹邮票及小型张，都是大套票经典之作，如图 2.12 所示。

图2.12　老纪特邮票

　　1966 年文化大革命开始后，集邮活动也受到批判。从 1967 年起，中国邮票取消了志号。这时期邮票的内容多是以宣传毛泽东思想为主，邮票画面都是毛泽东头像、语录、诗词等，邮票与各地的环境一样，也沉浸在一片"红色"之中，这时期的邮票被叫作"文"字邮票。其中文 1 语录、文 7 诗词、文 10 语录，这三套票是文票中的三驾马车。现在最珍贵的文五珍都是未正规发行的邮票，分别是：无产阶级文化大革命的全面胜利万岁（图案为毛泽东在天安门上向下面人群挥手，林彪手持红宝书站在毛泽东身后）、纪念毛泽东创建井冈山根据地 40 周年（图案是毛泽东与林彪同在天安门上"俗称大蓝天"）、大全国山河一片红、小全国山河一片红、黑题词这五枚邮票，如图 2.13 所示。

图2.13　"文"字邮票

　　自 1970 年下半年开始，中国邮票恢复了标注志号的做法，但这时的邮票志号只标注总顺序号，因此被称为"编号邮票"。价值高的编号邮票是巴黎公社、建党 50 周年、熊猫、工业产品，如图 2.14 所示。

图2.14　编号邮票

自 1974 年起，中国邮票又恢复了标注区分纪念和特种邮票的做法，开始重新编号。纪念邮票就以汉语拼音的第一个字母 J 开头，特种邮票就以汉语拼音的第一个字母 T 开头。同时取消了总顺序号，恢复了每套邮票的总枚数、单枚邮票在全套中的顺序号及发行年份。这时期精品邮票大都包含在 1984 年以前，其中 T46 庚申猴邮票是 JT 邮票中的龙头，如图 2.15 所示。

图2.15　T46庚申猴邮票

1992 年开始，根据万国邮政联盟的规定，中国邮票开始按年份编排顺序号。邮票铭记也把原来使用了 40 多年的"中国人民邮政"字样改为"中国邮政"，并增加了英文国名"CHINA"。新中国邮票记录了新中国发展的轨迹，把中国的山河风景、民风民俗、富饶物产搬上了邮票，赢得了全世界集邮者的关注。

2.2.5　同根同源的港澳台邮票

香港、澳门、台湾也分别单独发行邮票。从 1862 年起，英国侵略者就在香港发行了邮票。早期的香港邮票都是反映英国王室的题材，每枚邮票都印上英国国王的头像或者标志，有着强烈的殖民色彩。第二次世界大战结束后，香港邮票逐渐出现一些反映中华文化的题材，如生肖、中国节日、香港建筑等。这些邮票得以发行，是香港同胞反对殖民统治斗争的结果。随着香港回归祖国脚步的临近，1995 年香港发行了第一套没有殖民标志的邮票，这套表现香港美丽风光的邮票，可以在香港回归以后继续使用。

1997 年 7 月 1 日，香港结束了与祖国近百年的离散，回到了祖国的怀抱。香港邮票也从此除去了殖民色彩。尽管仍然单独发行以港币作为面值单位的邮票，但原来印在邮票上的英国女王头像不见了，取而代之的是"中国·香港"的铭记，以及有五星图案的香港特别行政区区徽，象征着香港同胞从此融入祖国的大家庭里。

　　葡萄牙殖民者侵占澳门后，于 1884 年开始在澳门发行邮票。与大多数早期澳门邮票一样，澳门的第一套邮票充满了殖民色彩，邮票图案为葡萄牙皇冠。早期的澳门邮票上没有任何中文，直到 1977 年才发行第一套印着中文的澳门邮票。1981 年澳门邮政司有权发行邮票后，邮票上才出现较多的中国和澳门题材。20 世纪 50 年代，当澳门殖民当局在邮票上为葡萄牙殖民者侵占澳门歌功颂德时，澳门同胞还激烈地反对，表达了澳门同胞的爱国情。中文的澳门邮票如图 2.16 所示。

图2.16　中文的澳门邮票

　　1999 年澳门回归后，根据一国两制的原则，澳门仍然单独发行以澳门币为面值单位的邮票。在回归后的澳门邮票上，作为殖民统治标志的"葡萄牙共和国澳门"字样被"中国•澳门"的新铭记代替，此后澳门邮票上不会出现为殖民统治歌功颂德的内容。

　　1949 年国民党退往台湾，在台湾发行使用邮票。两岸的中国人民都是炎黄子孙，拥有共同的历史传统和文化渊源，因此台湾邮票上有很多反映中华民族优秀文化成果的内容。珍贵的古代名画，做工精细的古物陶瓷漆器，历代优秀的文学作品，具有民族特色的工艺品等，都曾大量出现在台湾邮票上，如图 2.17 所示。

图2.17　台湾发行使用的邮票

　　共同的文化传统，使得台湾邮票上时常出现与大陆邮票相同的内容。这些邮票从一个侧面证明了台湾自古以来就是中国一部分的历史事实，邮票告诉世人中国完全统一的潮流不可阻挡。

2.3 邮票的特征

邮票的特征主要有 7 项，分别是邮票图案、邮票名称、邮票面值、邮票志号、邮票版铭、邮票齿孔和邮票水印。

1．邮票图案

邮票图案，即邮票票面，一般由与邮票发行目的相关的图案、国名、面值、说明文字及边饰等组成。世界各国的早期邮票图案都比较简单。随着社会的发展，当今世界各国都把自己国家在政治、经济、国防、科学技术、文化艺术、历史地理、自然风光及珍贵的动物、植物等方面，最有代表性的内容作为邮票图案。

全世界已经发行了 30 多万种邮票，图案的内容包罗万象。集邮者通过收集研究邮票图案能够获得丰富的百科知识，因此邮票图案是集邮者研究的主要对象。

2．邮票名称

邮票名称，是指印在邮票票面上表示邮票发行目的的文字，如我国纪 1 邮票的票名是"庆祝中国人民政治协商会议第一届全体会议"。 邮票名称通常是由邮政主管部门确定。

有两种情况需要说明：一是有的邮票的名称未印在邮票票面上，如 1992 年我国发行的"青田石雕"邮票等；二是有的早期邮票发行部门在发行时并未给邮票确定票名。对于后一种情况邮票目录出版者总是根据邮票图文为邮票定一个票名，目的是方便集邮者的收集和研究。

3．邮票面值

邮票面值，是指印在邮票票面上的邮资金额及货币单位。世界各国大多以表示邮票面值的阿拉伯数字和本国货币单位组成邮票面值。

例如，美国普通信函邮资为 22 美分，邮票面值即由阿拉伯数字 22 和 C 分组成。中国人民邮政普通信函邮资为 8 分，邮票面值由阿拉伯数字 8 和分组成。也有一些国家发行无面值邮票，如军用邮票、公事邮票等。

中国 1938 年晋察冀边区发行的抗战军人纪念邮票，以及 1943 年淮南区发行的"平"、"机"、"快"及"稿"字邮票都属于无面值免资邮票。美国自 1978—1985 年间陆续发行一组无面值邮票，票面上印有"A"、"B"、"C"、"D"字样，分别代表面值 15、18、20、22 美分。这是因为美国邮政部门要调整信函邮资，但在印制邮票时，新的信函邮资未最后确定，不能往邮票上印新面值；但若在邮资确定后再印，则邮票又无法供应。因此，才发行这种无面值的代字邮票。研究邮票面值可以了解一个国家币值变化的情况。

4．邮票志号

邮票志号，是指印在邮票底边上的编号，一般表示票种、发行年份和套号，在邮

票上印刷邮票志号，是新中国邮票的一大特色。

新中国成立后，在中国人民邮政发行的纪念邮票和特种邮票上，开始印刷邮票志号。如 1950 年 7 月 1 日发行的"中华人民共和国开国纪念"邮票，在邮票底部左边印有"纪 4.4-1"，其中"纪 4"表示这套邮票是纪念邮票的第 4 套，"4-1"表示这套邮票共 4 枚，本枚是第 1 枚；在邮票底部右边印有"（23）"，表示本枚邮票是纪念邮票中的第 23 枚。

从第 16 套纪念邮票"抗日战争十五周年纪念"开始，在邮票底部右边又加印了发行年代（在总编号右侧）。特种邮票的表示法与纪念邮票相同，只是将"纪"字改为"特"字。

从 1967 年 4 月至 1970 年 1 月发行的邮票取消了这种志号，但在全张邮票边纸上有编号，称为"文"字邮票。从 1970 年 8 月至 1973 年 10 月发行的邮票，在邮票底部左边又印上了新编的连续号，每种邮票编一个号，从 1 编至 95。如 1970 年 8 月 1 日发行的"现代京剧《智取威虎山》"邮票，底部左边印的"（1）"是连续编导，底部右边印的"1970"是发行年份。

从 1974 年 5 月开始，邮票编号又使用"J"表示纪念邮票，"T"表示特种邮票。如 1974 年 5 月 15 日发行的"万国邮政联盟成立一百周年纪念"邮票，底部左边印有"J1.（3-1）"，其中"J"是表示纪念邮票，"1"是第 1 套，（3-1）表示这套邮票共 3 枚，这是其第 1 枚。邮票底部右边印的"1974"则是印制年份。从 1972 年又改革了邮票志号的编号办法。每年发行的纪、特邮票按年度统一编排顺序号。如"壬申年"邮票是 1992 年发行的第 1 套邮票，共 2 枚属于特种邮票。第 1 枚（面值 20 分）邮票底部左边印有"1992-1"，右边印有"（2-1）T"；第 2 枚（面值 50 分）邮票底部左边印有"1992-1"，右边印有"（2-2）T"。邮票底部左边为发行年份及套票的顺序号，右边括号内表示这套邮票的枚数和本枚是第几枚，"T"表示特种邮票。

5．邮票版铭

在整张邮票纸边上印有邮票编号、版号、张号、色标、设计者和印刷厂名等，统称版铭。版铭是研究邮票的重要资料，因此很多集邮者都喜欢收集带版铭的邮票。

例如，我国 1981 年 4 月 29 日发行的 J63《中华人民共和国邮票展览·日本》邮票，在整张纸边上印有鸡、金鱼、风筝、天坛、蝴蝶等各种图案，以及印有邮票名称、设计者、印刷厂名、版号、张号、色标等。

这些版铭被集邮家看作是重要的集邮资料。有的邮学家说，这是印刷厂送给集邮者的礼物，是研究邮票版式和邮票印刷的重要依据。

6．邮票齿孔

为了方便邮票的撕开，在整张邮票的各枚之间用打孔器打出孔洞，分撕后，单枚邮票边缘凹进的半圆形部分称为孔，凸出的部分称为齿，合称为齿孔。

英国黑便士邮票问世时没有齿孔，使用起来很不方便，必须用剪刀一枚一枚剪开。直到 1854 年英国才出现打齿孔的邮票。

根据齿孔的形态，齿孔分为：光齿、毛齿、盲齿和漏齿。

光齿：在邮票打孔后，齿孔中的圆形纸屑完全脱落，孔洞边缘光洁。

毛齿：齿孔中纸屑未完全脱落，孔洞边缘不光洁，呈毛状。

盲齿：在邮票打孔后，只有印痕，齿孔中的纸屑没有脱落，孔未通透。

漏齿：应该打孔而漏打齿孔的。

齿孔度数，是表示齿孔的量度，测量方法是把邮票放在量齿尺上，查看在 2 厘米的长度内有几个齿和孔。如一枚邮票有 12 个齿和 12 个孔，那么这枚邮票的齿孔度数就是 12 度；如有 11 个齿和 12 个孔，那么这枚邮票就是 11 1/2 度。

测量齿孔度数的方法是法国集邮家勒格拉于 1866 年提出的，一直沿用至今。测量齿孔度数是研究邮票的一项内容，也是鉴别邮票真伪和区分不同版次的重要依据之一。我国邮票的齿孔大多数是 11 度、11 1/2 度、12 1/2 度和 14 度。

7．邮票水印

邮票是预付邮资的凭证。为了防止伪造，在造纸过程中，使用特殊方法加压在纸里的一种潜影图文，称为水印。这种具有防伪作用的纸张称为水印纸。水印是一种无色标志，多为简单图案。在一整张邮票上，只有一个水印图案的叫作全张水印。水印的图案多种多样，如皇冠、太阳、月亮、太极图等。

英国于 1840 年 5 月 6 日发行的黑便士邮票上的水印就是以皇冠为图案。我国清代邮政于 1885 年发行的小龙邮票和 1898 年发行的蟠龙邮票，其上的水印图案为太极图。

邮票上的水印很容易识别，在阳光或灯光下仔细查看邮票背面就能够发现；对不太明显的水印，在邮票背面略喷一点汽油，水印就会立即呈现出来（汽油挥发快，对邮票和背胶并无损害）。有经验的集邮家一般都采用这种办法识别邮票上的水印。水印是研究和鉴定邮票真伪以及版别、发行年代的重要依据。

2.4 邮票的分类

按发行目的和用途分类，有普通邮票、纪念邮票、特种邮票、航空邮票、欠资邮票、包裹邮票、军用邮票、稿件邮票、快信邮票、贺年邮票、附捐邮票、慈善邮票、挂号邮票等；

按发行机构分类，有中央邮政邮票、地方邮政邮票、流亡邮政邮票等；

按使用区域分类，有限地区使用邮票、多国通用邮票、军事远征军邮票等；

按发行形式分类，有加盖邮票、改值邮票、对剖邮票、未发行邮票、暂代邮票等；

按邮票形式分类，有小型张、小全张、小本票、无齿孔邮票、无面值邮票、盘卷邮票、盲文邮票、发光邮票、邮资机券、电子邮票等。

下面来具体讲解几种常用的邮票类型。

2.4.1　普通邮票

普通邮票是指发行量大、适用于各类邮件贴用的邮票，是邮票的主要类别。普通邮票是编织传统邮集和邮政史邮集的主要邮品，并且是版式研究的对象之一。有些普通邮票色彩不如纪、特邮票那么丰富，普通邮票往往多次印刷，因而有不同的版别。世界各国的早期邮票大多数是普通邮票，如黑便士、蓝便士，我国的大龙、小龙票等。

查看普通邮票。在浏览器的地址栏中输入"http://www.ybk58.com"，然后按回车键，进入"邮币卡58"首页页面，如图 2.18 所示。

图2.18　"邮币卡58"首页页面

单击"百科与辨伪"超链接，进入"邮币卡的百科与辨伪"页面，单击"邮票大全"选项卡，即可看到所有常见邮票类型，再单击"普通邮票"，即可看到常见的普通邮票信息，如图 2.19 所示。

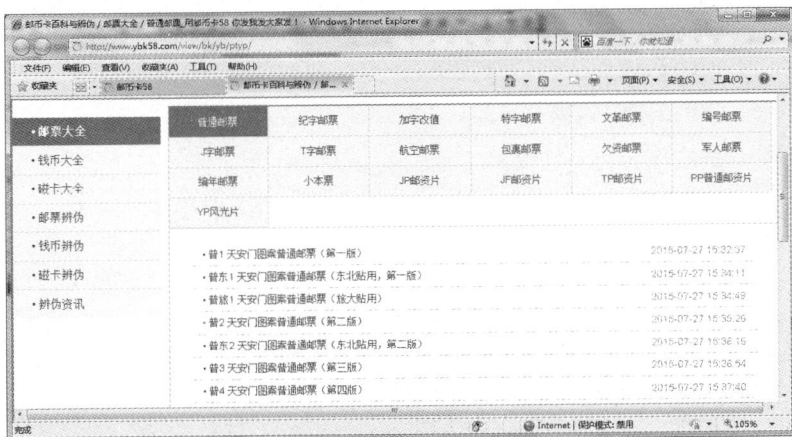

图2.19　常见的普通邮票信息

如果要查看具体某枚邮票的信息，只需单击其邮票名称即可。在这里单击"普 1 天安门图案普通邮票（第一版）"，即可看到"普 1 天安门图案普通邮票（第一版）"的具体信息，如图 2.20 所示。

图2.20　普1天安门图案普通邮票（第一版）的具体信息

2.4.2　纪念邮票

纪念邮票是为了纪念国内外重要人物、重大事件、重要活动和节日而发行的。

在"邮币卡 58 的百科与辨伪"页面中，单击"邮票大全"选项卡，即可看到所有常见邮票类型，再单击"纪字邮票"，即可看到常见的纪念邮票信息，如图 2.21 所示。

图2.21　常见的纪念邮票信息

如果要查看具体某枚邮票的信息，只需单击其邮票名称即可。在这里单击"纪 1 庆祝中国人民政治协商会议第一届全体会议"，即可看到"纪 1 庆祝中国人民政治协商会议第一届全体会议"的具体信息，如图 2.22 所示。

图2.22　"纪1庆祝中国人民政治协商会议第一届全体会议"的具体信息

2.4.3　特种邮票

特种邮票是为了宣传和展现某一特定的题材而发行的，没有严格的时间性，也无具体的纪念对象。

在"邮币卡58的百科与辨伪"页面中，单击"邮票大全"选项卡，即可看到所有常见邮票类型，再单击"特字邮票"，即可看到常见的特种邮票信息，如图 2.23 所示。

图2.23　常见的特种邮票信息

如果要查看具体某枚邮票的信息，只需单击其邮票名称即可。在这里单击"特 1 国徽"，即可看到"特 1 国徽"的具体信息，如图 2.24 所示。

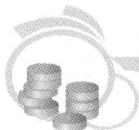

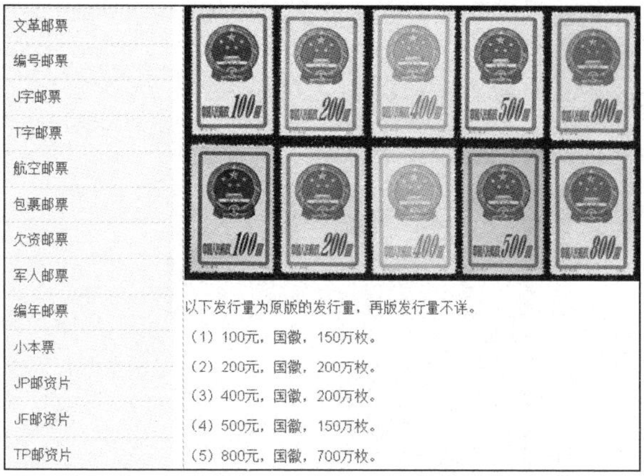

文革邮票
编号邮票
J字邮票
T字邮票
航空邮票
包裹邮票
欠资邮票
军人邮票
编年邮票
小本票
JP邮资片
JF邮资片
TP邮资片
以下发行量为原版的发行量，再版发行量不详。
（1）100元，国徽，150万枚。
（2）200元，国徽，200万枚。
（3）400元，国徽，200万枚。
（4）500元，国徽，150万枚。
（5）800元，国徽，700万枚。

图2.24 “特1国徽”的具体信息

2.4.4 小本邮票

为了方便人们购买、保存、携带和随时使用，将单一面值或多种面值邮票印刷成连票，装订成小册子出售，称之为小本票，亦称为邮票小册。

使用时按邮资撕下一枚或数枚即可，其内邮票有一边无齿或二、三边无齿，并配有封面和封底，常单独制版印刷。

世界上最早的小本票是由卢森堡于1895年发行的。我国最早的是1917年中华邮政发行的“中华邮政邮票册”内装有“北京老版帆船”邮票；解放区最早的是1946年东北邮电管理总局发行的第一版毛泽东像小本票；新中国最早的是1980年发行的童话《咕咚》小本票。

在“邮币卡58的百科与辨伪”页面中，单击“邮票大全”选项卡，即可看到所有常见邮票类型，再单击“小本票”，即可看到常见的小本票信息，如图2.25所示。

邮票大全
钱币大全
磁卡大全
邮票辨伪
钱币辨伪
磁卡辨伪
辨伪资讯
普通邮票
纪字邮票
加字改值
特字邮票
文革邮票
编号邮票
J字邮票
T字邮票
航空邮票
包裹邮票
欠资邮票
军人邮票
编年邮票
小本票
JP邮资片
JF邮资片
TP邮资片
PP普通邮资片
YP风光片
SB1：童话-"咕咚"(小本票)
SB2：白鱀豚(小本票)
SB3：辛酉年(小本票)
SB4：寓言-刻舟求剑(小本票)
SB5：中华人民共和国邮票展览 日本(小本票)
SB6：紫貂(小本票)
SB7：壬戌年(小本票)
SB8：癸亥年(小本票)
SB9：秦始皇兵马俑(小本票)
SB10：天鹅(小本票)
SB11：甲子年(小本票)
SB12：乙丑年(小本票)

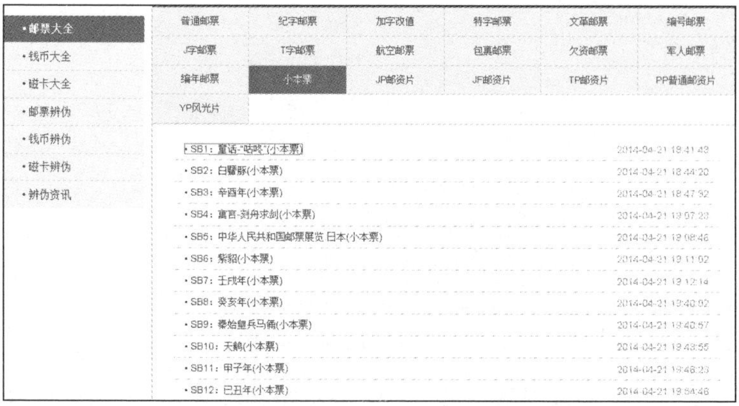

图2.25 常见的小本票信息

如果要查看具体某枚邮票的信息，只需单击其邮票名称即可。在这里单击"童话咕咚（小本票）"，即可看到"童话咕咚（小本票）"的具体信息，如图 2.26 所示。

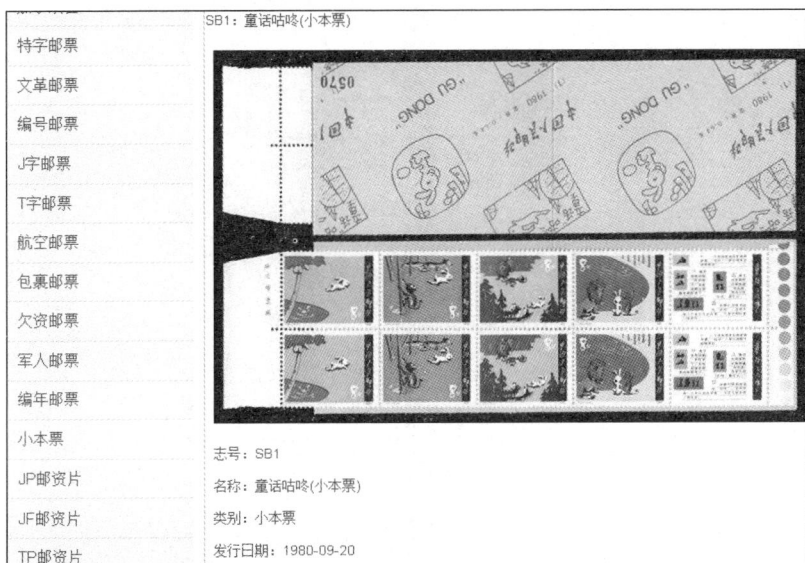

图2.26　"童话咕咚（小本票）"的具体信息

提醒：其他类型的邮票，根据邮票名即可知道具体的含义。需要查看某枚邮票的信息时，只需进入"邮币卡 58 的百科与辨伪"页面中即可查看，在此不再赘述。

2.5　邮票的收集技巧

前面讲解了邮票的基础知识，下面来讲解一下邮票的收集技巧。

2.5.1　邮票的收集方式

收集邮票是集邮的第一项内容，只有收集到一定数量的邮票，才能谈到分类、整理、欣赏和研究。因此，每个集邮爱好者都要做好收集工作。收集邮票的方法多种多样，可以到集邮门市部预订、购买，也可以用自己的多余邮票和别人交换。一些早期邮票，集邮门市部可能没有，可以通过向一些有信誉的邮票社或集邮信托门市部函购买或直接购买，这些邮票社多在集邮报刊上刊登广告，只要留意都可以买到自己需要的集邮票品。下面来看一下收集邮票的 10 种方式，如图 2.27 所示。

（1）收集未使用的新票

这是一种最普遍采用的方式，比较方便，没有什么难度、经济负担不大，可以慢慢地去收集。如果平时没有时间在发行新邮票之日去购买，可以每年买 1 本年册，这种装入定位册的邮票，既便于收藏保管，册子上又有邮票名称、发行日期、全套枚数、

齿孔度数，以及邮票图案的内容简介。

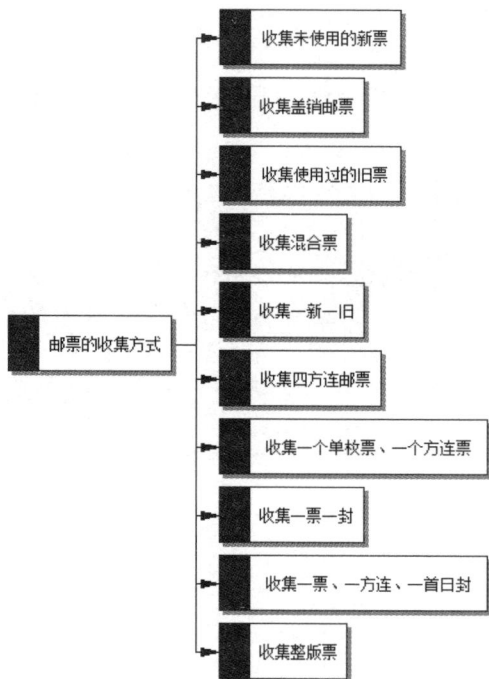

图2.27　邮票的收集方式

（2）收集盖销邮票

这是邮票公司为初集邮者发售的较廉价的邮票。是将未使用的新邮票，用邮票公司特备的邮戳盖销，其售价大约是新票的 1/3。较资深的集邮家一般是不收集盖销邮票的，这种盖销邮票在 20 世纪 50～60 年代被人广泛收集，目前发行的新邮票中已很难见到盖销邮票了。

（3）收集使用过的旧票

这是一种较为普遍的收集方式。它不用花太多钱，只是要费很多功夫去收集。其中有些高面值邮票在国内很难找到；到邮票市场去买，也不便宜。有人认为，使用过的旧票盖的戳越小越好。其实不然，应该要求邮戳盖得清晰，还要完整的包括时间、地点，便于以后研究邮史时使用。

（4）收集混合票

有一些初集邮者为了欣赏邮票图案，收集时不管其是盖销邮票还是实用邮票，只要凑成一套即可。混合票又有三种方式：新盖混合、新旧混合、盖旧混合。不管是哪种方式，反正都凑成套了。这种方式不仅在初集邮者的邮集中普遍存在，在某些集邮家的邮集中也存在。

（5）收集一新一旧

若只收集一套未使用的新邮票或实用旧票（盖销票）后，仍未满足收集者的爱好，可以新旧两者各集其一。因为有些邮票，其新票与旧票难度各不相同。

（6）收集四方连邮票

收集四方连邮票，又可分为收集新票四方连、盖销票四方连及实用旧票四方连。其中以新票四方连最易于获得，实用旧票四方连的收集难度最大。

（7）收集一个单枚票、一个方连票

这种方式又可分为收集新票和新方连、旧票和旧方连。目前日本邮票商还为这类收集者专门印制了贴票册。这种收集方式逐渐被更多的集邮者所接受。

（8）收集一票一封

每收集一枚邮票，同时收集一个贴有这枚邮票的实寄封（最好是首日实寄封）。

（9）收集一票、一方连、一首日封

收集一枚邮票、一个四方连邮票和一个首日封（实寄或不实寄）。

（10）收集整版票

有一些集邮者经济实力较强，喜欢收集整版的邮票。

2.5.2　值得收藏的邮票

值得收藏的邮票的特点，具体如下：

第一，发行数量少，具有特殊意义的邮票，包括小型张。其中，以 1991 年以前发行的邮票收藏潜力最大。如文革时期发行的"全国山河一片红"邮票，因为全国只有千余枚，所以升值速度极快。在一般情况下，邮票发行量的多少与升值幅度成反比。

第二，发行量虽然较大，但在人们心中有一定地位的邮票，以生肖邮票、文学名著邮票、书画历史题材邮票为代表。这类邮票由于设计精美，展现了中华民族的传统文化，有着强大的生命力，因此十分热门，不仅增值快，而且颇具艺术价值和收藏品位。

第三，没有使用过的崭新邮票。这类邮票收集起来比较方便，经济负担也不大，因而适合初涉邮市的收藏者。国家邮政局每次发行新邮票，都可以去当地的集邮门市部去购买。如果嫌麻烦，可以每年买一本集邮年册。

第四，信件上被邮戳盖销了的邮票。这类邮票被业内人士称为信销票。与新邮票相比，信销票的收集难度要大得多，很多信销票由于发行较早，存世量不多，因此价格也随之变得十分昂贵。而容易收集到的信销票，往往价值不高。

第五，混合邮票。是指收藏者在收藏的过程中，并不在意是盖销邮票还是实用邮票，只要能凑齐一套，邮票画面完整无缺，就算大功告成。目前，大多数收藏者收集的是这类邮票。

2.5.3　学会使用邮票目录

邮票目录主要是为了集邮需要而编制，既有邮政部门编制的，也有邮商编制的。有大部头的综合性邮票目录，包罗全世界曾经发行过的所有邮票，为世界邮票目录；也有收录范围较小，只记载一个国家或地区，甚至在某一历史阶段发行的邮票，为一国邮票目录；还有按照邮票的用途或邮票的图文题材编制的专门性邮票目录。

集邮者大多收集本国邮票，所以这里先介绍中国邮票的目录。当前，在我国发行量最大的是人民邮电出版社的《中华人民共和国邮票目录》，收载我国邮政主管部门自建国以来发行的所有邮票，每年增订出版。作为它的姐妹篇，还有《中国清代邮票目录》、《中华民国邮票目录》和《中国解放区邮票目录》，因为其中记录的都是 20 世纪50 年代以前发行的邮票，所以并不每年再版。

《中华人民共和国邮票目录》通称新中国邮票目录，它收载的全部邮票，都按"票种"分列，共有 13 大类。在这 13 大类（2000 年开始发行第 14 大类"按年份编号'特'字头邮票"，将在 2001 年版目录上首次出现，不在本文的讨论范围之内）中，当前只有 2 类还在继续发行，即"普通邮票"和"按年份编号纪念、特种邮票"，每年都有需要增补的内容，而其余 11 类都是早已不再发行的类别。

每年修订再版是因为有新发行的邮票需要补充，标注的邮票参考价格需要修改。但邮电版新中国邮票目录上的邮票定价，照搬中国集邮总公司的价目表，只有每套的价格，没有每枚的价格，并不一定每年修订。而且这种价格只适用于系统内部的结算，在市场交易中并不实用，许多读者对此提出了一些意见，有人建议每年只需单印上年新发行邮票的增页。从而我们可以知道，购用邮票目录，固然要选最新的版本，但是早几年问世的版本并不妨碍初入门者对新中国邮票获得一个大概的了解。

掌握使用邮票目录的方法并不困难，只需参照书前的"凡例"，便可以解读文字部分每一个符号、每一项数字的含义。例如，发行日期、套名、图名、全套枚数、每枚尺寸、全张枚数、印刷版别、齿孔度数、有无背胶、原画作者、设计者、雕刻者、印刷厂等。但是多数集邮者不是熟悉了"凡例"再来查阅目录的，而是像查词典一样，需要什么就查什么，不明白时再看"凡例"。词典通常按照拼音字母、部首、笔画等顺序排列，而翻检邮票目录则需要先行判别你要查阅的邮票属于哪一大类。

有了新中国邮票目录，首先需要认准你要查阅的对象，既不是税票或其他形式邮票的票证，也不是外国邮票和中华人民共和国建国前发行的邮票，而确属于新中国邮票的范围，才可以利用目录进行查阅。广义的中国邮票包括帝国主义列强在半殖民地时代的中国发行和使用的邮票，抗日战争时期"汉奸"政权发行的邮票，我们暂不细述。

这里且先叙述，查看邮票上是否印有"中国邮政"、"中国人民邮政"或"中华人民邮政"字样？凡有其中之一的，就是新中国邮票。确定了是新中国邮票，接着就需判别这枚邮票的类别。新中国的大多数纪念和特种邮票都有志号，即印在邮票底边的

一行文字和符号。

志号以公元年份起首的叫"按年份编号纪念和特种邮票"，只有数字而没有汉字或字母为首的叫"编号邮票"，以"纪"字为首的叫"'纪'字头纪念邮票"，它们和"'特'字头特种邮票"、"'J'字头纪念邮票"、"'T'字头特种邮票"，都是邮票目录上 13 大类中的一类，其余的 7 类没有志号。

有的大类可以利用邮票上的文字特征或图案特征来判别：包裹邮票上印有"包裹印纸"；欠资邮票上印有"欠资"或"欠资邮票"；军人贴用邮票上印有"军人贴用"或"义务兵贴用"；航空邮票的右上部或右上角印有一架由右向左飞翔的飞机；加字改值邮票专指加盖"中国人民邮政"和汉字、阿拉伯数字面值的邮票。最后剩下 2 类，小型票幅都是普通邮票，大型票幅除风景图 3 种和石刻图 4 种为普通邮票外，都是"'文'字邮票"。发售时四周带有较宽边纸的小张邮票称为小型张或小全张，大多都有志号，凡是一张上有两种志号的，以边纸上的为准。只有 2 种小型张没有志号，可在普通邮票的大类中查阅。检索有志号的邮票十分方便，按照数字顺序即可。检索无志号的邮票只能"按图索骥"，查到图样也就找到了它们的文字资料。

2.6　邮票的保养技巧

邮票的保养技巧主要有 8 点，具体如下：

第一，收藏邮票一定要使用干燥的小护邮袋，或者是干燥的小玻璃瓶，或者是干燥的集邮册。一般而言，集邮册和护邮袋比较常用。

第二，一定要重视邮票存放的环境。不管是用集邮册还是用护邮袋收藏邮票，首先都不能长期处于日光照射之下，否则容易引发邮票变色；其次不能处于潮湿的环境中，因为邮票是纸质的，有较强的吸水力，很容易发生霉变。所以最好将邮票收藏在阴凉干燥的地方，可以配合放一些干燥剂。

第三，如果是选择集邮册收藏邮票，还要注意集邮册的摆设方法，不能够水平摆放，因为时间一长，册子内的邮票会被书的重量挤压得出现痕迹。因此，集邮册的摆法应该像图书馆内的书一样，站立并列存放，不能让它东倒西歪，册子与册子之间也不宜太过紧密，留出一些空隙。

第四，平常观赏或者移动邮票时一定不要直接用手接触，要用专门的小镊子夹取，因为手指上往往会有油性的分泌物，可能会在邮票上留下指纹，时间一长，痕迹会显现出来，从而会破坏邮票的品相。

第五，如果不小心用手接触了邮票，从而使得邮票上出现了指纹或者油印痕迹，那么就用脱脂的棉花棒蘸少许汽油或酒精轻轻擦拭。需要注意的是，擦一下就要换一个棉球，这是为了防止把棉球本身沾上的油迹再粘到邮票上，当痕迹差不多擦干净了，用清水洗漂一下，最后把它放在吸水性好的纸张上吸干。

第六，收藏时间一长，有些邮票难免会出现黄斑，这时可以尝试泡一杯热牛奶，

然后在热牛奶中加入少许的精盐，再把出现黄斑的邮票放入热牛奶中浸泡，一定要让整张邮票全部浸入牛奶中，大约泡一个小时，再取出邮票，这样黄斑基本上能够消失，最后再用清水漂洗一下，将邮票放在吸水纸上晾干。

第七，由于邮票是纸张所制，所以很容易发生褶皱的现象，遇到这种情况时，可以将褶皱的邮票放在清水中浸泡十几分钟，然后放在两张吸水纸之间用平整的玻璃板夹紧，干后就可以恢复平整。

第八，邮票不能长期存放着不动，也要不时地打开集邮册翻动，否则会有灰尘堆积在上面。

2.7 邮票收藏有哪些忌讳

随着社会的发展，全民掀起了一股邮票收藏热。了解邮票收藏的忌讳，对保证邮票收藏价值有很大的作用。那么，邮票收藏有哪些忌讳呢？如图 2.28 所示。

（1）忌日光暴晒

邮票受阳光照射过久，会褪色或变色。夏季气温较高，不宜在阳光下翻看邮册，以免邮册和护袋变形，背胶溶化。

（2）忌受潮

邮票受潮，会发生霉变和斑点，甚至纸张霉烂，刷胶票则会粘连。邮册应放在干燥通风的地方，在雨季和空气湿度较大时，不宜整理、欣赏邮票，但应适当翻弄散潮。

（3）忌接近酸

邮票不宜与酸性或碱性物质接触，同时也怕受到煤气、沼气及化学药品的侵蚀。浸洗邮票时，不能使用含有酸性、碱性及其他容易起化学作用的洗涤剂。邮票存放也应远离这些物质。

（4）忌票面污染

整理邮票时，需要注意清洁，有的人在浸洗、整理过程中不注意，将印色、墨水、油污、灰尘等弄到邮票上，这些都会使邮票受到污染，影响图案的清晰和票面的美观。

图2.28　邮票收藏的忌讳

（5）忌拿手指摸

有的人贪图方便省事，不用镊子取邮票，而用手；有的人在欣赏邮票时，用手摸弄邮票，这容易使得票齿受到损失，同时手上的汗渍、油污会将票面弄脏而失去原来

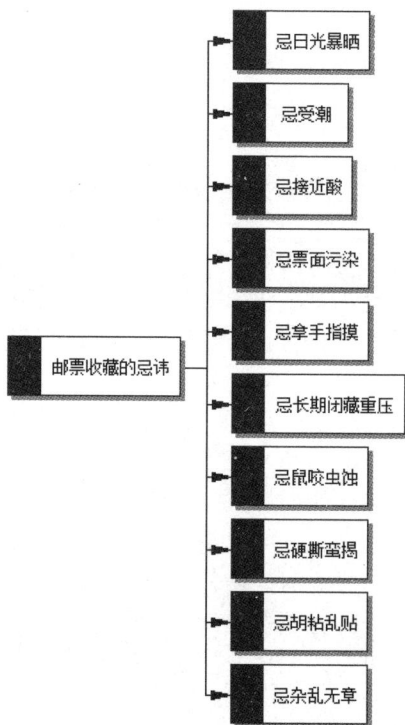

的光泽。拿取邮票一定要用邮票镊子。 整理欣赏邮票时，手要洗干净，桌面要擦抹干净，以免邮票受污。

（6）忌长期闭藏重压

将邮票久藏在箱子里，不拿出来翻看，日子久了，因空气不流通，箱内潮气不能散发出来，会使得邮票受潮，发生粘连，甚至虫蚀也不知道。同时装满邮票的贴簿、插簿或袋装邮票，都怕挤压，尤其是刷胶票，长期挤压会粘连。所以不要将邮票长期闭藏在箱子里而不去过问，应该经常翻弄、检查。箱子还应放一包生石灰，吸收潮气。邮册存放宜直立，且不要过挤，平放时不要重压。

（7）忌鼠咬虫蚀

老鼠、蟑螂、蛀虫都会咬坏邮册和邮票，尤其是用糨糊粘贴的邮票，更容易发生鼠咬虫蚀的现象。所以粘贴邮票不能使用糨糊，而应使用胶水纸。邮册、邮票的存放，要选择鼠虫不易侵扰的地方。

（8）忌硬撕蛮揭

有的收藏者收集旧邮票从信封上硬撕蛮揭，造成撕烂、揭薄或损坏票齿。应该从信封上剪下，放在清洁的温水中浸泡。浸脱的邮票，用棉球将背面残留的糨糊、胶水、纸屑轻轻洗净，再用吸水纸吸干、晾干。

（9）忌胡粘乱贴

粘贴邮票不能用糨糊往邮票册上贴，这样不仅不方便移动，还容易霉变起斑点，遭虫蚀鼠咬，所以粘贴邮票应用护邮袋或胶水纸。

（10）忌杂乱无章

收集邮票要加以整理，切忌杂乱无章。邮票要按照专题或国别放在一起，不要打乱。如果乱七八糟放在一起，越积越多，则不便整理、欣赏和研究。

2.8　邮票投资的风险

邮票投资的风险主要有 5 种，分别是砍价风险、伪品风险、套现风险、保存风险、盗窃风险，如图 2.29 所示。

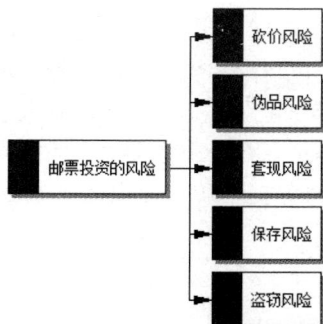

图2.29　邮票投资的风险

1. 砍价风险

当投资者持有的邮票想以市场最新价出手套现时，往往会遇到邮商砍价，首先摊主会在你的邮品品相上挑毛病，然后趁机压低价格收进。若你的邮票确实是全品相，摊主实在找不出什么缺陷，那么他就会想方设法寻些其他原因来砍价。总之，散户投资者想去邮市抛售邮品，价格被邮商压低二、三成收进是常有的事。

2. 伪品风险

原先只听说一些制作工艺简单、防伪性差的早期邮票里伪品不少，而现在已发展到当代 JT 邮票、编年邮票里赝品也很多，伪造者常常在一些热门邮品里大量造假并低价抛售，以此来蒙骗一些邮识不精的收藏爱好者。比如，小本票《咕咚》本是一个量少质优的龙头品种，可市场上的赝品比真品还多，从而使得人们对《咕咚》敬而远之；又比如流通纪念币《建行》、《西藏》、《熊猫》等品种的赝品都制造得很精致，使人们难辨真假，连一些早期发行的电话通用磁卡里也发现有不少赝品。伪品风险目前已成为危害我国邮市健康发展的顽症之一，投资者当谨慎待之。

3. 套现风险

邮市高潮时，邮市套现风险不存在，但当邮市极度低迷、市场十分冷清时，邮市套现风险就显露了出来，具体表现在邮商出摊率低、入市人流少、各种邮品无人问津，市场成交量近乎为零，事实上此时邮市已无承接力量。在这种情况下，急需用钱的邮市投资者就处于难以套现的风险中，手中的邮品想"跳楼"跳不成，想"割肉"无人要。

4. 保存风险

邮票是很娇贵的物品，邮市投资者对邮票本身的品相要求很高，邮品保存的好坏将直接影响其价格的高低，特别是一些小型张、小版张、小本票等，全品相的与品相差的价格往往相差数倍以上。对邮市行情和邮品收藏不熟悉的投资者，不宜盲目大量购买成套版票，否则一旦保存不当使得邮票品相受到损伤，那么投资者将会遭受很大的经济损失。

5. 盗窃风险

邮市上所进行的现金与实物之间的交易很容易使钱财直接显露于市面上，这就给混迹于邮市里的暴力犯罪分子以可乘之机。有时会看见因买卖双方为一点小误解而发生恶语相骂乃至大打出手的现象，尤其要注意防范有人制造市场骚乱而乘机偷盗或者抢劫。邮市是一个自由交易场所，社会上形形色色的人都会介入其中，因此必须对可能出现的暴力犯罪保持高度警惕。进入邮市必须把现金和邮品放在最贴身的安全地方，以防发生意外。

第 3 章

钱币的基础知识与投资技巧

近年来钱币收藏与投资也很火爆，如古代钱币、第三套人民币、贵金属纪念币。本章来具体讲解一下钱币的基础知识与投资技巧。

章主要内容：

- 古代钱币的含义及其收藏魅力
- 古代钱币的价值主要看存世量
- 收藏古代钱币的四大误区
- 人民币的投资技巧
- 纪念币的投资技巧

3.1 古代钱币的投资技巧

想要投资古代钱币，就要知道古代钱币有哪些、古代钱币的收藏魅力是什么，还要知道古代钱币的价值主要看存世量及收藏古代钱币的四大误区。

3.1.1 初识古代钱币

贝是中国最早的货币，商朝以贝作为货币。在中国的汉字中，凡与价值有关的字，大都从"贝"。随着商品交换的发展，货币需求量越来越大，海贝已无法满足人们的需求，商朝开始人们用铜仿制海贝。铜币的出现，是中国古代货币史上由自然货币向人工货币的一次重大演变。随着人工铸币的大量使用，海贝这种自然货币便慢慢地退出了中国的货币舞台，如图 3.1 所示。

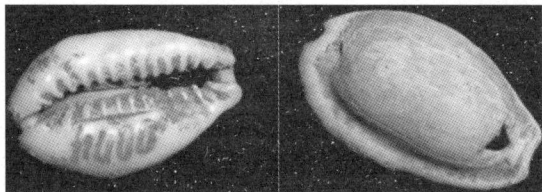

图3.1　贝的正反面

从商朝铜币出现后到战国时期，中国的货币形状多样。战国时期不仅各国自铸货币，而且在一个诸侯国内的各个地区也都自铸货币。以赵国的铲币、齐国的刀币、秦国的圆形方孔钱、楚国的蚁鼻钱较著名。秦统一中国后，秦始皇于公元前 210 年颁布了中国最早的货币法"以秦币同天下之币"，规定在全国范围内通行秦国圆形方孔的半两钱。货币的统一，结束了中国古代货币形状各异、重量悬殊的杂乱状态，是中国古代货币史上由杂乱形状向规范形状的一次重大演变。秦半两钱确定下来的这种圆形方孔的形制，一直沿续民国初期，如图 3.2 所示。

图3.2　不同形态的铜币

汉初，听任郡国自由铸钱，据《汉书·食货志》记载，文帝时"除盗铸钱令，使民放铸"，于是"盗铸如云而起"。这既造成了货币的混乱，又使得富商大贾操纵铸币权，富比天子。公元前 113 年，汉武帝收回了郡国铸币权，由中央统一铸造五铢钱，

五铢钱成为当时唯一合法货币。从此确定了由中央政府对钱币铸造、发行的统一管理，这是中国古代货币史上由地方铸币向中央铸币的一次重大演变，如图 3.3 所示。

秦汉以来所铸的钱币，通常在钱文中都明确标明钱的重量，如"半两"、"五铢"等（24 铢为一两）。唐高祖武德四年（621 年），李渊决心改革币制，废轻重不一的历代古钱，取"开辟新纪元"之意，统一铸造"开元通宝"钱。"开元通宝"一反秦汉旧制，钱文不书重量，是我国古代货币由文书重量向通宝、元宝的演变。"开元通宝"是我国最早的通宝钱。此后铜钱不再使用钱文标重量，都以通宝、元宝相称，通宝钱一直沿用到辛亥革命后的"民国通宝"，如图 3.4 所示。

图3.3　汉朝货币

图3.4　通宝钱

北宋时，随着交通的发达，货币流通额增加，北宋太宗时，年铸币 80 万贯，以后逐渐增加。由于铸钱的铜料紧缺，政府为弥补铜钱的不足，在一些地区大量地铸造铁钱。据《宋史》记载，当时四川所铸铁钱一贯就重达 25 斤 8 两。"交子"的出现，是古代货币史上由金属货币向纸币的一次重要演变，如图 3.5 所示。

图3.5　交子

中华人民共和国的法定货币是人民币，中国人民银行是国家管理人民币的主管机关，负责人民币的设计、印制和发行。人民币的单位为元，人民币的辅币单位为角、分。1 元等于 10 角，1 角等于 10 分。

3.1.2　古代钱币的收藏魅力

在诸多的收藏古品种中，古钱币收藏独树一帜，独具魅力，古钱币收藏的很多优势是其他收藏品种所不具备的。那么，古钱币收藏魅力何在呢？具体如下：

（1）古钱币收藏具有很强的延续性和系统性

我国是世界上发明使用钱币最早的国家之一，从商代铸造青铜贝算起，已有 3 000 多年的历史。3 000 多年来，古钱币一直铸行至封建社会结束，数量巨大、种类繁多、脉络清楚，收集起来比较容易成系统，这也是其他收藏品所不具备的。

（2）古钱币蕴含着极为丰富的历史文化信息

一枚枚古钱币蕴含着政治、经济、文化、科技、文字、民俗等多方面的信息，甚至还包含着古人的宇宙观和哲学观。通过古钱币我们可以窥探中国历史，探寻各个历史时期的政权、经济、文化、科技、民俗等方面的信息。我们可以毫不夸张地说，一部中国古钱币铸造史就是一部中国奴隶社会和封建社会的历史。

（3）古钱币最容易收集

古钱币是古旧物件中存世量最大的，因而也是最容易收集到的。即便是在收藏大军日益壮大的今日，去收集战汉以来的古钱币也比收集其他古旧物件容易得多。当玩瓷器的人拿着一块宋元时期的碎瓷片在津津乐道时，玩古钱币的人会面对成串的成堆的古钱币视而不见。

（4）古钱币是集收藏、展览、研究于一统的藏品

各省会城市都有古钱币交易市场，国家和各个省（区市）都有钱币博物馆，有的还不止一个，古钱币研究期刊既有国家级的刊物，也有各省（区市）的刊物。从收藏到参观学习和研究，古钱币都有广阔的平台。

（5）古钱币价位比较低，适合中低收入者收藏

收藏古钱币，最低两三元就能完成一次交易，不像瓷器、玉石、字画等少则上万元，多则百万、千万元，非一般收藏爱好者所能收藏。

3.1.3　古代钱币的价值主要看存世量

据悉，战国时燕国货币"明刀"，至今已经长达 2 300 年的历史，尽管时间上久远，但是其实市场价值只有 100 元左右；而 2 000 年前的汉"五铢"、1 000 多年前的唐"开元通宝"及北宋"宣和通宝"，其价格更是让人匪夷所思，只要几元便可入手一枚。而 100 多年前所铸的"天国通宝"等清代钱币，如"祺祥重宝"（1861 年铸）价格高达上万元。辛亥革命后，袁世凯发行的光洋，也就是所谓的"袁大头"，非常昂贵，价格达到数千元一枚。

古代钱币的存世量是影响古钱币价值的重要因素，收藏界通用的法则就是"物以稀为贵"。历史上有些朝代比较强盛，数十年甚至几百年发行单一品种的钱币，所以这类古钱的数量就非常巨大。有些王朝刚试铸了一些样币就被改朝换代，因此这类古钱的数量就非常少，收藏投资价值相对要大一些。

问题是哪些古钱币属于稀世钱币呢？这就需要古钱币收藏爱好者潜下心来多阅读书籍，多查看专著谱录，多了解各类古钱币铸行以来的出土情况和存世量的有关报道，做到胸中有数。那么，古钱币收藏存世量稀少的有哪些呢？

先秦时期：桥足斤半布，三孔布，博山刀，晋阳匕，齐六字刀，"东周"、"西周"（圜钱），共屯赤金（圜钱），特大型空首布，"东周"、"安周"空首布，耸肩尖足空首布，晋半平首布，梁半尚二百（金）当，垂二，阴晋半，洮涅锐角布。

新莽时期：中泉三十、壮泉四十。

南北朝时期：太夏真兴、永光、景和。

唐代：咸通玄宝。

五代十国：开平通宝、开平元宝、天成元宝、永平元宝、天德重宝、天策府宝、乾封泉宝（楚）、广政通宝、大蜀通宝、保大元宝（背天）、永通泉货、大齐通宝、乾亨通宝、永安一十、永安五百、永安一千。

两宋时期：建国通宝、圣宋通宝、咸平元宝（折十）、祥符元宝（折十）、九叠篆皇宋通宝、建炎元宝、大宋通宝（当拾）、临安府铜质钱牌、绍熙通宝、绍熙元宝（折五）、庆元通宝（背永）、开禧通宝（折十背利）、嘉定元宝（背越）。

辽代：天显通宝、应历通宝、保宁通宝、通行泉货、会同通宝、天禄通宝、天朝万顺（契丹文）、清宁元宝、咸雍通宝、乾统元宝、乾统通宝。

西夏时期：贞观宝钱（西夏文）、元德重宝、元德通宝（楷书）、大安通宝、大德通宝、乾元宝、光定元宝（篆书）、人庆宝钱（西夏文）。

金朝时期：皇统元宝、崇庆元宝、崇庆通宝、至宁元宝、贞宝、贞元宝、天眷通宝、大定通宝（折五）、泰和通宝（折十楷书）、泰和重宝（折三篆书）。

元朝时期：大朝通宝、中统元宝、大元国宝、至正权钞、大德通宝（折三）、至大通宝（蒙文折三）、大元通宝（汉文）、至治通宝（折五）、至元通宝（折十）、至正通宝（背满汉文记值十）。

明朝时期：大中通宝（背鄂、济、福、京、桂二、三福、广二、广三、广五）、洪武通宝（背京、鄂、济、广二、广五、桂三、桂五）、永乐通宝（背三钱）、弘治通宝（折五）、嘉靖通宝（背二钱、三钱、五钱、十一两、光背大钱）、崇祯通宝（背二大钱、背十二两）、大明通宝（光背大钱）、弘光通宝（楷书光背）。

3.1.4　收藏古代钱币的四大误区

要做好古钱币收藏，需要注意四大误区，分别是只收藏大钱、只收藏名钱、只收藏铜钱、只收藏好钱。

（1）只收藏大钱

在古钱币中，大众化还是小型钱、大型钱品种和数量都相对较少，收藏门槛较大，加上小型钱当中也不乏珍品，初涉古钱币收藏领域应多关注小型钱币。

（2）只收藏名钱

据资料显示，在古钱币板块中，尽管有些钱币未能被列入"古泉五十名珍"，但因其存世量少，同样具有较高的收藏价值，未来增值潜力大。除了名钱，藏家也可以多关注其他范围的古钱币，这样才可以发现更多的珍品。

（3）只收藏铜钱

在古代，主要流通的货币就是铜钱，相对来说铁钱和铅锡钱比较少。流传至今，

铁钱和铅锡钱更是少之又少，特别是铁钱，经多年腐蚀，锈迹斑斑，几乎很难辨别。所以藏家建议，在收藏铜钱的同时，多加注意铁钱和铅锡钱。

（4）只收藏好钱

古钱币的收藏一样注重品质，有的古钱尽管因年代久远有所残缺，但若属稀有类，收藏价值依旧很高。

3.2 人民币的投资技巧

想要进行人民币的投资，不仅需要了解人民币有几套及每套的特点，还要了解人民币在投资过程中需要注意的事项。

3.2.1 第一套人民币

第一套人民币是在中国共产党的领导下、中国人民解放战争胜利进军的形势下，由人民政府所属国家银行在 1948 年 12 月 1 日印制发行的唯一法定货币。在图样题材上，选择当时经济建设和新社会人们生活的图案，生动展现出我国解放事业及建国初期人们的政治、生活、文化、社会百态，使人们领略到在党的领导下全国各族人民齐心协力、艰苦奋斗、自力更生建设新中国、新社会的激情岁月。第一套人民币的发行保证了解放战争胜利进军的需要，促进了经济的恢复与发展，最终成为统一的全国货币，结束了在国民党统治下几十年的币制混乱历史。

1948 年 12 月 1 日由刚成立的中国人民银行开始发行，至 1955 年 5 月 10 日停止流通使用的人民币为第一套人民币。这套人民币由时任华北人民政府主席的董必武题写了"中国人民银行"行名。票面上两方印章分别为"总经理章"和"副经理章"。

中华人民共和国第一套人民币，共 12 种面额 62 种版别，其中 1 元券 2 种、5 元券 4 种、10 元券 4 种、20 元券 7 种、50 元券 7 种、100 元券 10 种、200 元券 5 种、500 元券 6 种、1 000 元券 6 种、5 000 元券 5 种、10 000 元券 4 种、50 000 元券 2 种（1949 年发行的正面万寿山图景 100 元券和正面列车图景 50 元券各有两种版别），如图 3.6 所示。

图3.6　第一套人民币

3.2.2 第二套人民币

为了改变第一套人民币面额过大等不足，提高印制质量，需要进一步健全我国货

币制度。1955 年 2 月 21 日，国务院颁布，决定由中国人民银行自 1955 年 3 月 1 日起发行第二套人民币，收回第一套人民币。

第二套人民币，是在第一套人民币的基础上于 1955 年 3 月 1 日开始发行。当时已消除战争给国民经济带来的影响，工农业生产迅速恢复和发展，商品经济日益活跃，市场物价稳定。国家财政在收支平衡的基础上，连续几年收大于支，国家商品库存、黄金储备也连年增加，货币制度相应巩固和健全，一个独立、统一的货币制度已建立起来。

第二套人民币和第一套人民币折合比率为：第二套人民币 1 元等于第一套人民币 1 万元。

第二套人民币中的硬分币（1 分、2 分、5 分）目前仍在市场上流通，并有新铸币流入市场，其他券别从 1955 年 3 月 1 日开始发行，截至 2007 年 4 月 1 日纸分币停止流通（3 元、酱紫色 5 元及 10 元在 1964 年 5 月 15 日停止流通，角币、1 元、2 元及棕色 5 元在 1998 年 12 月 31 日停止流通），前后历时 52 年。

第二套人民币主币最初的设计面额为 1 元、5 元、10 元、50 元和 100 元五种，因当时中国实行计划经济，人民购买力低下，货币流通量不高，同时为了防止国外进行伪造，经周恩来批示，将面额改为 1 元、2 元、3 元、5 元和 10 元。其中 3 元、5 元、10 元券是在苏联印制，中华人民共和国与苏联交恶后，因为印版留在苏联，且在新疆市场上发现大量在苏联印制的 3 元、5 元和 10 元券人民币，为避免发生意外，中国人民银行在 1964 年 4 月 14 日宣布，苏联印制版 3 元、5 元、10 元于 4 月 15 日只收不付，至 5 月 15 日全部废弃，停止收兑。

第二套人民币主景图案内容体现了新中国社会主义建设的风貌，表现了中国共产党革命的战斗历程和各族人民大团结的主题思想。钞票式样打破了原有的固定的四边框形式，采用了左右花纹对称的新规格；票面尺幅按面额的大小分档次递增；整个图案、花边、花纹线条鲜明，精密、美观和活泼，具有民族风格。

第二套人民币在印制工艺上除了分币外，其他券别全部采用胶凹套印，其中角币为正面单凹印刷；1 元、2 元、3 元和 5 元纸币采用正背面双凹印刷；10 元纸币还采用了当时先进的接线印刷技术。凹印版是以我国传统的手工雕刻方法制作的，具有独特的民族风格，其优点是版纹深、墨层厚，有较好的反假防伪功能，如图 3.7 所示。

图3.7　第二套人民币

3.2.3 第三套人民币

第三套人民币是中国人民银行于 1962 年 4 月 15 日开始发行的。与第二套人民币比价相等，并在市场上与之混合流通。第三套人民币与第二套人民币相比，取消了 3 元纸币，增加了 1 角、2 角、5 角和 1 元四种金属币。第三套人民币自 1962 年 4 月 20 日发行枣红色 1 角纸币起，到 2000 年 7 月 1 日停止流通，前后历时 38 年。

第三套人民币票面设计图案比较集中地反映了当时中国国民经济以农业为基础，以工业为主导，农轻重并举的方针。在印制工艺上，第三套人民币继承和发扬了第二套人民币的技术传统和风格。制版过程中，精雕细刻，机器和传统的手工相结合，使图案、花纹线条精细；油墨配色合理，色彩新颖、明快；票面纸幅较小，图案美观大方。为了促进工农业发展和商品流通，方便群众使用，经国务院批准，中国人民银行于 1962 年 4 月 20 日开始发行第三套人民币。

规定第三套人民币和第二套人民币比价为 1：1，即第三套人民币和第二套人民币票面额等值，并在市场上混合流通。对第三套人民币纸币的设计、印刷，中央和国务院很重视，周恩来还做了具体指示。连 1 元券稿样中有一处汉语拼音错误，也被周恩来指明改正，稿样设计时，邀请了中央美术学院、中央工艺美术学院的著名教授进行座谈，听取意见。因此，第三套人民币的质量有了较大提高，如图 3.8 所示。

图3.8　第三套人民币

3.2.4 第四套人民币

为了适应经济发展的需要，进一步健全中国的货币制度，方便流通使用和交易核算，中国人民银行自 1987 年 4 月 27 日发行第四套人民币。

第四套人民币在设计思想、风格和印制工艺上都有了一定的创新和突破。主景图

案集中体现了在中国共产党的领导下，中国各族人民意气风发和团结一致，建设有中国特色的社会主义的主题思想。在设计风格上，第四套人民币保持和发扬了中国民族艺术传统的特点，主币背面图景取材于中国名胜古迹、名山大川，背面纹饰全部采用富有中国民族特点的图案。在印制工艺上，主景全部采用了大幅人物头像水印，雕刻工艺复杂；钞票纸分别采用了满版水印和固定人像水印，它不仅表现出线条图景，而且表现出明暗层次，工艺技术很高，进一步提高了中国印钞工艺技术水平和钞票防伪能力。

第四套人民币与第三套人民币相比，增加了 50、100 元大面额人民币。为适应反假人民币工作需要，1992 年 8 月 20 日，又发行了改版后的 1990 年版 50、100 元券，增加了安全线与无色荧光油墨印刷等新技术。纸币中"中国人民银行"六字及面值文字是由马文蔚先生所书写，但"国"字和"银"字换成了简体。票面上两方印章分别为"行长之章"和"副行长章"。纸币背面印有用蒙古文、维吾尔文、藏文、壮文书写的"中国人民银行"与其面额的字样，票面正面增加了盲文。

第四套人民币从 1987 年 4 月 27 日开始发行，共有 9 种面额，14 种票券。其中 1 角券 1 种，2 角券 1 种，5 角券 1 种，1 元券 3 种（1980、1990、1996），2 元券 2 种（1980、1990），5 元券 1 种，10 元券 1 种，50 元券 2 种（1980、1990），100 元券 2 种（1980、1990），如图 3.9 所示。

图3.9　第四套人民币

3.2.5 第五套人民币

第五套人民币由中国人民银行在中华人民共和国建国 50 周年之际，于 1999 年 10 月 1 日起分批发行。该套人民币共 8 种面额：100 元、50 元、20 元、10 元、5 元、1 元（纸币、硬币）、5 角（硬币）、1 角（硬币）。相比前几套人民币，第五套人民币取消了 2 角及 2 元的票面，增加了 20 元票面，硬币取消了前几套硬币正面的国徽图案，面额则从背面改到正面。

第五套人民币与第四套人民币相比，加强了防伪措施，增强了机读性能。纸币和硬币中"中国人民银行"六字是由马文蔚先生所书写。票面上一方印章为"行长之章"，纸币背面印有用汉语拼音、蒙古文、维吾尔文、藏文、壮文书写的"中国人民银行"与其面额的字样。壮文改为 1982 年的方案，票面正面增加了盲文。

第五套人民币继承了中国印制技术的传统经验，借鉴了国外钞票设计的先进技术，在防伪性能和适应货币处理现代化方面有了较大提高。各面额货币正面均采用毛泽东主席建国初期的头像，底衬采用了中国著名的花卉图案，背面主景图案通过选用有代表性的寓有民族特色的图案，充分表现出了中国悠久的历史和壮丽的山河，弘扬了中国伟大的民族文化，如图 3.10 所示。

图3.10　1999年版第五套人民币100元

为了提高第五套人民币的防伪水平，经国务院批准，中国人民银行定于自 2005 年 8 月 31 日起，在全国范围内发行 2005 年版第五套人民币 100 元、50 元、20 元、10 元、5 元纸币、1 角硬币。现公告如下：

一、2005 版第五套人民币 100 元、50 元、20 元、10 元、5 元纸币规格、主景图案、主色调、"中国人民银行"行名和汉语拼音行名、面额数字、花卉图案、国徽、盲文面额标记、民族文字等，均与现行流通的 1999 年版第五套人民币同面额纸币相同。

二、2005 版第五套人民币的防伪技术、防伪布局等实现了统一。20 元纸币新增加了全息开窗安全线、阴阳互补图案、凹版印刷等技术。

三、2005 版第五套人民币 100 元、50 元、20 元、10 元、5 元纸币正面主景图案右侧增加了凹印手感线，背面主景图案下方为面额数字和汉语拼音"YUAN"，年号为"2005 年"。

100 元、50 元券调整防伪布局。2005 年版第五套人民币 100 元、50 元纸币正面左侧中间处，背面右侧中间处为阴阳互补对印图案；左下角为光变油墨面额数字，其上方为双色异形横号码。

2005 版第五套人民币 100 元、50 元、20 元纸币正面左下角增加白水印面额数字。另外，在 20 元纸币正面左下角和背面右下角增加了阴阳互补对印图案。

四、在 2005 版第五套人民币的水印处增加了"防复印图案"。这是一些特殊排列的圆圈，作用是防止纸币被复印或打印。很多彩色复印机、扫描仪、打印机和图像处理软件都有识别此特殊图案的功能，发现带此图案的原稿就会拒绝复印或打印。

2005 年版第五套人民币发行后，与现行 1999 年版第五套人民币等值流通，如图 3.11 所示。

图3.11　2005年版第五套人民币100元

3.2.6　第三套人民币收藏热火朝天

存世量小、以稀为贵是永恒的市场和资源供需法则。第三套人民币从 1962 年发行到 2000 年正式退出流通，其间流通近 40 年。纸币在市场上经过了充分的流通，旧了、脏了、破了都能较为及时地回流到银行。在那个一分钱能买两颗糖的时代，人们对于钱的珍惜可想而知。可以说第三套发行的大部分纸币品种都是在市场上得到了充分的流通消化，并最后被银行严格销毁的。由于 2000 年之前，大家的收入水平不高，再加上收藏意识不强，因此有意或无意留存下来的第三套纸币数量是少之又少。正因为如此，才给第三套的纸币收藏，特别是投资市场带来了一个强有力的支撑。

（1）投资安全有保障

从防伪性到国家法律保护的技术法律保障，近 30 年的持续升值，更是它高安全性和高投资收益有保障的铁证。第三套人民币一经退出流通，便成为纸币收藏和投资者极力追捧的对象。纸币投资，防伪性的强弱和辨识度的高低是进入者的第一道门槛。历经 40 年，用了几代人的第三套纸币特定的辨伪特征是人人都能掌握的。但凡仿伪造假，政府和法律是坚决打击并处以刑事责任的。正因为这几点构成的安全性，第三套

人民币成为各大机构和个人投资者追捧的对象，给了各种寻找资金出口的人们提供了一个可以安全通行的渠道。

（2）价位适中，适合所有人

上自机构下至平民，都有参与和购进的可能性，发财生利的机会较均等，较低的投资门槛和极大的获利机会对所有人敞开。从纸币理财、纸币投资的高收益特性上看，所有的纸币品种和板块都不分伯仲，只是在资金和投资额度的进入门槛上有所区别。相对于存世量极少和天价的第一、二套人民币，动辄几百万、几十万元的先期投入，对大多数的普通投资者和众多的家庭个人理财而言，是可望而不可即的。而目前只有几千、几万元的第三套人民币投资，则有适合投资和理财的巨大空间，除了各种品相和券种的套册外，一些券面的单品，如我们话题涉及的红绿"壹角"外，"古币水印贰元"等精品也非常值得长期关注。

（3）具有非常优异的收藏和投资特性

第三套人民币的收藏性和投资性双重优势的性质，决定了其必然成为现在和将来一批精明强势的投资人追逐的投资生财对象；也必然是各种资金流的主流追捧对象。

在人们的投资理财欲望和投资渠道都不断增强、不断增多的今天，房子、股票、艺术品，甚至是各种农产品都成为各类资金追逐的对象。各种投资渠道和理财品种的风险大小，收益多少，在经过了二三十年的市场检验和广大投资理财者的实践，以及起落涨跌、胜负优劣的搏杀陶冶，他们大多已经成熟，对整个投资市场和品种的优劣已了然于胸！纸币投资、纸币理财所独有的高安全、高收益的双高性，正在快速吸引更多的人群参与，更多的资金汇集。越来越多的成功纸币收藏家和纸币投资理财者早已经稳拥金山，甚至几辈人都不需要工作就可以过上安稳富足的生活。

也有许多人常年在各种投资渠道中摸爬滚打，因为错误选择或投资失利而血本无归。这其中最大的教训和启示就是告诉我们：安全性和收益性，是在任何社会形态和任何投资的方式下，都必须优先权衡和评估的投资理财法则！集高安全性和高收益性于一身的纸币投资理财，将会是越来越多投资理财者的最佳生财工具。

3.2.7　第三套人民币暗记多

第一、二、三套人民币的发行由于当时的各方面技术不完善，在辨别纸币真伪时就需要暗记来辅助辨别，因此在辨别纸币真伪时暗记成了一个重要的方法，对于现在纸币收购价值不菲的第三套人民币来说，由于价值不断升高，收藏逐渐走热趋势的发展，市场上的假币也随之增多，学习第三套人民币的暗记，避免上当受骗花大钱买假币受到经济损失。

第三套人民币暗记具体如下。

1角暗记：1.胶版背棕：兰字二三罗马，红二罗胶，红三罗胶四种。在正面图案中大门右侧第五与第六根栏杆上有英文字母"J"，第六、七根栏杆之间的上端有一英文

字母 A，"A" 下方是一个小 "+"（是小的 "+"，左边第二个人手腕上有 "中" 字暗记）；

　　5 角暗记：正面纺纱车间，右侧齿轮下端藏有一个 5 字，大齿轮下有 "中" 字暗记；正面大桥左桥头坡地上，在初期凹印时无暗记，而在后改胶印时增设了 2 字暗记；

　　1 元暗记：背面右侧山坡上有 "工" 字暗记；

　　2 元暗记：背面石油钻井架下，草丝中藏有一个 "2" 字和 "R" 暗记；

　　5 元暗记：背面主景为露天煤矿，以 "天" 字作暗记。背面行长之章右上角有字母 "H"、"J" 暗记；

　　10 元：背面有 "工、人" 二字暗记，分别藏于天安门右侧华灯柱子之右和天安门左端边缘处，天安门右侧华灯柱子右上方还有 "Z" 字母暗记。

　　背绿水印：正面大门右侧第六、七根栏杆之间上有字母 "A" 暗记，下方有个 "⊥"，A 的左上方有字母 "J" 暗记。正面穿深色外衣男人嘴角不同，背绿（水印）币中那个人的嘴角基本是平的，而背棕（水印）币中那个人的嘴角明显下垂。

　　枣红一角：正面推独轮车的人前穿浅色衣服的人裤子上有 "☆" 暗记。

　　胶版背棕：兰字二三罗马，红二罗胶，红三罗胶四种在正面图案中大门右侧第五与第六根栏杆上有英文字母 "J"，第六、七根栏杆之间的上端有一英文字母 A，"A" 下方是一个小 "+"（是小的 "+"，左边第二个人手腕上有 "中" 字暗记）。

　　背绿（无水印）暗记：在副行长章的左上方增加了一个 "人" 字。

　　在第一、二、三套人民币纸币中，第三套人民币纸币的暗记最多，了解纸币上的暗记对于纸币收购投资者或收藏爱好者来说显得尤为重要。

3.2.8　人民币收藏的技巧与注意事项

　　人民币在收藏过程中，有哪些技巧与注意事项呢？下面具体讲解一下。

　　（1）收藏特殊号码纸币应注意的问题

　　第一，应该考虑所买号码收集的难易程度。例如，多重尾号。一般来说三重号以上的就可以叫作多重尾号，但三重、四重号码得来全不费工夫，就不应该有太大的市场价值，在市场价格基础上议价幅度不应该超过 30%，5 重以上可以溢价 50% 左右，全同就大不一样了，收集难度大，价格自然高很多，甚至是市价的几十倍、几百倍。有些卖家，拿个三重号，也动辄几百、上千元的加价，还不是什么好的、大家公认的号码，这就大不应该了。四、五版纸币应该是 5 重号以上才有在市价基础上溢价的趋势且幅度不会过高。

　　第二，需要考虑所买纸币本身是否属于稀缺品种。同样的全同号或顺序号、对称号，发生在不同版别，价值也会有很大的差异。四、五版的趣味号码得来相对容易，不应该溢价过高。

　　第三，要物有所值，不可以跟风。特殊号码纸币，有它的特殊性和增值功能，大家喜欢和追捧，理所当然，无可厚非。但切记要物有所值，否则可能花大价钱买了不

值钱的藏品，那么就会成为终身藏品，想卖的时候，还没有买入的价格高。

第四，要抵制假冒。由于特殊号码纸币的特殊性和利益驱动，经常有改号出现，这是伪造、变造人民币行为，是触犯法律的行为，必须坚决打击和抵制，净化市场环境。要做到不制假、不售假、不捧假，不给居心叵测者以可乘之机。更主要的是自己可以免受经济上的损失。令人不解的是，曾见有些认证会员也公开在论坛卖帖中说：××纸币，只要稍加改动，就全同了，这等同于诱导、纵容制假售假。

第五：品相要好。任何一张纸币如果品相不好，就会贬值大半，即使号码再好，也不会有什么人气。

（2）特殊号码的范围

任何一款纸币，如果备受人们喜爱，就可能属于特殊号码。纸币每个编号组的第一个号、最后一个号、八位数相同、左右对称号以及其他特殊号码的纸币，都是较为难得的品种。公认的主要是以下几种：

① 小号或大号，小号的更受关注。人民币纸币其编号多是七八位数，在数字的排列上就会出现一些非常有趣的现象。如 00000001 号，就是第一张。

② 全同号。如 6666666 号、8888888 号，依此类推，以 1 000 万或一亿张发行统计，出现七八位数同号的纸币只可能有九张，其珍稀程度可想而知。

③ 顺序号。如某纸币的号码是 1234567 或 7654321 及类似的特殊排列。

④ 对称号。如 3445443、1234321 等。

⑤ 多重尾号。如 11111、33333 等。

⑥ 重叠号。如 12121212、12341234、22334455 等。

以上是主要的特殊号码类型，由此衍生的还有如 188881 可能取名多重对称号，又如 5678765 应该称为顺序对称号，更有如 66668888 及类似的吉祥号。

（3）趣味收藏的产生

爱好收藏纸币的人，一般都注意搜寻那些发行年代早、流通时间短或存世量少的珍稀品种，又同时注意收集那些号码比较奇特的纸币，为收藏增添了一些乐趣，且一些特殊号码纸币由于备受收藏界的青睐和追捧，身价大增，甚至创造奇迹。特殊号码纸币，其珍稀程度、收藏鉴赏价值乃至增值潜力和直接收益往往与珍品相媲美。因而影响也越来越大，关注的人越来越多，渐成群体，趣味收藏因而产生。

（4）特殊号码的界定

其实，每一张纸币都有它自身的特殊性，那就是号码唯一，正常情况下没有任何两张或两张以上的纸币具有相同的号码。所谓特殊号码实际上是人们凭借自己的喜好和公众认可程度较高的一些字冠和数字组合，其特殊性多主要体现在号码组合上。

特殊号码纸币是指编号特别有趣而又十分稀少的纸币。纸币和铸币或与邮票、磁卡等相比，虽然都有面值，但有一个很大的区别，就是任何一张纸币都有自己的编号，而且绝不会与同一版别、同一券别、同一年份的其他纸币重复（近几年印制专供收藏的连体纸币除外）。

以人民币来说，除了后期发行的壹分、贰分、伍分纸币不编号之外，其他的纸币没有一张不编号的。一、二、三、四、五版纸币、外汇券、国库券的号码都在 6~8 位数之间，一、二、三版罗马字冠（有两字和三字之分）7 位数居多，四、五版以两位英文字冠 8 位数为主，外汇券 1979 年版为两位英文字冠 6 位数，1988 年版为两位英文字冠 8 位数，国库券则是两、三位罗马字冠、数字 6、7、8 位都有。

（5）特殊号码纸币的收藏价值

毫无疑问，特殊号码纸币具有极高的收藏价值。

第一，有普通纸币所共有的收藏属性；

第二，具有独特的稀缺性；

第三，别具一格的趣味性。

但由于类型不同，发现的概率和存世量的差异，各类特殊号纸币的收藏价值也会不同甚至差异很大。按照收藏者喜好和市场表现，收藏价值最高的是全同号，尤其是5、6、7、8 这类的全同号。其他特殊号纸币收藏价值依次是顺序号、AB 号、对称号、小号、多重尾号、重叠号等。

随着时间的发展，人们已经不再满足于单调的收藏着 10 元、100 元人民币，人们需求趣味的收藏方法，其中之一就是对于特殊纸币的收藏。

3.3　纪念币的投资技巧

想要进行纪念币投资，就需要了解什么是纪念币、纪念币的类型，还要了解纪念币的投资五忌及保存技巧，下面具体讲解一下。

3.3.1　什么是纪念币

纪念币是一个国家为纪念国际或本国的政治、历史、文化等方面的重大事件、杰出人物、 名胜古迹、珍稀动植物、体育赛事等而发行的法定货币，它包括普通纪念币和贵金属纪念币。质量一般为精制，限量发行。

> **提醒：** 贵金属纪念币理论上是可以参与流通的，具有流通手段职能。2015 年 12 月 29日中央银行日前发布公告称，定于 2016 年 1 月 16 日发行 2016 年贺岁普通纪念币一枚。该纪念币面额为 10 元，直径为 27 毫米，材质为双色铜合金，发行数量为 5 亿枚。

3.3.2　普通纪念币

普通纪念币包括普通金属纪念币和纪念钞。

普通金属纪念币又分为普制币和精制币。普通纪念币的材质是用于印刷钞票的纸张或铸造普通硬币的金属，面额表明其法定价值，主要以中外重大事件、节日、纪念

日和珍稀动物为题材而设计铸造。是国家发行的可
以流通但又具有纪念意义的法定货币。发行后，可
以与其他流通人民币等值流通，其面额记入市场现
金流通量，成为货币供应量的一部分。因而，流通
纪念币首先是法定货币。其面值一般为：1角、1元、
5元、10元等，可与普通纸质人民币等值上市流通，
如图3.12所示。

图3.12　普通金属纪念币

　　但是，流通纪念币不仅是单纯的货币，还是以某一重要主题为纪念对象而专门发
行的货币。因而，又必须具有纪念意义。这种纪念意义要通过图案的寓意、文字的表
达来充分表现出来。如伟人系列纪念币，使用众人熟知的伟人头像为主图案，主题突
出、简单明了。国庆35周年纪念币1套3枚，正面图案均由国徽、广场、礼花组成，
国庆的喜庆气氛一目了然。

　　在题材的选择上，流通纪念币突出重点，自成系列。就题材而言，突出了重大历
史事件、杰出人物及特别重要的现实事物。这些纪念币还构成了系列，如伟人系列、
国庆系列、体育系列、自治区成立系列、特别行政区成立系列、珍稀动物系列等，从
一个侧面反映了我国的政治、经济、文化、体育、科技等方面的情况。

　　纪念钞，往往是为纪念重大事件而发行，如中国人民银行已于2008年7月8日发
行第29届奥林匹克运动会纪念钞，面额10元。主色调为蓝绿色，票幅长148.5毫米，
宽72.0毫米。全国发行600万张，与现行流通人民币具有相同职能，与同面额人民币
等值流通，如图3.13所示。

图3.13　第29届奥林匹克运动会纪念钞

3.3.3　贵金属纪念币

贵金属纪念币包括金币、银币、铂币、钯币等贵金属或其合金铸造的纪念币，材质是金、银等贵重金属。题材广泛、工艺考究、观赏性强且多为成套分组发行。

币形亦有圆形币、方形币、彩币和扇形币，其面值计 5 元、10 元、30 元、50 元、100 元、500 元、1 000 元等，这种币的发行价一般都等于面值的几十倍或上百倍。

图3.14　贵金属纪念币

因此，面额只是象征性的货币符号，并不表明其真实价值，不能流通，其面值不记入市场现金流通量。贵金属纪念币，如图 3.14 所示。

3.3.4　长城纪念币

长城币是当代中国流通硬币与流通纪念币的开山鼻祖，可称之为试机币。长城币包括：1 角、2 角、5 角、1 元四种面值。 长城币是钱币收藏者的一枝花絮，当年很多钱币收藏者为收集 1986 年长城币花了不少精力而未能如愿。直到 1996 年沈阳造币厂百年庆典，才道出此套币的发行量仅为 660 套。在 1996 年邮市高潮中，一名收藏者以 3.5 万元购得一套 1986 年长城币，一位澳门钱币商闻讯后开出了 10 万元的高价，请求此人转让，但此人未舍得出手。

近几年北京邮市偶能见到86长城套币，成交价在 3 万元左右。当年发行的长城精装套币主要是为了国际交流，绝大部分都远销海外，因此那时在国内很少看到。俗话说：盛世收藏。改革开放以来，人民的生活水平

图3.15　长城纪念币

不断提高，长城精装套币从世界各地回到祖国的怀抱，被钱币爱好者所收藏。长城纪念币，如图 3.15 所示。

3.3.5　投资一定要区别开金银纪念币与金银纪念章

随着我国国民经济的快速发展，富裕阶层的迅速崛起，曾经被认为是"贵族"收藏的金银纪念币也逐渐步入了寻常百姓家，一些人开始考虑将金银纪念币作为一种理财工具进行投资。对于这些潜在的投资者而言，首先必须搞清楚金银纪念币和金银纪念章的区别。

在我国，民间往往把纪念币、纪念章混为一谈。尽管纪念币与纪念章在外观上很相似，但事实上是有着本质的区别，特别是金银等贵金属纪念币与纪念章的区别更加明显。金银纪念币与纪念章两者最主要和最明显的区别就是，在金银纪念币上必须铸有面额、"中华人民共和国"国名和年号，而金银纪念章则没有面额。没有面额一方面说明其不是国家的法定货币，另一方面则说明了其权威性要远远低于纪念币，因为金银纪念币只能是由代表国家权威的中国人民银行发行、中国金币总公司总经销。因此在每枚金银纪念币上都镌刻有"中华人民共和国"国名，而纪念章则不允许雕刻上国名。此外，国家造币公司铸造的任何纪念币上都镌刻有发行年号，而纪念章上有的标有年号，有的则没有，随意性很大。

其次是铸造发行数量，由于金银纪念币是国家的法定货币，加上其立项、审批、设计、选料、工艺、铸造、防伪、包装、销售等各个环节均有非常严格的审批程序和规定，所以通常情况下它的铸造发行量是比较少的，其数量在一开始就是统一计划好的，并受严格控制，不允许增加或减少，因此金银纪念币具有较好的收藏价值和一定的升值空间。而民间铸造的金银纪念章的铸造数量主要取决于其销售渠道和市场可销售量，也就是完全市场化的行为。

再次是金银纪念币作为国家的法定货币，通常情况下必须经中国人民银行授权，由国家造币公司铸造，通常每枚金银纪念币均附有中国人民银行行长签字的证书，有很高的公信力，所以往往成为钱币收藏者关注的对象。而金银纪念章的铸造可以不通过中央银行的授权，民间的任何组织都可以铸造发售，即便附有证书，其权威性也是不能与金银纪念币的证书相提并论的。

最后是铸造工艺，由于金银纪念币是国家法定货币，其对铸造工艺和质量具有相当高的要求，所投入的技术、设备、材料、人力资源都很大，其附加价值远远高于金银纪念章。

所以，同样题材、发行量的品种，金银纪念币的投资价值都要高于金银纪念章。当然，金银纪念章也并不是完全没有投资价值，特别在当前金银等贵金属原料价格涨速较快的情况下，适当投资金银纪念章也是一个不错的选择。有些金银纪念章如果发行、铸造单位比较权威，发行量较小、题材较好，同样也有一定的收藏和投资价值。比如由中国金币总公司、中国印钞造币总公司及所属的各造币公司设计、铸造的各类金银纪念章，由于采用的是精湛的造币工艺技术来制造，设计水平、成色和铸造质量都是一流的，这种金银纪念章同样具有一定的收藏价值和升值空间，尤其是那些经过长时间积累的金银纪念章，价值会更大一些。

3.3.6 纪念币投资的五忌

不少收藏投资纪念币的收藏者都能有所收获，但也并非只赚不赔，而是大多数人都有过赔钱的经历。纪念币收藏投资有"五忌"，如图 3.16 所示。

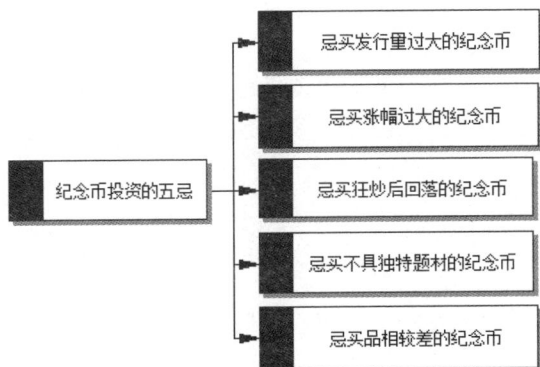

图3.16　纪念币投资的五忌

（1）忌买发行量过大的纪念币

纪念币发行量的多少，是决定其投资价值和升值潜力的首要因素。一般来说，纪念币的发行量与市场价格呈反比关系，即量少价
高，量多价低。

例如，发行量仅为206.8万枚的《中国人民银行成立40周年》纪念币，市场价格已高达4 000多元，而发行量多达3 000万枚的《建党70周年》纪念币的价格，仅为20元。

（2）忌买涨幅过大的纪念币

涨幅过大的纪念币，特别是发行的纪念币，由于在收藏投资热潮中价格一路攀升，而市场消耗少，实际存世量已远远超过了市场的需求。涨幅过大并不说明它的投资价值高，而是市场炒作的结果，普通投资者一旦高位"吃进"，随时有可能因大幅下跌而深度"套牢"。

（3）忌买狂炒后回落的纪念币

在各种纪念币中，常有一些品种会受到市场追捧而成为"黑马"。但这种已经大幅飙升的品种，一旦遇到庄家大量出货，价格便会大幅回落，尽管这类纪念币品种已有相当深的跌幅，但仍不适宜普通投资者参与，因为狂炒过后回落的品种，在高位形成了大量的"套牢族"，价格一旦有所上涨，解套盘就会倾巢而出。这类过时的"黑马"再度被炒作的可能性很小。

（4）忌买不具独特题材的纪念币

从某个角度来看，买纪念币就是买题材，有题材就有炒作的概念，就会有庄家进场，而不具有独特题材的纪念币，则很难激发市场的投资热情。

例如，1997年一季度邮币卡市场狂炒《宪法颁布10周年》纪念币，是借助于错版传闻的题材；炒作《宁夏30周年》纪念币，是由于自治区系列题材的"龙头"币效应。不少独具慧眼的投资者，在跟进买入这类纪念币后都曾赚过钱。

（5）忌买品相较差的纪念币

收藏纪念币如同收藏邮票，也要注意品相，即外观质量。品相好的纪念币与品相差的纪念币，市场价格相差很大。

例如，在钱币市场上红得发紫的"现代币王"——《中国人民银行成立 40 周年》纪念币，品相好的价格超过 4 000 元一枚，而品相差的即使 1 000 元也很难出手。

3.3.7　纪念币的保存技巧

下面来讲解一下纪念币的保存技巧。

首先，纪念币要避免与硬物进行直接磕碰、摩擦，切勿同时将几枚纪念币装在一个口袋里，应用较柔软的布或纸分别包装。

其次，要防止手污，纪念币出厂时都带有一层薄薄的密封的透明塑料袋，使币面免遭氧化的作用，不要将其拿出，直接用手触摸，在观赏纪念币时，有条件的应带上薄手套，用拇指和食指捏住纪念币的边缘，防止汗渍污染币面。

两次，要避免接触酸性物质。

最后，纪念币应存放在通风、干燥处收藏。

而贵金属纪念币的保养方式更要讲究，具体如下：

金币的清洗方法。金币实际上是不需要清洗的。若是弄脏的话，只需将其放在温肥皂水中清洗干净，然后用清水冲洗，放在两块柔软的布中吸干水分即可。

银币的清洗方法。清洗银币的方法首先取决于银币的氧化成度及成色。如果高含银量的银币只是受到轻微氧化，那么最好用氨水溶液加碳酸钠溶液和牙膏调制成糊状来清洗，或用食用白醋兑少量水，将银币放入其溶液中浸泡几分钟，也可用棉球沾溶液轻轻擦拭币面，待币面氧化层溶解后，再用清水冲洗干净即可。

第 4 章

邮票和钱币的辨伪技巧

在收藏、投资邮票和钱币时，最怕收藏到假邮票和假钱币。所以掌握邮票和钱币的辨伪技术是相当重要的，本章就来详细讲解一下。

4.1 邮票的品相

邮票的品相，好比人的相貌，品相佳的邮票才有集藏价值，集邮爱好者在邮市购买或函购邮票，以及交换邮票时，一定要分清楚邮票品相。邮票的品相分为 6 种，分别是极优品、上品、次上品、中品、下品、劣品，如图 4.1 所示。

图4.1 邮票的品相

1. 极优品、上品和次上品

极优品，是指邮票崭新完好，平整光洁，图案端正，齿孔俱全，无折、裂痕、污损、揭薄等现象。新邮票背胶平整清洁无损（未下水洗过）。旧票所盖邮戳清淡，邮票画面清楚，且销戳部位极少。

上品，是指邮票完好如新，票面整洁无损，齿孔俱全，新票背胶平整，清洁无损。旧邮票邮戳清淡，图案未受销戳影响。

次上品，是指邮票背面无污破损，有微皱，图案不端正，齿孔略有短缺，票背面无揭薄现象，新票背面有脏痕迹，旧票销戳虽重，但面积不大。

2. 中品、下品和劣品

中品，是指邮票本身完好，票面欠整洁，图案不居中，齿孔欠完整。旧票销戳面积较大，不太清晰。

下品，是指邮票图案不端正，有折痕、揭薄及齿孔残缺现象。旧票邮戳销印部位过多，墨迹严重破坏了票面整洁。

劣品，是指邮票破损、折痕、缺齿、揭薄、褪色。旧票所销邮戳面积过大，墨迹过浓，使图案字迹模糊不清。

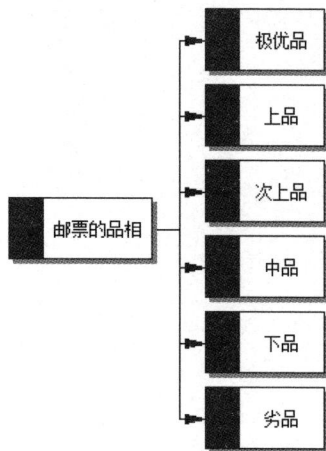

4.2 邮票的防伪技术

随着印刷设备和技术的迅猛发展，先进的印刷防伪技术已运用在邮票印制中。

（1）荧光纤维防伪专用纸

在造纸过程中，将无色的荧光纤维丝加入纸浆中，生成荧光纤维纸。这种纸在紫光灯的激发下能够显示出荧光纤维条，起到防伪功能，且不会出现荧光纤维条脱落的现象。这种荧光纤维防伪纸是专利产品。

（2）异形孔与文字镂空技术

异形齿孔技术含量高，所需设备昂贵、加工工艺技术复杂，很难被仿造，且可以直接用肉眼识别，是具有国际先进水平的一种防伪技术。在此基础上我国又成功运用拼音字母镂空防伪技术，此技术不仅起到防伪效果，而且还作为一种设计元素起到增强设计效果的作用。

（3）荧光加密防伪油墨

区别于普通荧光油墨，一方面，其加密成分具有唯一 XING，使用专用仪器立即显示出真伪；另一方面，在紫光灯的激发下能发出各色荧光。在设计中，还可以根据邮票不同主题和图案效果的要求，运用不同的荧光加密防伪油墨，在紫光灯的激发下收到更好的艺术效果。

（4）缩微文字

利用计算机技术，使用矢量形文字，在特殊技术软件的支持下，将文字缩小到邮票印刷所要求的规格，之后再将它传送到高精度光、机、电一体化的输出设备，通过微粒显影、定影，得到高反差、高清晰度、低伸缩率的缩微文字专用胶片，然后用于印刷。缩微文字的使用，使得邮票在印刷过程中的防伪技术有了新的拓展。

（5）荧光喷码

荧光喷码是近几年在我国邮票印刷过程中广泛使用的一项技术，为识别真伪邮票提供了便捷的方法。运用阵列式喷印系统，将序列号码精确地喷印在预定位置上，在紫光灯下即可识读喷印内容。

（6）防伪底纹、防伪线纹、防伪团花

防伪底纹、防伪线纹、防伪团花主要采用专业防伪制作系统和防伪制版核心软件制作，从设计、创意、线纹和几何图案的产生，或者与传统图案、手工绘制的文本和图像相结合进入系统，在一个平台上，包含了从设计的构思到印制生产完整的工艺流程，现广泛应用于各类货币及重要证件的印刷生产。

（7）隐形文字

隐形文字主要采用专业防伪制作系统和防伪制版核心软件制作，在防伪团花的基础上，通过对图像的特殊处理，使团花包含隐形文字或图案。技术含量高，制作难度大。

4.3　辨别邮票真伪的技巧

目前邮票市场上存在着许多假票，下面来讲解一下辨别邮票真伪的技巧。

1. 纸张和版别

真邮票用邮政部门定点生产厂家专用的邮票纸，这些"涂料邮票纸"与一般的胶版纸、铜版纸在色泽上有明显的差异。

邮票的印刷方法有雕刻版、胶版、凸版、影写版和影雕套版。现在市场上流行的假票基本上是用胶版伪印雕刻版、影雕套版或影写版。真票图案清晰、图纹坚实、色彩柔和均匀；而假票网点粗大、字体变形、图案模糊，有叠色、露色等现象，透过 20 倍放大镜看得更清楚。

2. 齿孔和背胶

齿孔包括齿形、打孔方式与齿孔度数。邮票印刷厂打齿孔形状规则、光洁圆滑。而假票是类三角形齿孔，在放大镜下呈现出槽形、多边形齿孔。

邮票背胶也是研究和辨别真伪邮票的要素之一。目前发现的假票通常无背胶，有的是在票背涂上一种半透明的白色涂料，以冒充背胶，但没有黏性。也有的是涂刷胶水，因手法拙劣，连齿孔纸边也沾上了胶水。

3. 刷色和票幅

刷色，即邮票印刷产生的票面色彩效果。刷色是印刷工艺、纸张、油墨等诸多因素的综合产物，主要是由油墨决定的。真邮票色相正、色泽浓艳，而假邮票因为使用普通油墨胶印，难免颜色发暗淡，色相不正。

票幅的规格，是以毫米计算的，了解了每套邮票的确切票幅，也就了解了每套邮票的图案四周应该有多宽的边。借助放大镜和尺子即可识别票幅真伪。

4.4 邮票辨伪实例

下面通过具体实例来讲解一下邮票辨伪的技巧。

4.4.1 天安门图案（第一版）普通邮票的辨伪实例

1950 年 2 月 10 日，为了满足新中国成立后邮政业务迅速发展的需要，中华人民共和国邮电局发行一套《天安门图案（第一版）普通邮票》，全套共 9 枚。面值分别为旧人民币 200 元、300 元、500 元、800 元、1 000 元、2 000 元、5 000 元、8 000 元、10 000 元。

这套邮票发行后，主要用于通信。在通信中大量消耗之后，存世的新票比较少。因此，现如今的集邮者要想收集全套新票，有一定的难度。随着集邮者对收集普票的重视，天安门图案（第一版）的售价就越来越高。

利欲熏心的造假者，便乘机利用现代高科技，伪造出十分逼真的赝品。这种赝品，不要说缺乏鉴定经验的集邮者难辨其真伪，就是专门收集普票的集邮家，有的也难辨真伪。这种赝品采用与真品相同的版别印制，刷色相同，图幅、票幅与真品一样，所用纸张也与真品相近似。

因此，在鉴定其真伪时，最好采用将其与真品放在一起进行对比鉴定。这样便可发现，赝品与真品在细微之处存在着明显的不同。如无真品在手，只需用高倍放大镜

认真仔细地观察邮票图案上的文字和线条的细微之处，就可以发现赝品的一些破绽。因为赝品是利用真品翻拍制版，所以在制版过程中，邮票图案上文字的笔锋、线条的粗细，不可能与真品完全一模一样，这就是赝品的破绽。据此便可辨其真伪。

现在就天安门图案（第一版）中面值 200 元、800 元 2 枚邮票的鉴定方法进行介绍。

（1）看版别

赝品尽管采用与真品相同的版别印制，但因为它不是使用原图稿来制版，而是利用真品进行翻拍制版，所以在制版过程中，邮票图案上的线条和文字，难免会出现差异，如线条模糊不清、文字笔锋变钝、笔画变粗或变细等，据此发现其与真品的差别。

（2）看邮票的铭文和面值

天安门图案（第一版）真品的面值捌佰圆，真品的铭文文字笔锋尖锐，伪品有的笔锋变钝，伪品同真品有较明显的不同。

（3）看天安门城楼下的拱门洞

真品拱门洞里的横绒条都很清晰；伪品则模糊不清。

（4）用紫光灯鉴别

真品在紫光灯的照射下，白纸面呈暗紫色；伪品所用纸张虽与真品比较相似，但在紫光灯的照射下，白纸面则呈亮白色。用此法可迅速鉴别出伪品与真品的区别，如图 4.2 所示。

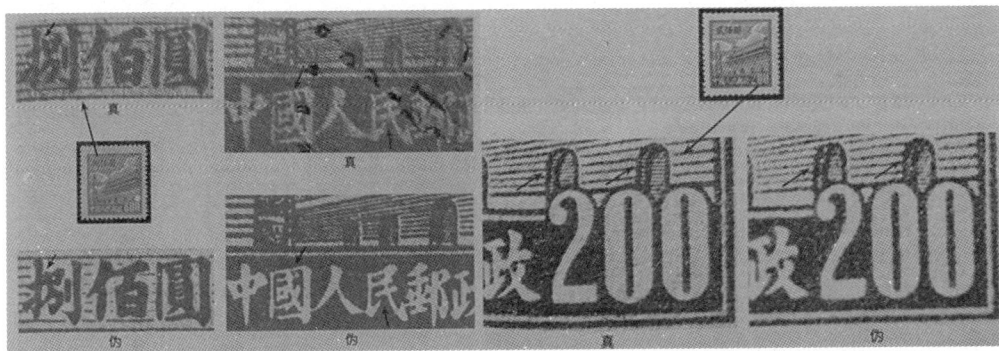

图4.2　天安门图案（第一版）普通邮票的真伪对比

4.4.2　中华人民共和国开国一周年纪念纪字邮票的辨伪实例

1949 年 10 月 1 日下午 3 时整，在北京天安门广场隆重举行了庆祝中华人民共和国中央人民政府成立典礼。毛泽东在天安门城楼上宣布中华人民共和国中央人民政府成立，并亲自按动电钮，升起共和国的第一面五星国旗。中华人民共和国开国大典，向全世界庄严宣告了旧中国的灭亡和伟大的新中国的诞生。

1950 年 10 月 1 日，正值中华人民共和国成立一周年纪念日，中华人民共和国邮电部发行了一套《中华人民共和国开国一周年纪念》邮票，全套 5 枚，志号为纪 6，孙传哲设计，胶雕套印，刘国桐、林文艺、李曼曾、沈彤雕刻。齿孔 14 度，无背胶。邮局全张枚数（37）（38）（40）（41）为 50（10×5），（39）为 20（5×4）。北京中国人民印刷厂印制，分为人民币值和东北币值两组。(37)和(42)票幅规格 32mm×39mm，面值为旧人民币 100 元和东北币 1 000 元，发行量为 100 万枚和 25 万枚；（38）和（43）票幅规格 32mm×39mm，面值为旧人民币 400 元和东北币 2 500 元，发行量为 120 万枚和 25 万枚；（39）和（44）票幅规格 45mm×54mm，面值为旧人民币 800 元和东北币 5 000 元，发行量为 250 万枚和 80 万枚；（40）和（45）票幅规格 32mm×39mm，面值为旧人民币 1 000 元和东北币 10 000 元，发行量为 50 万枚和 25 万枚；（41）和（46）票幅规格 32mm×39mm，面值为旧人民币 2 000 元和东北币 2 000 元，发行量为 50 万枚和 25 万枚。邮票图案均采用了庄严、美丽的五星红旗。

这套邮票发行量少，特别是原版票，存世量更为稀少。不法分子为了牟利，便伪造出纪 6 赝品，欺骗广大集邮者。纪 6 赝品采用胶版印制，在印刷工艺上，利用胶版仿制真品的胶雕套印的效果；打有齿孔，但齿孔很不规范。集邮者如不仔细辨别，容易上当受骗。

那么，应该如何鉴别纪 6 邮票的真伪呢？

（1）看版别

纪 6 真品采用胶雕套印，邮票图案上的五星国旗部分，采用胶版印制；五星国旗下部的票题、面值、铭记、志号等，均为雕刻版印制。纪 6 伪品采用胶版印制，五星国旗部分与真品相同采用胶版印制；五星国旗下部的票题、面值、铭记、志号等，则采用胶版实印仿制雕刻版效果，其墨色浅淡、线条模糊，不如真品墨色饱满、线条清晰。

（2）看暗记

纪 6 真品邮票图案五星国旗的 5 颗五角星周围均刷有网点，原版票所刷网点的夹角为 45 度；再版票所刷网点夹角则为 72 度，这是区别原版票与再版票的暗记。纪 6 伪品则在五星国旗上所刷网点夹角为 15 度，并且在 5 颗五角星上也都印刷了网点；五角星很不规范，与真品存有明显的区别。

（3）看齿孔

纪 6 真品齿孔打得规范、整齐。伪品齿孔打得不规范、不规整，如图 4.3 所示。

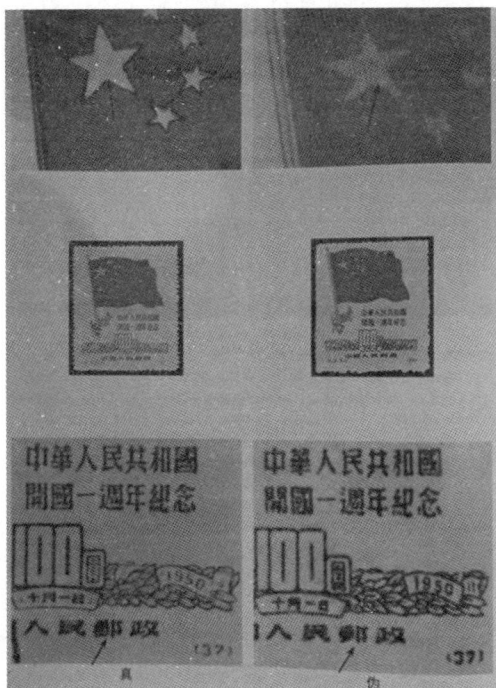

图4.3　中华人民共和国开国一周年纪念纪字邮票的真伪对比

4.4.3　38 金鱼特字邮票的辨伪实例

金鱼的祖先是野生鲫鱼。中国的金鱼是由龙睛鱼系、丹凤鱼系、蛋形鱼系三大系脉传下来的。据史料记载，目前世界各国饲养的金鱼，一开始都是从中国直接或间接传去的。1960 年 6 月 1 日，为了庆祝国际儿童节，中华人民共和国邮电部发行一套《金鱼》特种邮票，全套 12 枚。

这套邮票题材好、设计精美、面值低、发行量少，受到集邮者的喜爱，供不应求，虽然市场售价昂贵，但想要购到全套新票也比较困难，有些不法分子便乘机使用特 38 真品进行翻版，伪造特 38 全套票出售。特 38 伪品采用铜版纸胶印而成，制版技艺比较高，印制也很精美，用眼睛直观邮票刷色很难辨别真伪，故没有鉴别邮品真伪经验的集邮者极易上当受骗。

那么，应该怎样鉴别特 38 的真伪呢？

（1）看纸质

特 38 真品采用邮票纸印制，纸质坚挺，只是因发行时间距今已有 30 多年，纸色显得有些陈旧。特 38 伪品采用铜版纸印制，纸面洁白鲜亮。

（2）看版别和刷色

特 38 真品采用影写版印制，刷色纯正、深厚、鲜艳，图案清晰；使用高倍放大镜

进行观察，刷色细腻，影写版所特有的大小一样、中间空的网点细密。特38伪品采用的胶印、刷色虽然可以假乱真，但使用高倍放大镜观察邮票图案，套色网点十分明显，志号和票名模糊不清。

（3）看背胶

特38真品刷有背胶，为糊精胶，胶面厚而发亮光，呈浅黄白色。特38伪品也刷有背胶，但与真背胶有着明显的差别。

（4）量齿孔

特38真品齿孔为11度，齿孔打得均匀、规范。特38伪品齿孔度与真品相同，但有的齿孔打得不规范，有大有小，不在一条直线上。

（5）用鉴伪仪鉴别

特38真品采用邮票纸印制，在鉴伪仪的紫光灯照射下，呈暗紫色。特38伪品采用铜版纸印制，在鉴伪仪的紫光灯照射下，呈亮白色，如图4.4所示。

图4.4　38金鱼特字邮票的真伪对比

4.4.4　革命纪念地——韶山T字邮票的辨伪实例

韶山位于湖南省湘潭县城西40千米，在湘乡、宁乡、湘潭县的交界处。四周峰峦耸峙、气势磅礴，是南岳七十二峰之一。相传，虞舜南巡经过此峰时，曾演奏过韶乐，故而得名。韶山四季松柏葱茏，风景十分秀丽。山麓有毛泽东故居。中华人民共和国成立后的1964年建立了毛泽东故居陈列馆。1967年，修筑了韶山至长沙的铁路，建立了韶山火车站，以便人们前往瞻仰、参观。1968年，按照毛泽东1925年领导农民运动时的湘潭西二区所辖范围，建立了韶山区，直属湖南省领导。

1976 年 12 月 26 日，正值毛泽东诞辰纪念日，中华人民共和国邮电部发行了一套《革命纪念地——韶山》特种邮票，全套 4 枚，志号为 T.11，由许彦博设计，采用影写版印制，背面刷胶。邮局全张枚数为 30（3×10），北京邮票厂印制，齿孔 11×11.5 度。邮票票幅规格 60mm×30mm。（4-1）面值为 4 分，发行量 1 000 万枚。图案为毛泽东的韶山故居外景；（4-2）面值为 8 分，发行量 1 000 万枚，图案为毛泽东创办的韶山农民夜校旧址外景；（4-3）面值为 8 分，发行量 500 万枚，图案为 1927 年毛泽东考察湖南农民运动时建立的农民协会旧址外景；（4-4）面值为 10 分，发行量 200 万枚，图案是韶山火车站外景。

全套 4 枚邮票图案，统一采用金色粗线边框，并将铭记、面值和票名、志号等文字，分别设计在边框外右侧与底部的白地上，既使得画面保持完整，又显得醒目庄重。

这套邮票发行量比较少，题材比较好，受到广大集邮者的喜爱。有的不法之徒为了牟利，将原色原大仿真印制的邮票图案，打上齿孔，以假充真卖给缺乏鉴定邮资票品真伪经验的初学集邮者，使他们上当受骗。

那么，应该怎样鉴定 T.11 邮票的真伪呢？

（1）看版别

T.11 真品采用影写版印制，刷色纯正，网点大小相同，呈圆形中心空心状；伪品采用胶版套色印制，网点大小不同，呈实心状，二者有明显的区别。

（2）看纸质

T.11 真品采用邮票专用纸印制，纸色挺括坚韧；伪品采用铜版纸印制，纸面光滑明亮，纸质绵软。

（3）看背胶

T.11 真品背面刷有背胶，胶面均匀光亮；伪品背面未刷背胶。

（4）看刷色

T.11 真品刷色纯正、鲜艳，边框、面值和志号均采用专版专色印制；伪品刷色不够鲜亮，采用套色印制，与真品有明显的区别，如图 4.5 所示。

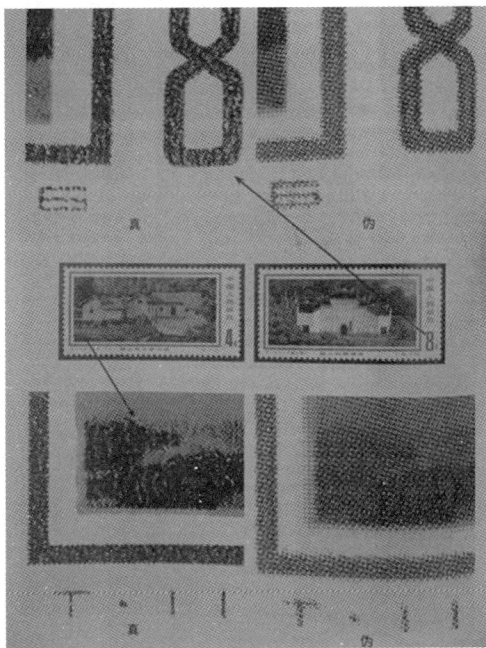

图4.5　革命纪念地——韶山T字邮票的真伪对比

4.5　建国钞的 7 项防伪技术

现在钱币收藏越来越火爆，钱币不菲的价值，一不小心会造成小则数千元大则

上万元的经济损失。对于任何一个纸币收购投资者来说，最惧怕的事情也莫过于买回来的钱币是假的，为了避免此种情况的发生，了解与掌握防伪技巧就变得尤为重要，对于火爆的 1999 年发行的建国纪念钞，虽然基本上是没有假钞的，但是为了防止事件的发生，对于建国纪念钞的防伪技巧知识学习还是非常有必要的。

建国钞代表了我国当时印制钞票工艺的最高水平，制作工艺高超，设计精美，建国钞作为我国第一枚纪念钞有以下 7 种防伪技术。

（1）磁性号码技术

用特定的磁性检测仪检测，建国钞票面正面下方黑色号码带有磁性，可供机读。无此磁性号码的为假钞。

（2）凹印接线技术

建国钞票面正面左上方 50 字样采用雕刻凹版印刷，紫色和红色两种墨色对接自然完整。对接生硬不自然的就是假钞。

（3）有色荧光油墨印刷图案技术

建国钞背面中间图案中的黄色线纹，在特定波长的紫外光下，显现土黄色荧光图案。无此图案的就是假钞。

（4）无色荧光纤维技术

在特定波长的紫外光下，可以看到建国钞中随机分布有黄色和蓝色荧光纤维。无荧光纤维的就是假钞。

（5）无色荧光油墨印刷图案技术

建国钞背面中间胶印底纹处，在特定波长的紫外光下，可以看到两个 50 字样，该图案采用无色荧光油墨印刷可供机读。无此图案的就是假钞。

（6）凹印缩微文字技术

在真的建国钞票面正面头像右侧雕刻凹印印有 RMB50 缩微文字。没有文字字样的就是假钞。

（7）胶印接线技术

建国钞票面正面左侧线形图案，每根线条呈现出两种以上不同的色彩，不同色彩之间对接完整。对接不完整的就是假钞。

了解与掌握了以上有关建国钞的 7 项防伪技术，可以让纸币收购投资者或收藏爱好者简单又轻松地发现假钞，同时也避免了自己的经济财产的安全，从而使自己做一个精明的纸币收购投资者。

4.6　1 分、2 分、5 分硬币辨伪技巧

我国第一套流通金属硬币于 1957 年 12 月 1 日正式发行，面额有 1 分、2 分、5 分三种，材料为铝镁合金。它是与第二套人民币钞票相配套发行的流通辅币，与纸分币等值使用，故称为"硬分币"。

这套设计于 1953 年的金属硬分币，1955 年开始铸造生产，直到 1957 年 11 月 19 日国务院颁布《关于发行金属分币的命令》，中国人民银行于 1957 年 12 月 1 日起投放市场流通。这套硬分币由上海造币厂和沈阳造币厂铸造。

硬分币正面图案为国名"中华人民共和国"和国徽，背面为麦穗图案、币值和铸造年份，币色银白。1 分币直径 1.8cm，2 分币直径 2.1cm，5 分币直径 2.4cm。这套硬分币，除了具备货币功能外，还具有相当的艺术欣赏价值。

从 1955—1992 年，除 1965—1970 年 6 个年份未发行外，历年均有铸造。据统计，我国发行的 3 种面额金属硬分币共有 72 种，其中 1 分币 27 种，2 分币 26 种，5 分币 19 种。每年铸造的流通硬分币数量由流通辅币需求量决定，所以各个年份铸造的硬分币数量多寡不等。有些年份的硬分币铸造稀少，经过数十年的流通使用，磨损消耗，现已不易寻觅。尤其以 1979 年 5 分币、1980 年 2 分、5 分币，1981 年 1 分、5 分币发行量最少，被称为硬分币"五大天王"。它们当年仅有少量铸造，而且与其他硬币一起装帧成册，作为旅游纪念品向国外游客馈赠、销售，大多流往海外，极少参与市场流通，故而难得一见。

收藏者在购买时应小心赝品。其作伪手法主要是用真币改制年份，冒充稀少年份来牟取暴利。因为分币为铝镁合金，材质松软，所以改刻较为容易。例如，1981 年 1 分、5 分币，分别用铸量较多的 1984 年 1 分、5 分币改刻而成，将"4"改刻为"1"，变成 1981 年版；1980 年 2 分、5 分币则用 1989 年或 1988 年的 2 分、5 分币改刻，将"9"或"8"改刻为"0"，冒充 1980 年版；而 1979 年 5 分币是用 1989 年 5 分币挖补而成，先将"8"字挖去，再将"7"字粘贴上去，伪作 1979 年版，这种造伪法相对复杂，难以做得精致，主要是"7"与其余 3 个数字不是很协调，故而不难识别。

> **提醒：** 广大钱币收藏者在收藏硬分币时要多加留意，若发现"五大天王"币整套摆摊出售的，一定是伪品；遇到单枚稀见品则要仔细观察，查看是否有改刻、挖补的痕迹，切不可盲目购买，以免上当。

4.7　人民币纸币辨伪技巧

现在人民币收藏市场上假钞非常泛滥，人民币纸币收藏者都担心自己会买到假钞，我们要知道，假钞再逼真，还是可以通过一些特征看出来的，其实只要我们懂得真假钞的鉴别知识就不怕有假钞横行市场，学会鉴别方法对纸币收购者很重要，鉴别纸币可以采用以下方法。

4.7.1　有比较就能轻松鉴别

想要鉴别出真假钞，首先必须了解真钞的特点，经过比较就能很容易地识别出真伪，可以从纸张、水印、图案、颜色、凹凸感、"一眼清"防伪、标志防伪等方面着手。

在检验钞票时，一般的人都是通过手摸和眼睛进行查看，虽然手摸纸张的质感和手感，眼看人像主景的特点，一些仿制得较差的假钞可以鉴别出来，但是遇到一些较相似的假钞，笔者建议拿一张真钞来对比，这样更能清楚地分辨，毕竟人的感觉有时也会判断错误。

4.7.2　手感辨别，印刷技术的鉴别

真钞的印刷通常采用凹印与胶印相结合的方法。一般票面上的主要图案、面值数字等部位大多会用凹印，有手工刻板和机器刻板印刷出来的图案，用手摸就会有凸起感。假钞一般都是通过平板印刷出来的，不具有凹凸感，手感平滑的为一般纸张无疑。真钞的底纹一般使用胶印，印刷出来的线条颜色复杂，而假钞的线条粗糙、光虚线模糊不清，光暗处线条又粗又大。有的假钞仿制一看几乎可以以假乱真，有一定欺骗性，但是借用鉴赏工具和科技手段，照样能让假钞原形毕露。

4.7.3　通过油墨来鉴别

真钞的油墨都是由专门的研究机构和生产部门在保密的情况下调制出来的，色泽美观，具有极好的印刷适应性。在油墨的调制中还加上某种特殊物质，就像磁性介质材料，据说美钞就是用这种具有磁性的油墨；如果是荧光物质，就会成为荧光油墨，我国的第四套人民币就是采用这种荧光油墨。

在油墨中加入其他的特殊物质是一项十分困难的事情，现在我国的荧光钞是经过20多年无数技术人员的努力才研制出来并熟悉掌握的，假钞不可能仿造出来，仿造者也不会花费巨大成本去仿造这种纸币。而且仿造者不会知道真钞上的油墨配方，都是选择市场上的普通油墨，不仅质量差，而且颜色也不佳，只要拿真钞一对比，就会看出颜色的不同。

4.8　第三套人民币背绿水印鉴别技巧

在第三套人民币中背绿水印壹角是发行时间最短、发行量最少并且存世量最少的币王，是第三套人民币中当之无愧的领头羊和风向标，自 1994 年以来，该纸币在收藏市场一路走高，超过面值的 10 多万倍。

由于其价值大，所以市场上的假币层出不穷，由于掌握的鉴别知识不牢固或相当少，所以曾有很多藏者相继上当。下面讲解一下识别假背绿水印的有效方法。

4.8.1　冠号的辨别法

在所有鉴别方法中，最简单的方法就是冠号的辨别法，所谓冠号，即每张纸币

阿拉伯数字前的罗马数字。第三套人民币有三位罗马数字和两位罗马数字两种冠号，背绿水印则都是三罗马冠号。从目前发现的背绿水印来看，只有三组冠号是真品"背水"，分别如下。

（1）I III VI：只要是这三个冠字，不论顺序，随意结合，都是背绿水印。

（2）x III I：这一组与上面的一组略有不同，也是最容易被欺骗的。这里面有四个冠号为背绿水印，有两个冠号为背绿无水印，即除了 I III IX 和 I X III 冠号外，其他的不论顺序，都是背绿水印。

（3）I III IV：只要是这三个冠字，不论顺序，随意结合，都是背绿水印。

在冠号没有被改刻的情况下，只要掌握了冠号辨别法就不会买到假的背绿水印。观察冠号有没有被改刻过要使用放大镜仔细观察。

4.8.2　水印图形和纸张厚度的识别方法

若是通过添加水印的方法造假，就要看底纹、纸张和加进去的假水印，下面讲解水印图形和纸张厚度的识别方法。

对于这种方法没有经验者或没有真背绿水印是很难识别的，一般造假者用真背绿壹角券按横切面撕开后，再加入水印然后粘合起来，破绽是纸张厚，水印太过清晰，五角星的角太尖，水印边缘与纸币的过渡不自然。

使用三罗马字冠背棕凸版水印壹角的正面加上背绿的背面加工而成的背绿水印真背绿水印，从水印效果上看不出区别，这种情形只能从冠号和纸币的厚度来区别，这种两面粘合起来的纸币肯定会比真背绿水印更厚，拿在手里摸会明显感觉纸张更厚，用 30 倍放大镜看冠号有被改刻过的痕迹。

4.8.3　看纸张的油性

背绿水印正反两面纸张与背绿相比更有一种油性的感觉，好像纸币蘸了油一样，而背绿则显得有点干，这一点也是要有实践经验才易判定。

4.8.4　看暗记

背绿水印壹角券在正面主景大门右侧第六根与第七根栏杆之间的上端有一个英文字母"A"字暗记，"A"下方的两道栏杆之间有"⊥"暗记；而无水印券在"A"的下方是"＋"暗记。这个要借助放大镜查看，实践性不强。

对背绿水印壹角没什么研究的纸币收购投资者，使用第一种方法来辨别比较容易，其他方法要通过长期积累才能熟练掌握。不仅是在购买背绿水印壹角时需要注意，在购买其他有价值的藏品时也要注意，不能贪小便宜，以防因小失大。

4.9 一元长城币辨伪技巧

什么领域都存在真与假，对于收藏者来说，如何鉴别藏品真假至关重要，下面来讲解如何辨别一元长城币的真与假。

（1）看长城币图案的城垛

真币在长城币图案的大烽火台上的城垛，用放大镜（要放大 10 倍以上）可以清晰地看到砖与砖之间的缝隙，而且还有立体感，而假币缝隙模糊甚至没有，看上去没有立体感。

（2）看长城币图案的台阶

在长城币图案的中间有一个拐弯处，其真币在此处我们可以清晰地看到只有 4 级台阶，然而假币看上去模糊不清，还相互粘连着。

（3）看长城币图案的树林

这些树林也处在图案的中间的拐弯处，在这里有一排树林，真币在这里可以清晰地看到有 10 棵树，而假币则看到第 2 棵就模糊了，似乎都隐去了，数不出来有 10 棵树。

（4）看长城币的整体颜色

长城币是用合金材料铸造的，长期存放不会变色，而假币为了降低制造成本，使用铜芯镀铬，长期存放会逐渐变为黄色。

4.10 中国宝岛台湾日月潭纪念币辨伪技巧

中国人民银行定于 2004 年 5 月 10 日发行中国宝岛台湾日月潭普通纪念币。

（1）正面图案

该枚纪念币正面主景图案为国徽，内缘上方刊"中华人民共和国"国名，内缘下方刊"2004"年号。

（2）背面图案

中国宝岛台湾——日月潭普通纪念币背面图案，近景为日月潭上的光华岛和热带植物，远景为环抱日月潭的群山和飞翔的水鸟；币内缘下方刊"5 元"及"宝岛台湾——日月潭"字样。

（3）纪念币面额、规格、材质和发行数量

该枚纪念币面额为 5 元，直径均为 30mm，材质均为黄铜合金，发行数量 1 000万枚。

（4）该枚纪念币与现行人民币职能相同，可与同面额人民币等值流通。

中国宝岛台湾日月潭纪念币辨伪技巧具体如下。

第一，世界文化遗产纪念币在正面内缘上、下、左、右分别刻有"世界文化遗产"微缩拼音字母"SHI JIE WEN HUA YI CHAN（假币也有英文字母，但是真币字母小，假币的字母大）。

　　第二，找暗记标徽。在每枚币的图案中分别嵌有"世界文化遗产"标徽暗记。《日月潭》——"T"字微缩防伪暗记在右边近景的小山中。

　　第三，假纪念币背面国徽图案和真币不同，麦穗的麦芒比较模糊、飘带部分粗糙、没有暗记、暗记字母偏大、正面图案不如真币细腻清晰，应断定也是高仿币。

　　第四，仿币重量在 12.2～12.3g 之间，真币重量在 12.8～12.9g 之间，如图 4.6 所示。

图4.6　中国宝岛台湾日月潭纪念币的真伪对比

第 5 章

磁卡的基础知识与投资技巧

近年来磁卡收藏与投资很火爆，如田村卡、IC 卡、地方卡和通用卡。本章来具体讲解一下磁卡的基础知识与投资技巧。

本章主要内容：

- 电话磁卡的含义及其起源
- 电话磁卡的类型
- 田村卡、IC 卡、地方卡和通用卡
- 为什么说电话磁卡具有投资价值
- 电话磁卡的投资技巧
- 电话磁卡升值的八要素
- 密码卡的投资技巧
- 地铁卡的投资原则

5.1　初识电话磁卡

要投资电话磁卡，就要了解什么是电话磁卡、电话磁卡的起源、电话磁卡的类别，下面具体讲解一下。

1．什么是电话磁卡

电话磁卡，又称为储值卡，是由电信主管部门发行，用以预付电话费的有价凭证。其标准尺寸为 86mm×54mm。

其正面一般印有精美的主题图案、面值、发行单位及名称等内容。背面为发行年代、有效期及说明等文字。

2．电话磁卡的起源

关于电话磁卡的起源目前有两种说法，一种是 1976 年发明于意大利；另一种是1977 年起源于比利时。

电话磁卡的出现是原于改革投币电话弊端的需要，使用投币电话不仅需要兑换硬币，还需要定期开箱回收。另外，会经常出现电话机被毁、硬币被盗和以其他圆形硬物冒充硬币盗打电话的现象。

为了避免这些问题，世界各国都大力研究卡片式电话，终于使这项技术趋于成熟，电话磁卡作为一种衍生物也随之诞生。目前世界上已有 200 多个国家和地区使用磁卡电话。

3．电话磁卡的类型

电话磁卡主要有以下几个类别：

（1）SIDA 型，这是世界上最早出现的电话卡，诞生于意大利，但从 1988 年开始该国已经逐渐停止使用，目前主要存在于部分拉美国家。

（2）URMET 型，意大利等国家目前正在使用。

（3）ALCATEL 型，起源于比利时，1988 年曾经在北京、上海试用。北京发行了有条码和无条码"颐和园"各一套，上海发行了一枚外滩和一枚中国地图。

（4）AUTELCA 型，起源于瑞士，1985 年深圳深大电话有限公司引进该机型后发行了中国第一卡，即"深圳绿箭卡"，上海著名黑白卡和可口可乐卡也采用的是该种机型，目前这种型号我国仅广东省尚有使用。

（5）TAMURA 型，日本发明，我国目前的通用卡和地方卡主要采用该种机型。

（6）GRT 型，英国发明，1988 年 2 月曾经在上海试用，发行了"红听筒"和"黄兰卡"，这两种早期卡都已成为珍品，此种机型目前在深圳尚有使用。

（7）我国自行研制的电话卡诞生于 20 世纪 90 年代初的北京邮电学院（现北京邮电大学），学名"太科卡"。除此之外，还有光学卡、感应卡（ID 卡）、远方卡（200卡）等。

5.2 电话磁卡在我国的发展历史

下面讲解一下电话磁卡在我国的发展历史，如图 5.1 所示。

1．田村卡

我国最早使用的电话卡主体为田村卡，以磁性物质和四层聚酯薄膜热压而成，以卡上储存金额信息的磁为软钥匙，电话卡按照箭头所指方向插入与之配套的话机时，话机就会自动接通并输出拨号音，对方一受话，话机上的显示器就开始自动计费并从面值中扣除，通话完毕按照话机的数量打上小圆孔然后自动退出。由于这种卡比较薄，所以俗称"薄卡"。

2．IC 卡

目前我国所使用的电话卡多为 IC 卡，即智能卡。IC 卡 1984 年发明于法国，卡上镶嵌着一小块电子集成硅片，里面能够储存大量的信息，回收后可以输入信息重新使用。具有容量大、无差错、保密性好、可抗干扰能力强、能够反复利用、使用和维护都很方便等特点（但制作成本略高于田村卡），因此最终必将彻底取代田村卡。由于这种卡比较厚，所以又称为"厚卡"。

3．地方卡

1985 年，深圳发行了"中国行一卡"，即绿箭卡。地方卡只能在深圳市内使用，由此而开始了地方卡的发行历史。同绿箭卡一样，地方卡由当地的电信主管部门发行并且只能在当地使用，由于使用范围有限，这些地方卡的发行量都很小，一般只有几千枚，最少的只有 100 枚，2～3 万枚算是很大量了。而地方卡在发行之初根本不受人重视，从而被大量地损毁，在这种情况下地方卡中出现了许多珍品，深圳绿箭卡的市场价格一度高达 83 000 元，另外还有"八大开通"（北京开通二组、佛山开通二组、大连开通和福州开通等）、"五朵金花"（西藏白卡、西安开通、乌鲁木齐开通二组等）、"五朵银花"（全国电信工作会议等五套）也都价格不菲。

4．通用卡

地方卡的弊端是显而易见的，即使用范围狭窄。为了更好地促进磁卡电话的发展，自 1994 年 8 月开始，电信总局收回了磁卡的发行权，各个省局可以上报选题、组织图案，但必须上报电信总局批准并以总局的名义发行，这种电话可以在全国所有开通磁卡电话的城市使用，即全国通用卡，简称通卡。

通用卡诞生以前，地方卡由于受到流通能力等诸多因素的限制，虽然价格不菲却一直没有形成具有较大影响的收藏环境和一定规模的市场，直到通用卡诞生以后，这种面貌才得到迅速改变。

图5.1　电话磁卡在我国的发展历史

5.3　为什么说电话磁卡具有投资价值

电话磁卡具有投资价值，主要原因有三点，分别是发行的权威性、数量的有限性、画面的观赏性，如图 5.2 所示。

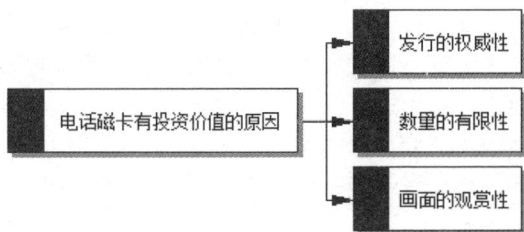

图5.2　电话磁卡有投资价值的原因

（1）发行的权威性

与邮票相同，电话磁卡也是国家（邮电部电信总局）正式发行的有价凭证，在这个领域内具有权威性。

（2）数量的有限性

电话磁卡都有一定的发行量，而且发行之后一般也不会再版。

（3）画面的观赏性

电话磁卡的题材十分广泛；花鸟虫鱼，飞禽走兽、名山大川、政治经济、科技文化、历史地理、名人字画等无所不容，而且由于画面开阔，观赏价值非常高。

另外，我国的电话磁卡还处在初期发展阶段，如果收藏有许多有利因素。比如发行时间短，前后仅有 20 余年，而收藏者却遍布全国各地，提供收藏信息的民间刊物亦有 20 余种，这些对于收藏都十分有利。

5.4　电话磁卡的投资技巧

若想把电话磁卡收藏齐全，也不是一件易事。一般来说，按照个人的喜好，采用专题方法进行收藏还是切实可行的。选择专题的话，可把电话磁卡分成 4 种，分别是开通卡、纪念卡、广告卡和错版卡。

1.　开通卡的投资技巧

开通卡是指某一省市第一次开通磁卡电话（包括试机）时首发的电话磁卡，也叫作"第一卡"。因为这一品种电话磁卡纪录了该省市磁卡电话的开始，具有很高的史料文物价值。例如，深圳绿色电话信用卡、上海黑白卡、淄博开通卡、成都天府景观卡等。

另外，还有被誉为"全国第一卡"的深圳深大电话有限公司发行的绿色电话信用卡，全套三枚（面值为 12 元、25 元、50 元）总面值仅为 87 元，而目前国际集卡市场价已高达 3 500 美元。邮电部在 1994 年 8 月 30 日发行的三套全国通用卡，名为中国地理（1 枚 50 元）、鲜花（1 枚 20 元）、中国长城（5 枚 380 元），目前已经很难寻觅到。

2．纪念卡的投资技巧

纪念卡是为了某一重要事件或某一伟人而专门发行的电话磁卡，这类电话磁卡由于内容各异以及纪念意义程度不同，所以收藏者所追求的程度也不同。

例如，北京的亚运会纪念卡、广州第一届世界女子足球赛纪念卡等，都已成为人们收藏的热卡，市价猛增。一套"张国荣告别演唱会"电话磁卡，发行时为港币 150 元，现在已升值六七倍，如果有张国荣的亲笔签名，就更为珍贵了。

3．广告卡的投资技巧

广告卡是为某些企业做企业形象宣传或产品广告而发行的电话磁卡。由于磁卡印刷精美，使用时间又长，因此宣传效果很好。

深圳深大电话有限公司成立 10 周年之际，发行了一套电话磁卡，应该说是纪念性磁卡。由于深圳深大电话有限公司在国内外享有很高的声誉，因此广东南方证券公司买下了这一套磁卡的发布权，而且还印上了"广东南方证券公司"的字样，于是该卡又成为一套广告卡。这套磁卡共有 20 枚，市值为 850 元，发行 5 000 套，上市仅 4 个月就被抢购一空，现在想收集完整的一套已非易事。

4．错版卡的投资技巧

错版卡是指电话磁卡在设计、画稿、印刷方面等出现了失误，由于不影响使用，因此流入了市场。有的磁卡错漏失误内容因涉及历史、政治等原因，造成一定的影响，成为收藏者们竞相觅集的对象。

1993 年 9 月 5 日发行的《第一届东亚运动会》电话磁卡，其中一枚 10 元举重图案的磁卡上会徽印刷有误，曾经收回，但是还有少量流入市场。又如 1993 年 12 月 26 日湖南发行的《毛泽东百年华诞纪念》电话磁卡，其中有一枚磁卡的日期错印成 12 月 16 日。

5.5 电话磁卡升值的八要素

投资电话磁卡，想要实现增值，就要注意 8 个要素，分别是发行量、存世量、需求量、设计、题材、市场属性、品相、成套率，如图 5.3 所示。

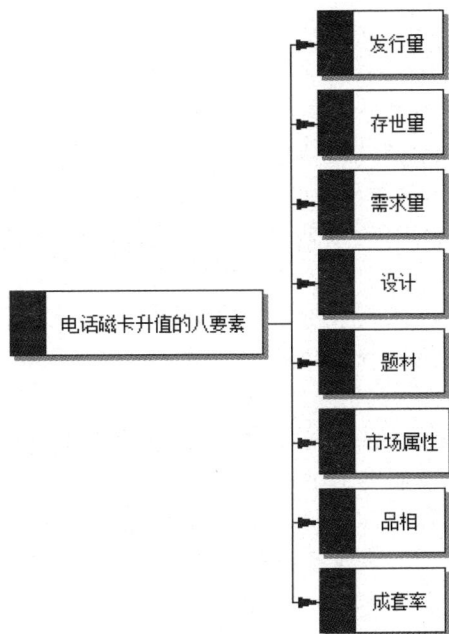

图5.3 电话磁卡升值的八要素

5.5.1 发行量、存世量和需求量

一般来说，通卡的发行量越大，其收藏价值就越小；反之，则收藏价值就越高。如面值为 50 元、发行量仅 17.97 万套的人民邮电卡的价格为 90 元，而面值同样为 50 元、发行量高达 201 万套的人道主义卡的价格仅为 35 元。

存世量是指通卡的发行量减去电讯市场的损耗量。通卡的存世量越小，市场的需求量则相对越大，其收藏价值自然就越高。比如"老八卡"之一的生肖猪卡的发行量虽然也高达 100 万套，但该卡问世之初，集卡在国内尚未形成气候，该卡大部分都被人们在通信使用中消耗了，目前实际存世量估计已不足发行量的 1/4，故该卡才会在 2015 年卡市高潮时创下 2 000 元的高价，现该卡价格已大幅回落，在 260 元一带徘徊，仍高于面值 5 倍以上，而面值也为 50 元、发行量为 100 万套的电信与体育卡由于没有经过电信市场的广泛消耗，发行量基本等同于存世量，故其价格跌到 40 元也无人问津。

市场需求量的大小是决定通卡本身价值的关键。比如面值为 50 元的生肖鼠卡发行量高达 100 万套，由于该卡是深受人们喜爱的生肖题材卡，因此尽管该卡的市场损耗量很小，存世量很大（市场对生肖卡的需求量更大），但其价格至今仍维持在 80 元左右。而面值为 200 元的宜兴茶具卡虽然发行量仅 42.48 万套，但由于该卡题材不吸引人，市场需求量小，故上市以来表现一直不突出，至今价格仅为面值的 6 折。

5.5.2 设计、题材和市场属性

一些设计新颖、画面精致、观赏效果好的通卡很容易受到集卡爱好者的青睐而得到市场的追捧，如豆腐节卡的设计采用拼图形式，用工笔浓彩，以无锡惠山泥人为人物造型，展示了已有 2 000 多年历史的中国豆腐传统生产工艺。该卡上市后表现极佳，在 2015 年最高曾炒到 680 元，尽管后面出现了大幅度回落，但目前其市场最新价仍在面值 80 元上面翻了一番。

生肖、山水、民俗、京剧艺术及重大事件题材等，历来属于热门板块，与其他题材的通卡相比，具有投资风险小、升值稳定、增幅较大等优点。比如面值为 80 元、发行量为 48.67 万套的农运会卡的市场最新价仅为 60 元，而 100 万套发行量的生肖鼠卡价格却达 80 元。无论从设计或存世量上来看，农运会卡都不比生肖鼠卡差，其价格低的关键因素就在于题材不受欢迎。

市场属性好的通卡一般都具有设计精美、题材上佳、存世量少等特点，很容易受到市场主力的关照，常给市场跟风者带来可观的收益。如黄山卡、生肖猪卡、豆腐节卡等，对一些初涉卡市的投资者来说，了解和熟悉各种通卡的市场属性是十分必要的。

5.5.3 品相和成套率

品相的新旧对通卡的价格影响很大，关系到投资者手中的通卡日后能否顺利出手的问题，在目前的卡市，一枚品相上好的生肖猪卡的价格达 260 元，而一枚使用过的、品相差的生肖猪卡仅卖 50 元也无人问津。

成套的电话卡一旦缺了一两张就不是那么值钱，只有成套完整的才具有较高的收藏价值。如梅兰芳卡一套 5 张面值为 380 元，现最新价为 1 450 元，但若缺了其中一张 200 元面额的，那么这套梅兰芳卡卖 400 元也较难出手，其收藏价值大打折扣。成套的电话卡特别是形成某个专题的卡，要比零散的卡价格高许多。

收藏电话卡是一个循序渐进的过程。对于普通集卡爱好者来说，参与电话卡收藏和投资，可以先通过参观电话卡展会，或者阅读一些关于电话卡收藏的书籍，对其产生一个初步认识；平时还应注意收集卡市信息，了解和掌握电话卡升值的 8 个要素；然后可以从收集身边实用的电话卡入手，经过一段时间的实践后，并在专业人士的指导下，再逐步进行某个专题的成套电话卡的收藏和投资。这样不仅有助于厘清收藏思路，也可以减少不必要的经济损失。

5.6 密码卡的投资技巧

曾几何时，密码卡成为众多卡友关注的焦点，在我国密码卡诞生已有 9 周年，从 1998 年至今掀起过一轮轮收藏密码卡的高潮。密码卡种类繁多、设计精美获得了许多

卡友的认可，尤其是众多的在校学生成为其收藏的中坚力量。

密码卡最初的市场价格是参照旧磁卡的行情来定位的。然而，片面地将非接触类卡与接触类卡等同，为今后密码卡的高开低走埋下了伏笔。由于错误地将旧磁卡的行情作为密码卡价格的参照物，使得如今密码卡的行情一路看跌，这在一些高价位的卡上得到了最深刻的印证。

例如，福建省南平市 983 卡武夷风光 12 全，这套最高曾被炒至 120 元的卡（它的面值也就是 120 元），如今只以一套 45 元的价格甩卖。曾因选材、设计、品种等原因备受青睐的广东 200 卡，也因大量版卡、假卡、年册卡的冲击，变得无人问津。广东 200 韩熙夜载图拼图 6 全，如此好的题材和设计，却从最初的 26 元降低至 7～8 元，而其他题材稍逊色的卡，更是惨不忍睹，套卡平均一枚只在 0.8 元。市场经济这只无形的手对卡的价格的盘整，让集卡的后起之秀无所适从。

市场的"高开低走"，让许多卡友对密码心灰意冷。那么，是什么原因使密码卡高开低走呢？主要有三点，分别是密码卡的防伪性差、密码卡的权威性差、密码卡不具有有价证券属性，如图 5.4 所示。

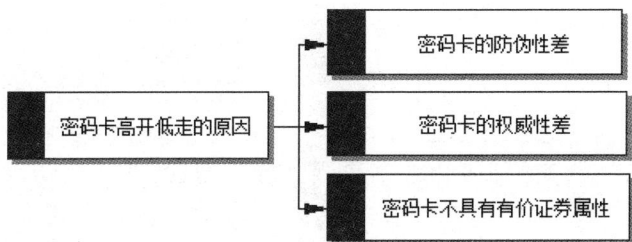

图5.4 密码卡高开低走的原因

（1）密码卡的防伪性差

密码的制造成本小，技术含量低，防伪性差。加之一些制卡商家把关不严，造成了许多样卡的外流，使得市面出现了许多假卡、版卡，这对真卡造成了不小的冲击。随着今后科技的发展，谁能保证它不能将版卡与真卡之间微小的区别补上呢？一些国外的卡友对密码卡更是不屑一顾。记得一位卡友曾说过，不集密码卡无卡可集，而集了又极其的失望，让人深感他的无奈与悲哀。

（2）密码卡的权威性差

密码卡有太多的发行单位，除了电信总局及全国 30 多家省级电信公司外，还有 300 多家地市一级的电信公司拥有发行权，使得其权威性大受质疑。加之，一些电信公司不思进取，照搬其他电信公司电话卡的设计图案，造就了许多"克隆卡"，使其收藏价值大为降低，也出现了许多设计粗糙的电话卡。

（4）密码卡不具有有价证券属性

从表面上来看，密码卡似乎与邮票、IC 卡、磁卡一样具有有价证券的属性，

都必须预支一定的货币方可获得一定的通信权利。其实不然，举个简单的例子，一枚磁卡或 IC 卡掉了，那么遗失者需要承受卡内所含金额的损失，而一枚密码卡掉了，只要他还能记住密码，那么实际上是没有损失的。这便是接触类卡与非接触卡本质上的异同。所以，密码卡并不具有有价证券的属性，其证券属性应体现在卡的密码上。

综上所述，密码卡因其防伪性、权威性、图案唯一性、有价证券属性等，让人大为质疑其收藏价值与投资价值。所以集卡爱好者，在进行密码卡收藏时需要小心谨慎。

5.7　地铁卡的投资原则

地铁卡收藏在国内开展时间不长，投资群体中大部分尚属新手。面对林林总总的地铁卡收藏品种，该如何挑选，以及怎样的投资方式和投资组合能使日后的收益最大化，并最大程度减少风险呢？这些方面确实值得新入门的投资者细心把握。一般来说，投资地铁卡应掌握以下 4 个原则，如图 5.5 所示。

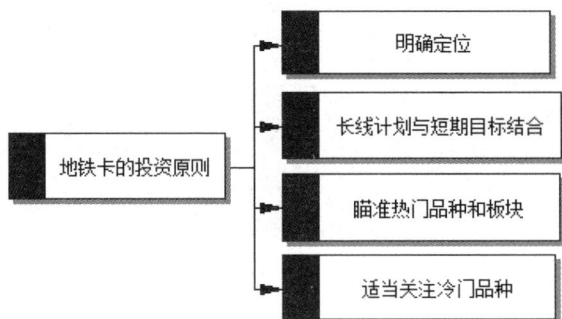

图5.5　地铁卡的投资原则

5.7.1　明确定位

收集地铁卡的目的是什么？是作为一种爱好去收藏，还是把地铁卡作为一种投资品种来进行投资。不同的目的，导致不同的组合和方式，尽管有些人作为收藏爱好者，最终也可能会取得一定的收益，但这只能以意外的幸运来形容。

5.7.2　长线计划与短期目标结合

任何投资都包含有一定的风险，投资地铁卡亦是如此。作为一个理性的投资者，应该结合自己的投资风格、风险承受程度、获利期望和资金多少等，来拟订自己的长线投资计划和短期投资目标。

5.7.3　瞄准热门品种和板块

从目前二级市场的表现来看，电影系列题材的地铁卡市场表现最为强势，不管是早期发行的"碟中碟"、"卧虎藏龙"和"花样年华"，还是后来陆续发行的电影系列题材卡，都值得引起投资者的重视。具体的操作则可根据每个人的爱好来决定。如看好龙头品种后市表现的，可以购买价格较高的"碟中碟"、"卧虎藏龙"、"花样年华"这三个品种；如果对价格高的品种不太放心的话，则可以去购买价格相对便宜的电影卡。

现在，市价在 15～40 元的电影卡品种较多，投资者可以从容挑选。低价电影卡品种还有一个优势就是筹码尚未分散，如果投资者作为投资标的，还能买到较多的量。

另外，还有一种比较简单的投资方法，就是购买数套、数十套电影系列地铁卡大全套。由于电影系列地铁卡品种长线看好，所以投资成本比较容易收回，现在购买的电影系列地铁卡一旦升值的话（这种可能性比较大），卖掉部分卡，成本就已经能够收回。

5.7.4　适当关注冷门品种

地铁卡中的冷门品种也较多，冷门品种成交少，价格通常不会大涨。但事物具有变化性，冷门品种中的部分品种会因为条件的变化而变化，投资市场中冷门品种突然走强并不令人感到奇怪。如现在大家都忽视的轨道交通开通卡，由于全国 20 多个城市都在大规模进行轨道交通建设，一旦这些城市都发行各自的开通卡（这种情况有可能发生），那么，现在已经发行的轨道交通开通卡，会不会从冷门转变为热门呢？

第 6 章

邮币卡的技术分析

邮币卡交易是一个残酷的博弈过程，在这里既充满了机遇和风险，也充满了欺骗和谎言。如果想要在邮币卡交易市场中生存下来，就必须学习各种技术分析。

本章主要内容：

- 什么是技术分析
- 技术分析成立的基础
- 技术分析的优点和缺点
- 技术分析的类型和意义
- 技术分析的两个基本工具
- 技术分析的反面意见
- 技术分析其实就是经验总结

6.1　初识技术分析

进行邮币卡电子盘交易，不能不懂得技术分析。那么什么是技术分析呢？为什么说技术分析可以帮助投资者在邮币卡市场中盈利呢？这就要了解技术分析赖以成立的哲学前提（理论基础），只有这样才能够全面理解和掌握它。

6.1.1　什么是技术分析

刚开始进行邮币卡电子盘交易时，曾一度以为技术分析就是利用图表仅仅分析于邮币卡市场。不过随着时间的推移，接触面和学习面的增加，才发现技术分析博大精深，研究的范围可以扩展到所有可以利用图形来分析的市场，如期货、外汇、股票、现货等投资市场。

其实，只要我们能够利用过去的数据描绘出具体的图形走势，其本身就具备了可供技术分析的前提。例如，经济增长的走势预期等。看起来很深奥，但只要我们能够较深入地去了解技术分析，一切都将变得不再深奥，毕竟这些内容很多都是基于人的心理波动规律，以及大自然的基本规律而总结出来的一些可供借鉴的规律性知识。

技术分析是以预测市场价格变化的未来趋势为目的，以图表形态、技术指标等为手段，对市场展开的包括归纳、排除、分析、确认、比较、决策、验证等在内的一系列的研究方法和手段。

技术分析的基本观点是：所有金融产品的实际供需量及其背后起引导作用的种种因素，包括交易市场上每个投资者对未来的希望、担心、恐惧、猜测等，都集中反映在金融产品的价格及交易量上，因而研究它们是最直接、最有效的。

需要注意的是，技术分析之所以能够成立，是建立在三个基本假设基础上的。如果投资者不认可这三个假设，那么技术分析就不可取了。三个基本假设如图 6.1 所示。

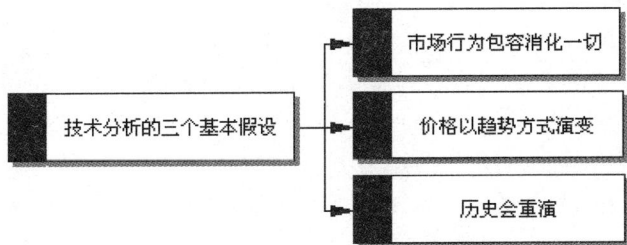

图6.1　技术分析的三个基本假设

这三个基本假设，字数不多，但可谓是字字含金。在过去刚开始学习时，不以为然，但随着学习的深入，了解的加深，才慢慢地发现这三个前人在技术分析上智慧的总结，确实是蕴涵着博大精深的深意在里面。

6.1.2　市场行为包容消化一切

能够影响邮币卡市场的任何因素，包括政治、经济、政策、供求关系、投机心理、内幕消息等，都被反映到价格之中，甚至在大多数人还不知道价格涨跌的原因之前，价格就开始响应着这些因素而开始发生变化；而价格变化具有惯性，投资者只要研究价格当前的变化，就可以从中找到趋势变化的先机。

如果需求大于供给，价格必然上涨；如果供给大于需求，价格必然下跌，这个供求规律是所有经济的、基础的预测方法的出发点。

相反，那么只要价格上涨，不论是因为什么原因，需求一定超过了供给，其后市看好；如果价格下跌，也不论是什么原因，供给一定超过了需求，其后市看淡。

其实，技术分析者通常不理会价格涨跌的原因，而且在价格趋势形成的早期或市场正处在关键转折点时，往往没有人能够确切了解市场为什么如此这般古怪的动作。恰恰是在这种至关紧要的时刻，技术分析者常常独辟蹊径，一语中的。所以，随着实战水平的提高，遇上这种情况就越多。"市场行为包容消化一切"这一点就越发显出不可抗拒的魅力。

既然影响市场价格的所有因素最终必定要通过市场价格反映出来，那么只需研究价格即可。江恩曾经说过，如果你坐在自己家中或者自己的办公室里，静静地研究你的图表（K 线图），并依据明确无误的迹象进行交易，你就可以取得更大的成功。

实际上，技术分析者是通过研究价格图表及大量的辅助技术指标，让市场自己揭示它最可能的走势，而不是凭他的"精明"来征服市场。

6.1.3　价格以趋势方式演变

"趋势"，在技术分析里可以带给你无限的机会，同时也可能带给你无限的风险，就看你如何去对待这个问题。

技术分析的核心就是趋势，技术分析的意义是：要在一个趋势发展的早期，及时准确地把它揭示出来，从而达到顺着趋势交易的目的。

技术分析者认为，对于一个既成的趋势来说，下一步往往是沿着现存趋势的方向继续演变，其掉头反向的可能性要小得多。

当然，趋势是有尽头的，在向下的"趋势"里，最终的结局往往就是变成一个向"上"的趋势，反之也相同。"没有只涨不跌的商品，也没有只跌不涨的商品"，这句话完全可以看成是对"趋势"上下运动较为明了的注解。价格以趋势方式演变，并且其趋势倾向于持续发展，如图 6.2 所示。

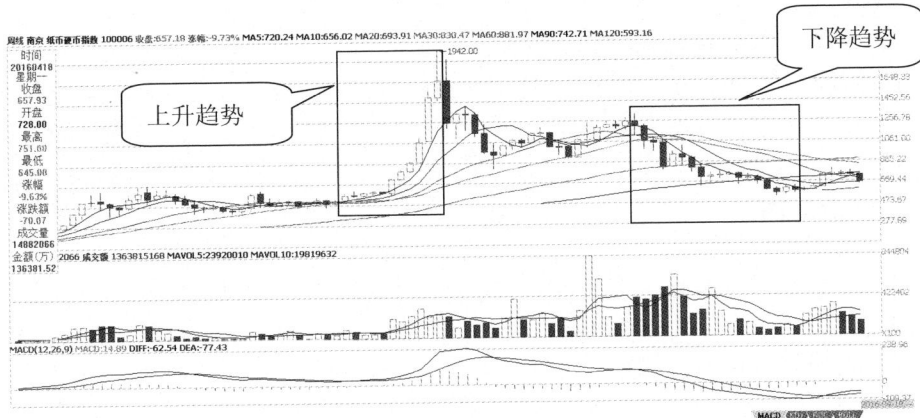

图6.2　价格以趋势方式演变

6.1.4　历史会重演

无论什么投资市场，其主体还是人在操作，而人类的心理通常都是"江山易改，本性难移"，这就为同样的市场状况下出现同样的交易行为奠定了基础。另外，经济周期总是周而复始的，因而人类的投资交易行为也总是在重复着相似的动作。

"历史会重演"既是自然法则作用的结果，也是价格与时间取得平衡的结果。我们常常利用统计天气数据来预测未来的天气，利用以往生意记录可以知晓未来供求关系等，其实都是认定未来的多数情况下就是过去的延续。

因此，技术分析者认为，既然一些图形在过去的几百年经常重复，就不妨认为它们在未来同样会继续出现。

历史会重演，并不是说过去的走势会在现在完全重复上演，而是指过去的走势，在现在有可能阶段性出现非常相似的走势。世界上没有完全相同的指纹，同样在走势重复的过程中，其细微之处必然也是不尽相同的。

6.2　技术分析的优点

技术分析的优点共有 3 项，如图 6.3 所示。

（1）简单性

价格走势图把各种变量之间的关系及其相互作用的结果清晰地表现出来，把复杂的因果关系变成了简单的价格走势图。以图看势，就很容易把握价格变化的趋势，并且利用计算机查看各种技术分析相当方便。

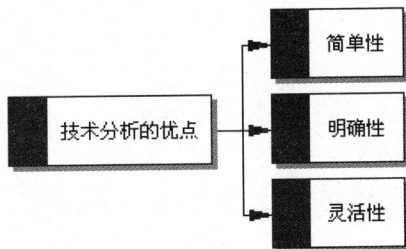

图6.3　技术分析的优点

（2）明确性

在图表中可以出现明显的底部或顶部形态，也可以看到各种买卖信号，它们的出现可以提示投资者做好交易准备。同样，一些主要的支撑位或均线被突破，往往也意味着巨大的机会或风险来临，这些就是技术分析的明确性。但需要注意的是，明确性并不等于准确性。

（3）灵活性

技术分析可以适用于任何交易媒介和任何时间尺度，不管是做邮币卡、黄金、白银、股票、期货、外汇，还是分析上百年的市场走势，或是几个小时的标的物价格走势，其基本技术分析的原理都是相同的。只要调出任何一个标的物的价格走势图，就可以获取有关价格的信息，并进行走势分析，即预测其未来走势。

6.3 技术分析的缺点

技术分析的缺点共有 2 项，如图 6.4 所示。

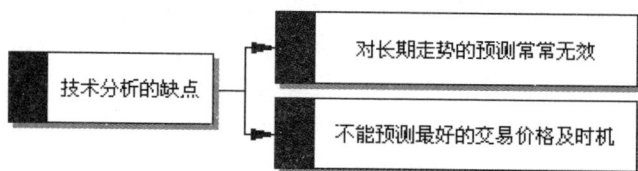

图6.4 技术分析的缺点

（1）对长期走势的预测常常无效

技术分析只能分析短期价格走势的变化，决定邮币卡长期价格走势的还是邮币卡的基本面因素，单纯运用技术分析来预测长期的价格走势，其准确性往往较差。

（2）不能预测最好的交易价格及时机

技术分析只能预测未来一段时间内的总体价格走势，不能指出该时期内的最高价在何处，也不能指出该时期的最低价在何处，更不能指出每一次上升或下跌的持续时间。

总之，技术分析是客观事物，其使用者是人，如果投资者不懂得心理控制、资金管理、交易技巧、市场特征等，仅靠技术分析这一方法，在一个具有较多不确定性的交易市场中，是不可能成为赢家的。

6.4 技术分析的类型

技术分析发展到今天，形成了多种技术分析门派，创造了多种独立的技术分析体系。主要的技术分析方法有 4 种，如图 6.5 所示。

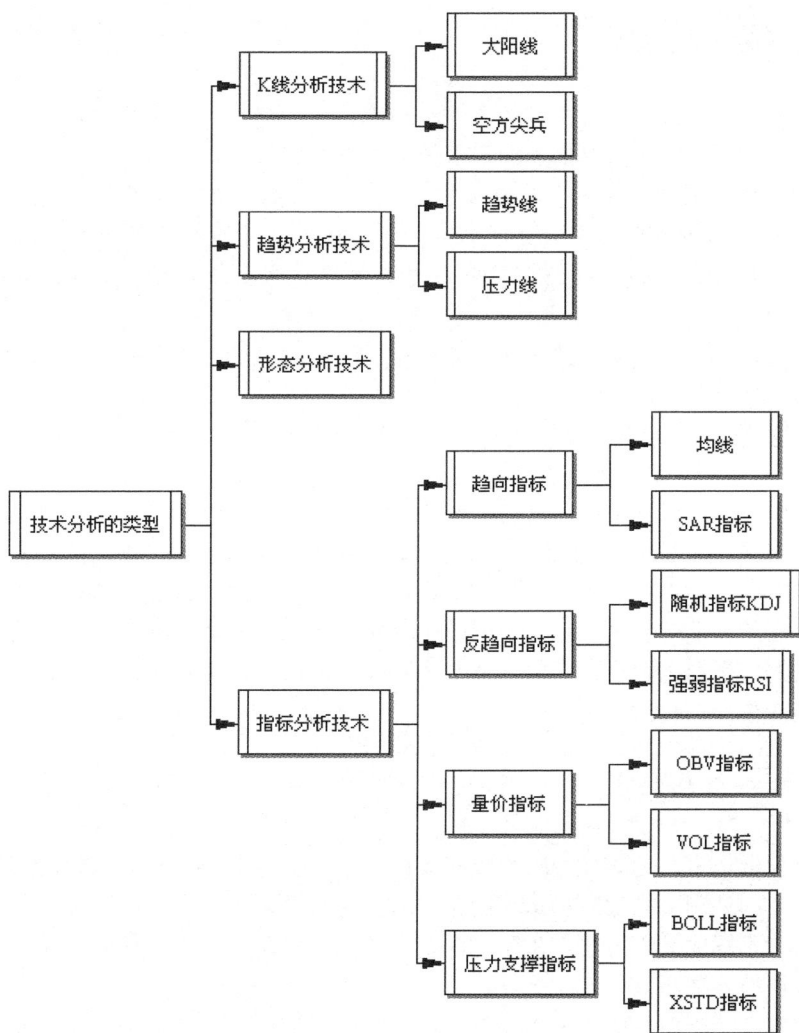

图6.5　技术分析的类型

6.4.1　K 线分析技术

K 线分析技术，主要是利用单纯的 K 线图来预测价格的未来走向。价格是一切变化的前提，是趋势运动里最重要的研究部分。最高价、最低价、开盘价、收盘价等都显示在 K 线图上，是大部分技术指标的先行指标和统计基础。

所以，研究 K 线即可获得当前邮币卡市场多、空力量的对比状况，并能进一步判断出市场多、空双方谁更占优势，以及判断出这种优势是暂时的，还是决定性的。

K 线分析技术包括两种，分别是单 K 线模式和多 K 线模式，如十字星、大阳线、空方尖兵、红三兵等。

6.4.2　趋势分析技术

趋势分析技术，是按照一定的方法和原则，在价格走势图中绘制直线，然后根据 K 线和这些直线的穿越情况来预测价格未来走势的方法。

当然，切线的画法不是凭空乱画，它通常是根据价格阶段性的高点或低点，以及趋势的支撑部位或阻力部位来画线的，当然也有的是根据神秘的自然法则或数学规律来画线的。这些线条的产生符合一定的市场交易心理和自然规律，因而在有些时候也会产生一定的作用。

常用的趋势分析技术有趋势线、通道线、支撑线、压力线、黄金分割线等。

6.4.3　形态分析技术

在价格涨跌的过程中，常常会在 K 线图表中留下一些投资者购买或抛售的预兆。形态分析技术，是根据 K 线图中过去所形成的特定价格形态，来预测价格未来发展趋势的一种方法。当然，这也是一种纯粹的经验性统计，因为在邮币卡抛售或抢购的过程中，K 线图表常常会表现出一些可以理解的、重复的价格形态。

著名的价格形态主要包括反转形态（双底、V 形底、头肩顶、M 顶）和各种持续形态（上升旗形、收敛三角形）。

6.4.4　指标分析技术

指标分析技术，是通过对原始数据（开盘价、收盘价、最低价、最高价、成交量、成交金额）的处理，来反映出市场的某一方面深层的内涵，这些内涵很难通过原始数据看出来。不同的处理方法产生不同的技术指标，即每一种技术指标都对应着一种处理原始数据的方法。

目前，应用于市场的技术指标有多种，按照不同的计算原理和反映状况，可大致分为趋向指标、反趋向指标、量价指标、压力支撑指标等。

（1）趋向指标

趋向指标是识别和追踪有趋势的图形类指标，其特点是不试图猜顶和测底，如均线、MACD 指标、SAR 指标等。

（2）反趋向指标

反趋向指标，又称为振荡指标，是识别和追踪趋势运行的转折点的图形类指标，其特点是具有强烈的捕顶和捉底的意图，对市场转折点较为敏感，如随机指标 KDJ、强弱指标 RSI 等。

（3）量价指标

量价指标，是通过成交量变动来分析捕捉价格未来走势的图形类指标，其特点是以

"成交量是市场元气"为依据，揭示成交与价格涨跌关系，如 OBV 指标、VOL 指标等。

（4）压力支撑指标

压力支撑指标，又称为通道指标，是通过顶部轨道线和底部轨道线，试图捕捉行情的顶部和底部的图形类指标，其特点是具有明显的压力线，也有明显的支撑线，如 BOLL 指标、XSTD 指标。

> **提醒：** 对于指标的应用，需要记住经典图形的意义，但要根据大势和主力特征进行认真识别，因为有时很可能是主力发的假信号，即通过操纵价格绘制的假指标图形，如果投资者信以为真，很可能一买就套牢，一卖就涨。

总的来讲，从时间上来看，K 线和指标分析技术有利于短线交易；趋势和形态分析技术有利于中长线交易。从结果上来看，这 4 类技术分析方法尽管考虑的出发点和表达方式不尽相同，但是彼此并不排斥，在使用上可以相互借鉴和融合。但投资者要明白，市场上不存在确切无误的指标或公式，即使是那些最常见的、总体上最可靠的分析方法和分析结论，也只能以一种概率性的表述而存在。因为市场的本质是博弈对立的，正与反不可能那么清楚，否则就没有人会输钱，更不会有人赢钱。

6.5　技术分析的意义

技术分析是完善实战交易系统中的重要组成部分，它分析市场价格的走向和位置，并提高最后的交易成功概率系数，是交易行为中的最初出发切入点，也是交易系统中最基础及最重要的起点。

技术分析的意义有 4 项，具体如下：

（1）提高交易方向的成功概率。

（2）计算点位，确立损赢的固定点位后，为交易技巧中资金管理提供一个计算的数字参数。

（3）寻找交易信号，并通过指标工具的数字量化加以确认，为交易策略提供执行依据。

（4）技术分析理论可以把交易行为中的复杂执行心理问题，进行理论程序的整理归类后，秩序简单化下来，帮助交易者快速提高自己的交易心理能力。

6.6　技术分析的 2 个基本工具

技术分析的 2 个基本工具分别是线形图和 K 线图，线形图就是分时走势图，K 线图就是日 K 线图、月 K 线图和分钟 K 线图。

6.6.1　线形图

线形图是一种在分析价格的各种图形中最简单明了而且用途广泛的价格走势图。

打开邮币之星软件，单击"南京"选项卡，然后输入"503001"，按回车键，即可看到"建国钞百连"的分时走势图，如图 6.6 所示。

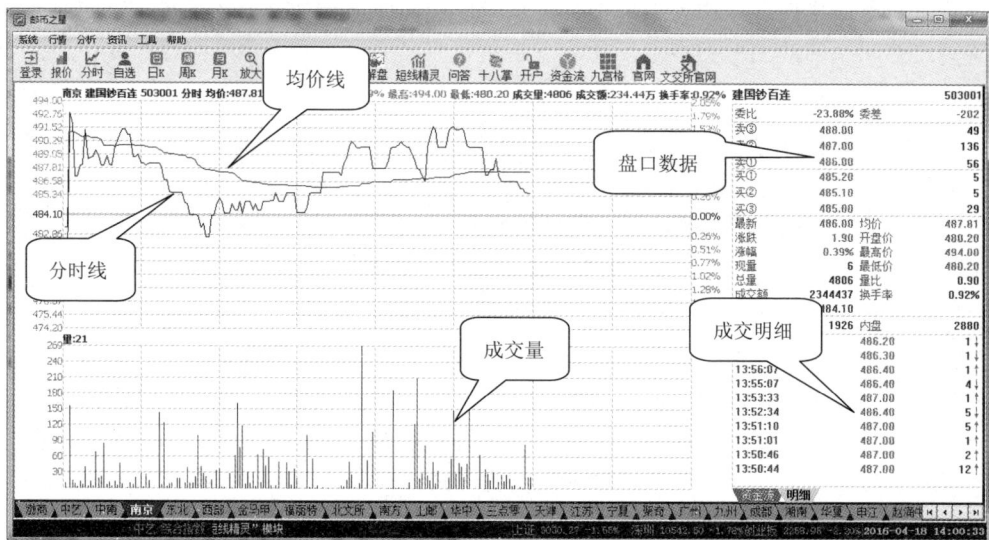

图6.6　2016年4月18日"建国钞百连"（503001）的分时走势图

（1）分时线

分时线就是把每分钟最后一笔成交价格连接起来，即得到分时线。

在价格波动过程中，每分钟都会有多笔成交。所以，一分钟没有过去，分时线就会处于波动状态之中，直到这一分钟过去之后，这个点才可以确定下来。

因此，分时线无法显示价格在这一分钟之内的变化，只能显示这一分钟最后一笔成交的价格。

需要注意的是，由于分时线忽略了每分钟内的其他成交价格，所以分时线有一定的片面性，这个缺陷需要交易者利用成交明细加以弥补。

（2）均价线

均价线的计算公式是：每分钟的平均价格=每分钟的成交额/成交量，因此由每分钟的平均价格形成的点连成的曲线就是均价线。它反映的是当日每分钟内入市资金的平均持仓成本，均价线好比商品的价值，分时线好比商品的价格，因此分时线围绕均价线上下波动，反映了均价线对价格走势的支撑和打压作用。

● 均价线的支撑作用

当分时线处于均价线上方时，它每次向下回落触及均价线后受到支撑，就会重新上涨。

● 均价线的打压作用

当分时线处于均价线下方时，它每次向上反弹触及均价线后受到打压，就会重新回落。

需要注意的是，利用均价线的支撑和打压作用，可以进行短线操盘。当分时线处于均价线上方，若回落到均价线后重新上涨时，可以买入，以获取更大的利润；相反，当分时线处于均价线下方，若反弹到均价线后重新回落时，应立即卖出，以减少更大的损失。

（3）成交量

成交量的大小反映了市场投资者在当日价格区间中进行交易的活跃程度，还体现出投资者目前的心理状态是积极介入、出场观望、还是持币等待，更深一层来看，还反映出价格向某方向变动的能量在聚集或释放。当邮币卡价格处于缩量整理时，多空双方处于交战的平衡点，如果成交量开始温和放大且价格上涨，则表明新资金进场，价格将转强，适用于"量增价涨"的判断；当邮币卡价格处于连续上涨阶段，如果成交量创下巨量却不能维持价格继续上涨，则表示多头能量消耗过大，价格有可能盛极而衰。

（4）盘口数据和成交明细

在分时图界面的右侧上半部分，显示了盘口数据，包括委比、最新、开盘、涨跌等信息，如图 6.7 所示。

下面来讲解一下盘口各名词的意义及在操作实战中的应用。

（1）委比：委比是衡量一段时间内场内买、卖盘强弱的技术指标。

它的计算公式为：委比=（委买手数－委卖手数）÷（委买手数＋委卖手数）×100%。从公式中可以看出，委比的取值范围从－100%～＋100%。若委比为正值，说明场内买盘较强，且数值越大，买盘就越强劲。反之，若委比为负值，则说明市场较弱。

建国钞百连		503001
委比	-23.88% 委差	-202
卖③	488.00	49
卖②	487.00	136
卖①	486.00	56
买①	485.20	5
买②	485.10	5
买③	485.00	29
最新	486.00 均价	487.81
涨跌	1.90 开盘价	480.20
涨幅	0.39% 最高价	494.00
现量	6 最低价	480.20
总量	4806 量比	0.90
成交额	2344437 换手率	0.92%
昨收	484.10	
外盘	1926 内盘	2880

图6.7　盘口数据

（2）三档卖盘等候显示栏：显示的是 3 个挂卖出委托单队列，即从卖三到卖一。卖盘是按照"价格优先，时间优先"的原则，谁卖出的报价低谁就排在前面，如卖出价格相同，谁先报价谁就排在前面，并且是由计算机自动计算，是绝对公平的。卖盘 1 后面的数值是卖出价格（486.00），再后面的数值是卖出手数（56）。

> **提醒**：三档卖盘是空头主力的前沿阵地，是投资者委托卖出筹码的交易数据动态显示区。三档卖盘中实时出现的卖出委托单量的动态变化，可以清楚地反映当时盘中卖出力量的变化。

（3）三档买盘等候显示栏：位于三档卖盘等候显示栏的下方，是 3 个挂买入委托

单队列，即从买一到买三。买盘也是按照"价格优先，时间优先"的原则，谁买入的报价高谁就排在前面，如买入价格相同，谁先报价谁就排在前面。买盘 1 后面的数值是买入价格（485.2），再后面的数值是买入手数（5）。

（4）最新：即最新成交价格，是指刚刚成交的一笔交易的成交价格。

（5）均价：是指当天开盘以来买卖双方成交的平均价格，其计算公式如下：

$$均价 = 成交总额 \div 成交量$$

（6）涨跌：是指现在的最新成交价格与前一天收盘价相比，涨跌的钱数。

（7）开盘价：是指当天第一笔交易的成交价格。

（8）涨幅：是指现在的最新价格与前一天收盘价相比，涨跌幅度的百分数。

（9）最高价：是指当天开盘以来各笔成交价格中最高的成交价格。收盘时"最高"后面显示的价格是当日成交的最高价格。

（10）现量：是指当前成交的这一笔交易的成交量。

（11）最低价：是指当天开盘以来各笔成交价格中最低的价格。收盘时"最低"后面显示的价格是当日成交的最低价格。

（12）总量：是指从当天开盘以来所成交的全部手数。

（13）量比：是指当天开盘以后每分钟平均成交量与过去 5 个交易日每分钟平均成交量之比，其计算公式如下：

量比 = 现成交总手 $\div$ [过去 5 个交易日每分钟平均成交量 $\times$ 开盘以来累计开盘时间（分钟）]

（14）成交额：是指当天开盘以后成交的总金额。

（15）换手率：是指在一定时间内市场中邮币卡转手买卖的频率。

（16）昨收：是指上一交易日的收盘价格。

（17）外盘：又称为主动性买盘，是以卖出的报价成交。当外盘累计数量比内盘累计数量大很多，并且价格上涨，说明很多人在抢着买进。

（18）内盘：又称为主动性抛盘，当内盘累计数量比外盘累计数量大很多，并且价格下跌，说明很多人在争先恐后地卖出。

在分时走势图的右下角是成交明细，可以看到每笔交易的时间、价格、现量，如图 6.8 所示。

13:57:03	486.20	1↓
13:56:39	486.30	1↓
13:56:07	486.40	1↑
13:55:07	486.40	4↑
13:53:33	487.00	1↑
13:52:34	486.40	5↓
13:51:10	487.00	5↑
13:51:01	487.00	1↑
13:50:46	487.00	2↑
13:50:44	487.00	12↑

图6.8 成交明细

利用成交明细，投资者可以更细微地体会分时图的价格走势，更真切地观察主力的盘中异动。

6.6.2 K 线图

K 线图是邮币卡市场中最常用的一种图，画 K 线图需要四个数据，分别是开盘价、收盘价、最低价和最高价。K 线图是一条柱状的线条，由实体和影线组成。在实体上

方的影线叫作上影线；在实体下方的影线叫作下影线。实体分为阳线和阴线，当收盘价高于开盘价时，实体部分一般是红色或白色，称为阳线；当收盘价低于开盘价时，实体部分一般是绿色或黑色，称为阴线，如图 6.9 所示。

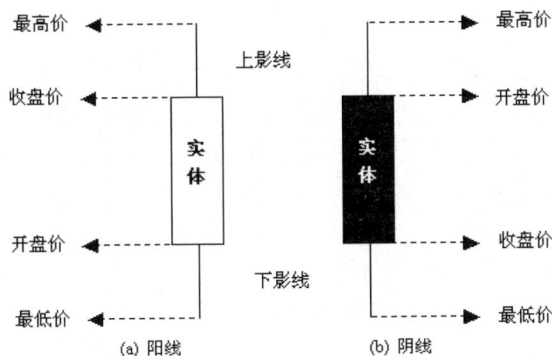

图6.9　K线图形及意义

K 线按形态来分，共有 3 种，分别是阳线、阴线和同价线。阳线，即收盘价高于开盘价的 K 线，阳线按实体大小可分为大阳线、中阳线和小阳线，如图 6.10 所示。

阴线，即收盘价低于开盘价的 K 线，阴线按实体大小可分为大阴线、中阴线和小阴线，如图 6.11 所示。

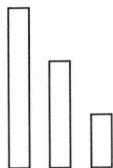

图6.10　大阳线、中阳线和小阳线　　　　图6.11　大阴线、中阴线和小阴线

同价线是指收盘价等于开盘价，两者处于同一个价位的一种特殊形式的 K 线，同价线常以"十"字形和"T"字形表现出来，所以又称为十字线和 T 字线。同价线按上、下影线的长短、有无，又可分为长十字线、十字线、T 字线、倒 T 字线和一字线，如图 6.12 所示。

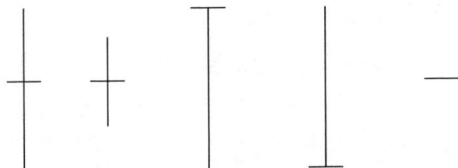

图6.12　长十字线、十字线、T字线、倒T字线和一字线

K 线按时间可分为日 K 线、周 K 线、月 K 线、年 K 线，以及将一日内交易时间分成若干等分，如 5 分钟 K 线、15 分钟 K 线、30 分钟 K 线、60 分钟 K 线等。不同的 K 线，有不同的作用，如日 K 线，反映的是价格短期走势；周 K 线、月 K 线、年 K 线反映的是价格中长期走势；5 分钟 K 线、15 分钟 K 线、30 分钟 K 线、60 分钟 K 线反映的是价格超短期走势。

所有 K 线的绘制方法都相同，即取某一时段的开盘价、收盘价、最高价、最低价进行绘制。如周 K 线，只需找到周一的开盘价、周五的收盘价、一周中的最高价和最低价，即可把它绘制出来。现在电脑软件已相当普及，无须手工绘制各种 K 线图，但投资者最好了解其原理及绘制方法，这样对研究判断价格走势是很有好处的。

K 线图具有直观、立体感强、携带信息量大的特点，能充分显示股价趋势的强弱，显示买卖双方力量平衡的变化，从而较准确地预测后市。

利用 K 线图，投资者可以对变化多端的市场行情有一目了然的直接感受。K 线图最大的优点是简单易懂，并且运用起来十分灵活；最大的特点在于忽略了股价在变化过程中的各种纷繁复杂的因素，而将其基本特征显示在投资者的面前。

6.7 技术分析的反面意见

在讨论技术分析时，往往会出现一些大同小异的疑问，如预言自我应验、过去能预测未来吗？下面来详细讲解一下。

6.7.1 预言自我应验

有的投资者也许心中会有这样的疑问：

近年来，大部分 K 线形态流传广泛。很多投资者把它们牢记于心，常常根据 K 线形态不约而同地行动，于是每当 K 线形态发出看涨或看跌的信号时，买者或卖者一拥而上，结果产生了 "预言自我应验" 的现象。

事实上，K 线形态很客观，而研读 K 线形态是一门艺术。K 线形态几乎从来没有清楚得能让有经验的投资者意见一致的时候。疑虑重重、困惑不解、仁者见仁，智者见智才是家常便饭。

即使大多数投资者预测一致，所见略同，但他们也不一定在同一时间以同样的方式入市。有些投资者也许预计到信号即将出现，便 "先下手为强"；还有些投资者等信号出现后再下手；也有一些投资者等信号出现并验证后再下手。因此，所有人在同一时刻以同一方式入市的可能性甚微，如图 6.13 所示。

投资者一定要明白，唯有供求规律才能决定牛市或熊市的发生和发展。技术分析者势单力薄，绝不可能平白无故地靠他们自己的买进或卖出引发市场的重大变化。要是能做到这一点，早就赚大钱了。

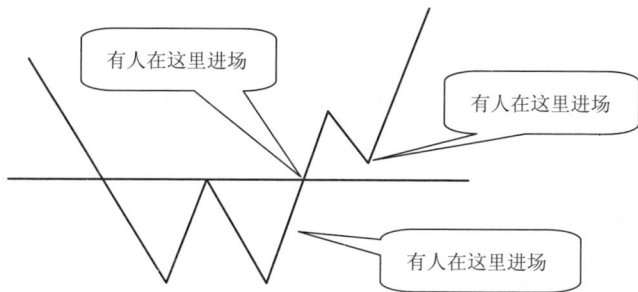

图6.13　不同的投资者在不同的位置入场

6.7.2　过去可以预测未来吗

使用过去的价格走势信息能否有效地预测未来的价格走势？这个问题存在着较大的争议。很多投资者常常利用这个问题来反对技术分析，并且因此来嘲笑技术分析者。

首先我们要明白，每一种预测方法，从天气预报到基本面分析，都是建立在对历史数据的研究之上，除了这些资料，我们还能依靠什么资料呢？

从统计学的角度来看，统计学包括描述统计学和推导统计学。在技术分析中，以K线图表来显示价格的运动轨迹属于描述统计学；分析价格并做出预测则属于推导统计学，如图 6.14 所示。

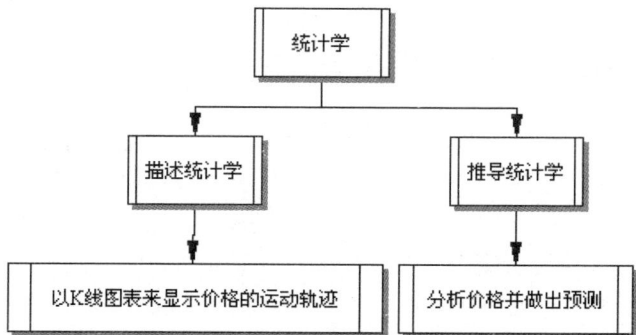

图6.14　统计学

所以，技术分析与其他任何一项预测相同，都是建立在历史数据资料之上的。如果投资者怀疑技术分析在这方面的立足点，那么只好把所有以过去研究未来的学问一股脑儿都推翻，其中包括基本面分析。

提醒：技术分析最大的优势是无须担心数据资料的可信度；而基本面分析则有数据资料和预测推断在可信度上的双重风险。

6.7.3   随机漫步理论

随机漫步理论，又称为随机游走，是指价格的变动是随机且不可预测的。价格的变动，是没有规律的。金融市场中，价格的走向受到多方面因素的影响。一件不起眼的小事也可能对市场产生巨大的影响。

所有的金融市场都具备一定的随机性，但不是所有的价格变化都是随机的。

投资者可以想一下，当市场趋势明朗时，这个趋势对我们是否有用呢？我们是否可以把它当成我们的朋友呢？具有实战经验的投资者都知道，趋势一旦走出来，就是我们最好的朋友，只要我们顺势而为，并且能够好好地把握趋势的节奏，我们就可以成为市场中的大赢家。

对于刚入门的投资者来说，价格没有规律。如果我们不理解具体的过程和规则，任何过程都会显得杂乱无章。

例如，一张心电图，在外行看来，就是一张杂乱无章的图表，可在一个训练有素的医生眼中，其中每个小波折都充满了意义，不是随机的。

对没有花时间研究金融市场行为规律的投资者来说，市场运作可能是随机的。随着实战经验和技术的提高，随机的错觉逐渐消失，就会出现价格的运动是随机和规律的结合。

> **提醒：** K线图表可以帮助那些能够读懂它的人，确切来说，是那些可以把看到的图表信息消化吸收的人。

6.8   技术分析其实就是经验总结

技术分析是成千上万的市场参与者数百年心与血的结晶。为什么说技术分析是经验总结呢？原因有以下三点：

第一，在技术分析各理论体系中，从定义到规则，都带有明显的经验总结色彩，不具有严格的科学特征，如趋势的定义。有时，甚至难以经受认真的推敲。

第二，技术分析的理论花样繁多，几乎每位技术分析者都有自己独有的一套。并且，在各种技术理论之间，联系较弱，难以贯穿成一整套丝丝相扣、首尾呼应的理论体系。

第三，技术分析的理论不仅限于对市场的单向分析，而且还有如何适应市场进行实际操作的内容，如典型的技术分析名言"让利润充分增长，把亏损限于小额"，同时还包括资金管理、交易策略等如何适应市场的内容。

正是因为技术分析具有明显的经验性，具有浓烈的主观色彩，所以实际上技术分析是一门艺术。如果要掌握好它，单单依靠按部就班地学习是远远不够的，还必须要有切实的实战经验。技术分析在学习和提高的过程中，就是要把自己的经验"去粗取精，去伪存真"，也就是要借鉴前人的成功经验，吸收为自己的切身经验。

第 7 章

邮币卡的 K 线分析技术

K 线分析是最基本的技术分析手段，是所有投资者入市之初就必须掌握的内容。对于短线投资者来说，K 线分析更是其行走市场的重要法宝，甚至是其唯一有效的获利工具。

本章主要内容：

- K 线的意义
- K 线运用注意事项
- 早晨之星
- 平底和塔形底
- 锤头线
- 好友反攻和曙光初现
- 黄昏之星
- 平顶和塔形顶
- 射击之星
- 其他常见的 K 线和 K 线组合
- 其他常见的 K 线和 K 线组合的实战应用

7.1　K 线的意义及注意事项

　　K 线是价格历史走势的记录，将每日的 K 线按照时间顺序排列起来，就是一幅 K 线图。通过对 K 线图进行分析，可以辨别市场行情的多、空能量变化，可以预测市场未来的发现方向。

7.1.1　K 线的意义

　　K 线是一种无字天书，是一种阴阳交错的历史走势图，实际上包含着因果关系。从日 K 线图上来看，上一个交易日是当前交易日的"因"，当前交易日是上一个交易日的"果"；而当前交易日又是下一个交易日的"因"，而下一个交易日是当前交易日的"果"。正是这种因果关系的存在，分析师才能根据 K 线的变化找出市场规律，并以此预测价格走势。

　　K 线的规律是：一些典型的 K 线或 K 线组合出现在某一位置时，价格将会按照某种趋势运行，当这些典型的 K 线或 K 线组合再次出现在类似位置时，就会重复历史的情况。如底部出现早晨之星，价格往往会由此止跌回升，掌握这一规律后，当再次遇到底部出现早晨之星，就可以判断价格反转在即，认真分析行情后可以考虑择机建仓。

　　K 线的规律，是投资者在长期实战操作中摸索出来的，作为刚入门的投资者，需要在学习别人经验的基础上，通过实战来提高自己观察和分析 K 线的能力，只有这样才能掌握 K 线的规律，才能灵活地应用 K 线。

7.1.2　K 线运用注意事项

　　每一条 K 线都在试图向我们做出手势，告诉我们市场正在发生的变化。投资者只有静下心来，才能了解市场主力告诉我们的信息，并且辨别信息是不是主力的真正意图。例如，根据 K 线理论，某 K 线告诉投资者可以加仓跟进，但也有可能是主力在操纵市场在反技术操作，即诱多，投资者一旦加仓，就很可能被套。

　　K 线不是一门科学，而是一种行为艺术和投资哲学的实践，其本质是市场群体心理因素的集中反映。投资者可以掌握它的性，但把握不了它的度，它给每个人留下了很多主观的判断。如果试图量化，则最终不得不陷入败局，如著名的投资大师江恩，晚年也只记录手法和操作规则，而不言其他。

　　在邮币卡市场，没有完美的分析技术，即任何技术都有其缺点，K 线的缺点就是发出错误信号太多，当然优点就是可以卖一个高价获得较大的收益。所以投资者在利用 K 线技术进行操作时，分析 K 线，不能拘泥于图形，而要究其内在的本质，洞悉多、空双方的力量对比变化。

　　对于 K 线技术，投资者一定要在心中熟记常用的 K 线图，并且明白其具体意义及

发出的买卖信号，然后再结合市场特征、主力操作手法、其他分析技术进行综合研究判断，最后才能下达买卖决定。

> **提醒**：任何技术只有在特定条件下运用才是正确的。

7.2　见底信号的 K 线和 K 线组合

一提起抄底，投资者都会眼前一亮，因为能成功抄底，就意味着丰厚的投资回报。如何抄底呢？抄底技术很多，但是见底信号的 K 线和 K 线组合是最有效、最直接的分析技术，只要能熟悉掌握并灵活运用见底信号的 K 线和 K 线组合，就能把握好买进时机，从而为自己的盈利打下良好的基础。

7.2.1　早晨之星

早晨之星，又称为启明星，出现此信号表明市场开始处于下降趋势中，第一个交易日是一根大阴线；第二个交易日是一根小阳线或小阴线；第三个交易日是一根阳线，它将市场推进到第一个交易日阴线的价格变动范围之内。

在理想形态中，第二个交易日与第一个交易日的图形之间形成向下的跳空缺口，而第三个交易日的阳线与第二个交易日的小阳线或小阴线之间出现一个向上的跳空缺口，早晨之星如图 7.1 所示。

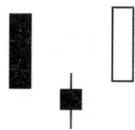

图7.1　早晨之星

早晨之星形成的心理分析：市场原本在已经确定的下降趋势中运行，一根大阴线的出现支持了这种趋势，这样市场将在这一行为的带动下继续走低；但第二个交易日市场向下跳空开盘，全天价格波动不大，最后价格又回到收盘价，这表明市场主力对未来的发展趋势犹豫不决；第三个交易日市场高开，并且买盘踊跃，继续向上推高价格，市场趋势反转信号出现。

图 7.2 所示为中艺的"53 年 18K 壹分券"（501002）2016 年 1 月 8 日至 3 月 21 日的日 K 线图。

"53 年 18K 壹分券"（501002）经过一波反弹上涨，创出 36.45 元新高，但在创出高点当天，价格收出一根带有上影线的中阳线，表明多头力量仍较强，但上方已出现做空力量。

随后价格没有继续上涨，而是收出一根十字线，这表明空方力量开始变强，但由于前期是多头行情，所以多头力量暂时打平。

随后价格就开始中阴线杀跌，这表明空方力量开始发力，所以多单要注意止赢。从其后走势来看，价格开始震荡下跌，先是跌破所有均线，然后继续震荡下跌。

经过两个多月时间的下跌之后，价格创出 22.75 元新低，但需要注意的是，在创出新低当天，价格却收出一根小阳线，这表明已有多头力量开始抄底。

接着价格出现中阳线上涨，这样在 A 处，就出现了早晨之星见底信号，所以 A 处

是明显的做多信号，如果你已进场抄底，那么多单可以持有，没有多单，则可以在 A 处介入多单。

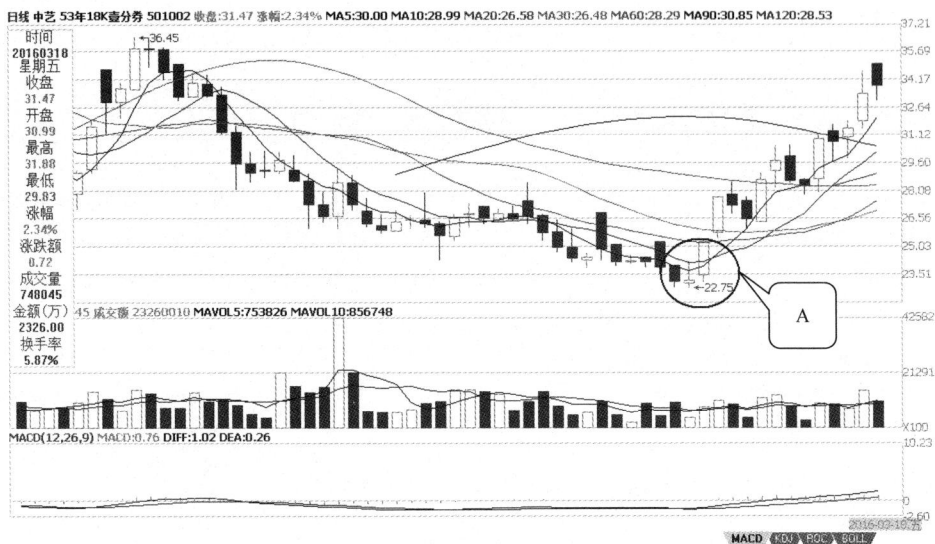

图7.2　中艺的"53年18K壹分券"（501002）2016年1月8日至3月21日的日K线图

从其后走势来看，价格开始了反弹上涨之路，先是站上所有的均线，然后继续上涨。总之，敢于在 A 处介入多单的投资者，短时间内即可获得丰厚的投资收益。

7.2.2　平底

平底，又称为钳子底，出现在下跌趋势中，由 2 根或 2 根以上的 K 线组成，但这些 K 线的最低价在同一水平位置上。平底的标准图形如图 7.3 所示。

平底是见底回升的信号，如果出现在较大的跌势之后，所提示的价格反转的可能性就很大。投资者见到此 K 线形态，可考虑适量买进。平底的变化图形如图 7.4 所示。

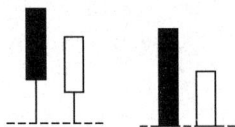

图7.3　平底

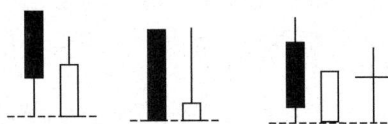

图7.4　平底的变化图形

图 7.5 所示为中艺的"综合指数"（100001）2015 年 11 月 10 日至 2016 年 4 月 18 日的日 K 线图。

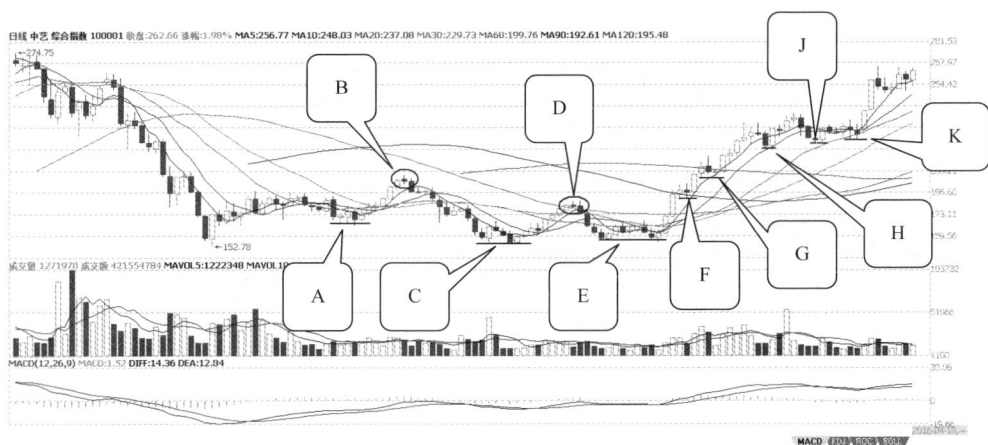

图7.5　中艺的"综合指数"（100001）2015年11月10日至2016年4月18日的日K线图

"综合指数"（100001）经过一波反弹，创出 274.75 元的高点，但在创出高点当天，价格收出一根带有上影线的 K 线，这表明价格上方有压力。随后价格开始震荡下跌，所以手中持有多单的朋友，要在价格反弹时，注意及时出局。

价格经过三波下跌之后，创出 152.78 元低点，但在创出低点当天，价格却收出一根带有下影线的中阳线，这表明价格已见底。

随后价格开始震荡反弹，但反弹力度不强。反弹后，再度下跌，但下跌力量也不强，反而在 A 处出现了平底，所以 A 处可以短多。

价格在 A 处企稳后，慢慢上涨，站上 30 日均线后，再度连续上涨，连续 4 个交易日上涨之后，第 5 个交易日收出一根带有上影线的小阴线，这表明上方有压力，即 B 处。所以 B 处多单要注意先止赢。

随后价格再度下跌，但需要注意的是，价格没有再创新低，就在 C 处出现了平底，所以 C 处又是新的短多机会。

C 处价格企稳后，震荡上涨，上涨到 60 日均线附近，再度连续出现带有上影线的 K 线，即 D 处，所在 D 处多单要注意止赢。

随后价格再度下跌，又在 E 处出现了平底，所以 E 处是新的做多机会。价格在 E 处企稳后，开始了新的一波上涨。在这一波上涨行情中，只要价格不跌破 30 日均线，出现平底信号，都是不错的做多机会，即 F、G、H、J、K 处。

7.2.3　塔形底

塔形底，因其形状像一个倒扣的塔顶而命名，其特征是：在下跌行情中，价格在拉出长阴线后，跌势开始趋缓，出现了一连串的小阴、小阳线，随后窜出一根大阳线，这时升势确立。塔形底的图形如图 7.6 所示。

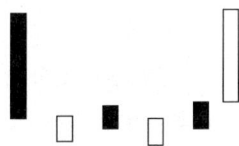

图7.6　塔形底

　　一般来说，价格在低位形成塔形底后，伴随有成交量的配合，往往会有一段涨势出现。投资者见此K线组合后，应抓准机会，跟进做多。

　　图7.7所示为南京的"二滩小型张"（601007）2015年11月14日至2016年4月19日的日K线图。

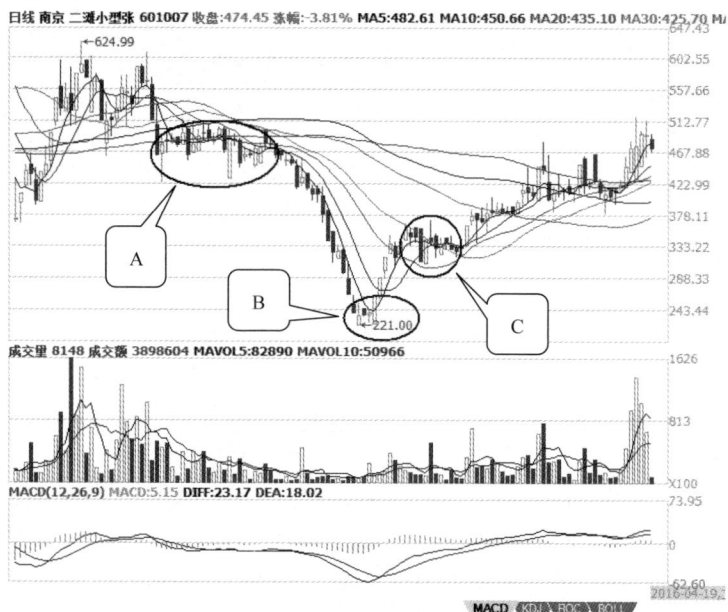

图7.7　南京的"二滩小型张"（601007）2015年11月14日至2016年4月19日的日K线图

　　"二滩小型张"（601007）经过一波反弹上涨，创出624.99元高点，但在创出高点当天，价格却收出一根带有长长上影线的见顶K线，所以多单要注意止赢。

　　随后价格开始在高位震荡，震荡后出现了一波下跌，跌破了所有均线，然后在均线下方震荡，即A处。

　　价格在A处震荡了20多个交易日后，均线完全黏合，然后价格就开始下跌，均线向下发散，这意味着新的一波下跌开始。如果在A处，价格开始下跌时，手中还持有多单，就要注意止赢，否则亏损会越来越大。

　　从其后走势可以看出，价格震荡后，出现了一波连续下跌行情，并且这波下跌是沿着5日均线下跌的。

　　价格沿着5日均线下跌十几个交易日后，又开始在低位震荡，在低位震荡3个交易日后，出现中阳线上涨，即B处。B处是一个塔形底K线组合，这是一个明显的见底信号，所以B处是新的做多位置，投资者要敢于在B处介入多单。

　　B处出现塔形底见底信号后，价格就开始连续中阳线上涨，连续上涨4个交易日后，上涨到30日均线附近，价格开始震荡。在30日均线附近震荡十几个交易日后，即C处，价格又开始了新的一波上涨。

　　总之，塔形底见底信号出现后，敢于做多的朋友，都会有不错的投资收益。

7.2.4　锤头线

锤头线，出现在下跌趋势中，阳线或阴线的实体很小，下影线大于或等于实体的两倍，一般没有上影线，即使有，也短得可以忽略不计。锤头线的标准图形如图 7.8 所示。

通常，在价格大幅下跌后，出现锤头线，则价格止跌回升的可能性较大，其效果与以下 3 点有关：（1）锤头实体越小，下影线越长，止跌作用就越明显；（2）价格下跌时间越长、幅度越大，锤头线见底信号就越明确；（3）锤头线有阳线锤头与阴线锤头之分，作用与意义相同，但阳线锤头力度要大于阴线锤头。激进型投资者见到下跌行情中的锤头线，可以试探性地做多；稳健型投资者则可以多观察几天，如果价格能放量上升，可以适量做多。锤头线的变化图形如图 7.9 所示。

图7.8　锤头线　　　　　　　　　　图7.9　锤头线的变化图形

图 7.10 所示为中艺的"06 华侨套票"（602004）2016 年 2 月 5 日至 4 月 19 日的日 K 线图。

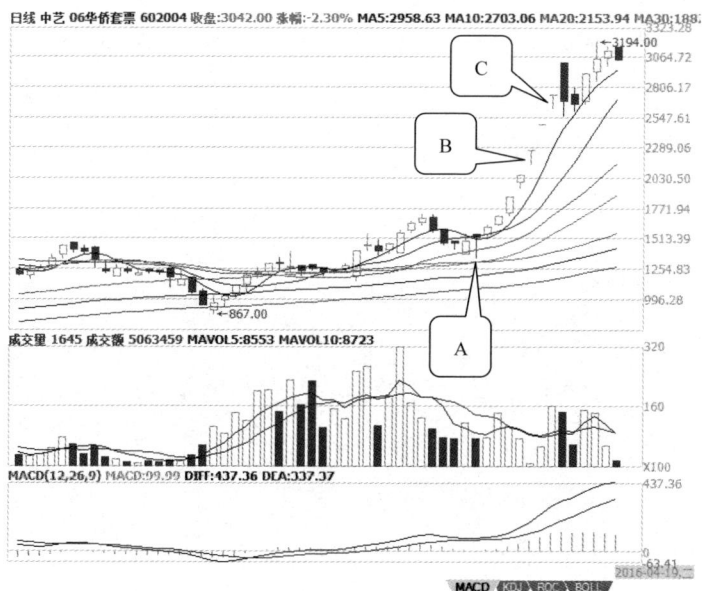

图7.10　中艺的"06华侨套票"（602004）2016年2月5日至4月19日的日K线图

"06 华侨套票"（602004）经过一波震荡下跌，下跌到 250 均线附近，价格创出 867 元的低点，但在创出低点当天，价格却收出一根小阳线，这表明价格在 250 均线附近有止跌迹象，所以这时要关注做多机会。

随后价格开始连续阳线上涨，连续上涨 8 根阳线之后，价格站上所有的均线。随后价格出现了横盘整理，整理后再度上涨。

经过两波上涨之后，价格再度回调，正好回调到 30 日均线附近，出现了锤头钱，即 A 处，这是一根见底 K 线，所以这里是新的做多机会。

价格在 A 处见底后，先是以几根中阳线拉涨，然后就开始连续涨停，如果涨停也是锤头钱，多单仍可以持有，并且仍可以介入多单，所以 B 处和 C 处可以介入多单。

从其后走势来看，在 B 处和 C 处介入多单，虽然有风险，但盈利也较大，所以轻仓介入多单仍是不错的投资策略。

7.2.5　好友反攻

好友反攻，出现在下跌趋势中，是由一阴一阳 2 根 K 线组成，第 1 根 K 线是大阴线，接着跳空低开，而收盘时确收了一根中阳线或大阳线，并且收在前一根大阴线的收盘价附近或相同的位置上。好友反攻的标准图形如图 7.11 所示。

好友反攻也是一种常见的见底信号，它提示投资者不要再盲目看空。好友反攻常见的变化图形如图 7.12 所示。

图7.11　好友反攻　　　　　　　　图7.12　好友反攻的变化图形

图 7.13 所示为南京的"三版贰元券"（501006）2015 年 12 月 22 日至 2016 年 4 月 22 日的日 K 线图。

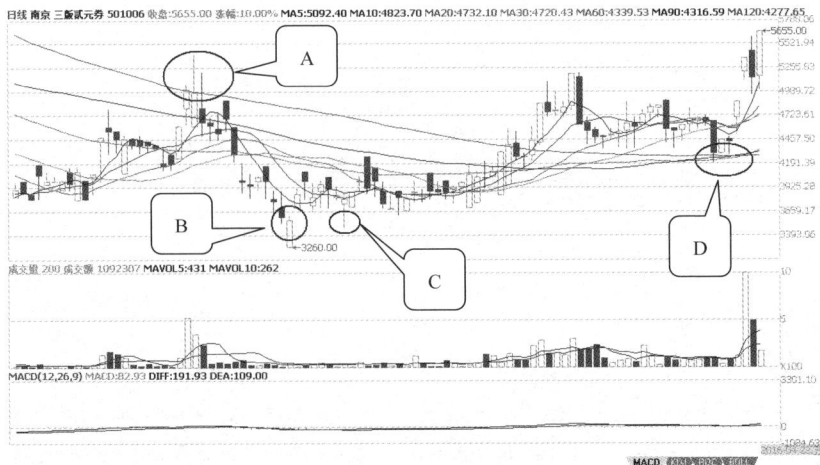

图7.13　南京的"三版贰元券"（501006）2015年12月22日至2016年4月22日的日K线图

"三版贰元券"（501006）经过一波反弹上涨，正好反弹到 120 均线附近。需要注意的是，这时的 120 均线是下行的，价格在 120 均线附近反复出现十字线，这是见顶信号，即 A 处。

所以 A 处的多单要注意止赢。随后价格在 120 均线附近震荡几天后，就开始下跌，经过近 10 个交易日的下跌，创出 3 260 元的低点。需要注意的是，价格在创出低点当天，价格即收出一根低开高走的中阳线，并且与前一个交易日的中阴线组成了好友反攻见底信号，即 B 处。所以 B 处是一个新的做多位置。

价格在 B 处见底后，就开始震荡反弹，但均线附近有压力，所以反弹后就会有回调，但回调的力度很小，并且不断出现锤头线见底 K 线，即 C 处。所以 C 处也是短多位置。

价格在低位震荡之后，出现了上涨，慢慢地站上所有的均线，并且 120 均线由下行转为水平，意味着价格即将上涨。

从其后走势来看，价格站上所有的均线后，出现了回调，正好回调到 120 均线附近，再度企稳，即 D 处。所以，D 处又是新的做多位置。

在 D 处做多的朋友，短时间之内就会有不错的投资收益。

7.2.6　曙光初现

曙光初现，出现在下跌趋势中，是由一阴一阳 2 根 K 线组成，先是出现一根大阴线或中阴线，接着出现一根大阳线或中阳线，并且阳线的实体深入阴线实体的 1/2 以上位置。曙光初现的标准图形如图 7.14 所示。

曙光初现的阳线实体深入阴线实体的部分越多，则见底转势信号越强。曙光初现的见底转势信号要比好友反攻强。曙光初现常见的变化图形如图 7.15 所示。

(a) 变化图形 1　　(b) 变化图形 2　　(c) 变化图形 3

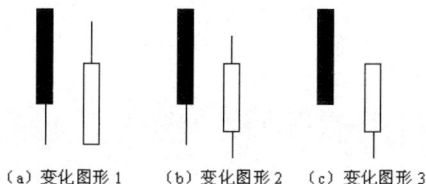

图7.14　曙光初现　　　　　　图7.15　曙光初现常见的变化图形

图 7.16 所示为南京的"明十三陵片"（605007）2016 年 1 月 19 日至 4 月 22 日的日 K 线图。

"明十三陵片"（605007）经过一波快速下跌之后，创出 1 804.70 元新低，但在创出低点这一天，价格却收出一根中阳线，与前一个交易日的阴线形成了曙光初现见底 K 线组合，即 A 处。

所以 A 处，是一个见底信号，是进场做多的位置。随后价格就开始震荡上涨，先是上涨到 30 日均线附近，然后价格开始横盘整理，横盘整理 6 个交易日后，再度向上突破，站上所有均线。

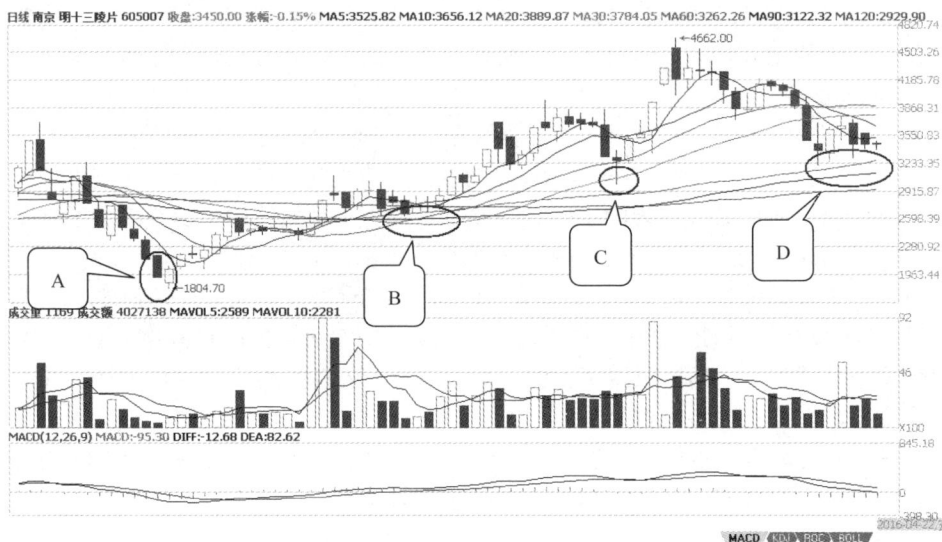

图7.16　南京的"明十三陵片"（605007）2016年1月19日至4月22日的日K线图

价格站上所有均线后，并没有立即大幅上涨，而是开始横盘整理，但价格始终在均线上方，即 B 处。这样可以以 30 日均线为止损做多。

价格在 B 处企稳，然后继续上涨，经过一波上涨之后，再度回调，回调到 30 日均线附近，出现锤头线见底 K 线，即 C 处，所以 C 处也是一个不错的做多位置。

这一波上涨，创出 4 662 元的高点，但在创出高点这一天，价格却收出一根中阴线，这表明价格上方压力较大，所以多单要注意止赢。

随后价格出现回调，回调到 60 日均线附近，即 D 处。可以 60 日均线为止损，继续关注做多机会。

7.3　见顶信号的K线和K线组合

逃顶技术很多，但见顶信号的 K 线和 K 线组合是最有效、最直接的分析技术，只要能熟悉掌握并灵活运用见顶信号的 K 线和 K 线组合，就能把握好卖出时机，从而踏准市场节拍，实现快乐投资。

7.3.1　黄昏之星

黄昏之星，出现在上升势趋中，是由 3 根 K 线组成，第 1 根 K 线是一根实体较长的阳线；第 2 根 K 线是实体较短的阳线或阴线，如果是阴线，则其下跌力度要强于阳线；第 3 根 K 线是一根实体较长的阴线，并深入第 1 根 K 线实体之内。黄昏之星的标准图形如图 7.17 所示。

黄昏之星是价格见顶回落的信号，预测价格下跌可靠性较高，有人统计在 80% 以上。所以投资者见到该 K 线组合，应及时减持多单，并逢高建立空单。黄昏之星常见的变化图形如图 7.18 所示。

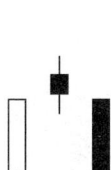

图7.17　黄昏之星

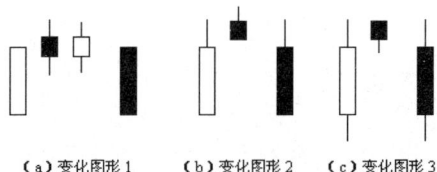

（a）变化图形 1　　（b）变化图形 2　　（c）变化图形 3

图7.18　黄昏之星常见的变化图形

黄昏之星的技术意义是：盘中做多的能量，在拉出一根大阳线或中阳线后就戛然而止，随后出现一个冲高回落的走势，这反映出多方的最后努力失败了，然后从右边出现一根大阴线或中阴线，将左边的阳线吞吃，此时空方已完全掌握了局势，行情开始走弱。如果价格重心开始下移，那么就是明显的见顶信号，最后是缓慢或快速的大幅回调。

图 7.19 所示为南京的"三轮狗大版"（602012）2016 年 1 月 4 日至 4 月 22 日的日 K 线图。

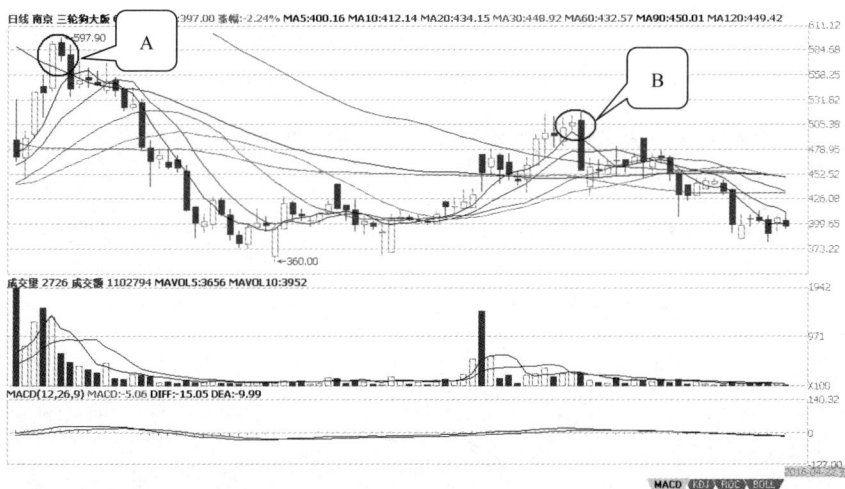

图7.19　南京的"三轮狗大版"（602012）2016年1月4日至4月22日的日K线图

"三轮狗大版"（602012）经过一波反弹上涨，创出 597.5 元的高点，在创出高点这一天，价格却收出一根小阴线，这表明上方有压力。随后价格没有继续上涨，反而出现了一根中阴线杀跌，这样在 A 处就出现了黄昏之星见顶 K 线组合。

A 处出现见顶信号，手中持有多单的投资者，就要及时止赢出局。从其后走势来看，价格大阴线杀跌之后，在高位震荡 4 个交易日，然后开始一波明显的下跌行情。

经过 20 多个交易日的下跌之后，价格创出 360 元的低点，但在创出低点这一天，价格即收出一根中阳线，这表明价格有反弹要求，所以这时是新的做多位置。

随后价格并没有上涨，而是在低位震荡，震荡后出现了一波上涨，但在 B 处，价格再度出现黄昏之星见顶信号，此时手中持有多单的投资者，要及时出局。

从其后走势来看，价格震荡后最终还是选择了下行，多单不及时出局的投资者，会被套得越来越深。

7.3.2 平顶

平顶，又称为钳子顶，出现在涨势行情中，由 2 根或 2 根以上的 K 线组成，但这些 K 线的最高价在同一水平位置上。平顶的标准图形如图 7.20 所示。

平顶是见顶回落的信号，它预示价格下跌的可能性大，特别是与吊颈线、射击之星等其他见顶 K 线同时出现时。投资者见到此 K 线形态，多单只能尽快出局。平顶的变化图形如图 7.21 所示。

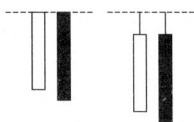

（a）变化图形 1　（b）变化图形 2　（c）变化图形 3

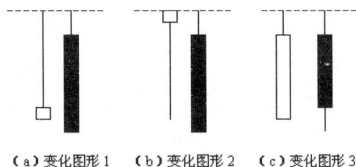

图7.20　平顶　　　　　　　　　　　图7.21　平顶的变化图形

提醒： 平顶就是一根无形的直线封锁线，它像是一道不可逾越的屏障，迫使价格掉头下行。

图 7.22 所示为南京的"诗歌邮资片"（605001）2015 年 9 月 5 日至 2016 年 4 月 22 日的日 K 线图。

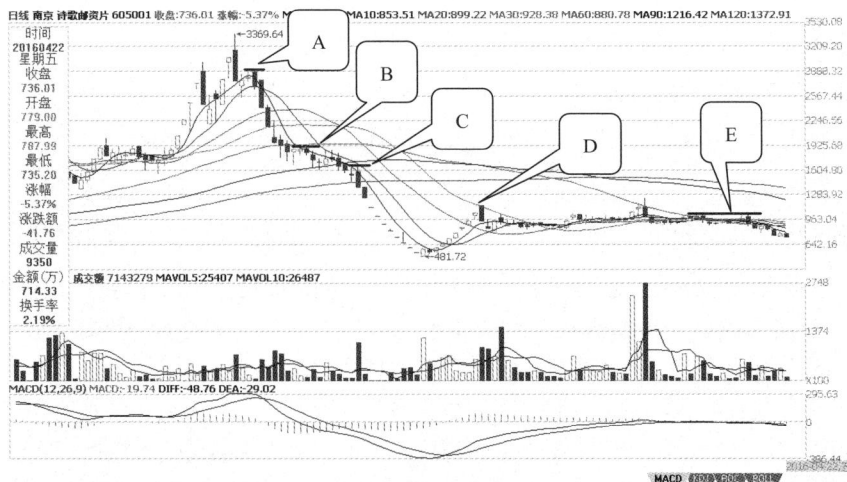

图7.22　南京的"诗歌邮资片"（605001）2015年9月5日至2016年4月22日的日K线图

　　"诗歌邮资片"（605001）经过几波上涨之后，创出 3 369.64 元的高点，但创出高点当天，价格却收出一根大阴线，这表明上方压力很大，所以持有多单的投资者一定要在反弹时，注意果断出局。

　　大阴线杀跌之后，价格出现了反弹，但仅反弹两个交易日，就出现了平顶见顶 K 线组合，即 A 处。所以，在 A 处手中还有多单的投资者，一定要及时出局。

　　随后价格继续大幅下跌，连续下跌几个交易日后，价格再度反弹，但反弹很弱，在 B 处和 C 处，又出现平顶，所以 B 处和 C 处，仍是多单出局的机会。

　　随后价格继续下跌，出现了连续 10 个跌停，如果此时不出局，就会遭遇很大的亏损，所以明显的下跌行情，一定要及时出局。

　　10 个连续跌停之后，价格创出 481.72 元的低点，需要注意的是，价格在创出低点当天，价格却收出一根中阳线，这表明价格有反弹要求，可以进场做多搏反弹。

　　从其后走势可以看出，这里出现了连续上涨，连续上涨了 10 个交易日，随后出现大阴线，即 D 处。所以，D 处是多单止赢的位置。

　　随后价格出现了较长时间的震荡，在价格震荡的后期，再度出现平顶见顶信号，即 E 处。这表明价格又要下跌了，所以手中还有多单的投资者，要及时出局。

7.3.3　塔形顶

　　塔形顶的特征是：在一个上涨行情中，首先拉出一根较有力度的大阳线或中阳线，然后出现一连串向上攀升的小阳线或小阴线，之后上升速度减缓，接着出现一连串向下倾斜的小阴线或小阳线，最后出现一根较有力度的大阴线或中阴线，这样塔形顶就形成了。塔形顶的图形如图 7.23 所示。

　　当商品价格在上涨时，出现塔形顶 K 线形态，投资都就要高度警惕，并及时抛空出局。塔形顶的变化图形如图 7.24 所示。

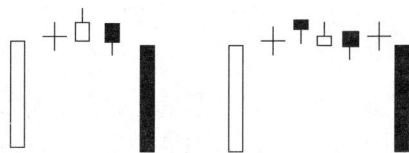

图7.23　塔形顶　　　　　　　　　图7.24　塔形顶的变化图形

提醒：塔形顶左右两根实体较长的大阳线和大阴线之间，聚集的 K 线越多，其见顶信号越强，两根 K 线的实体越长，特别是右边的阴线实体越长，信号就越强。

　　图 7.25 所示为南京的"天津建城片"（605028）2015 年 8 月 6 日至 11 月 18 日的日 K 线图。

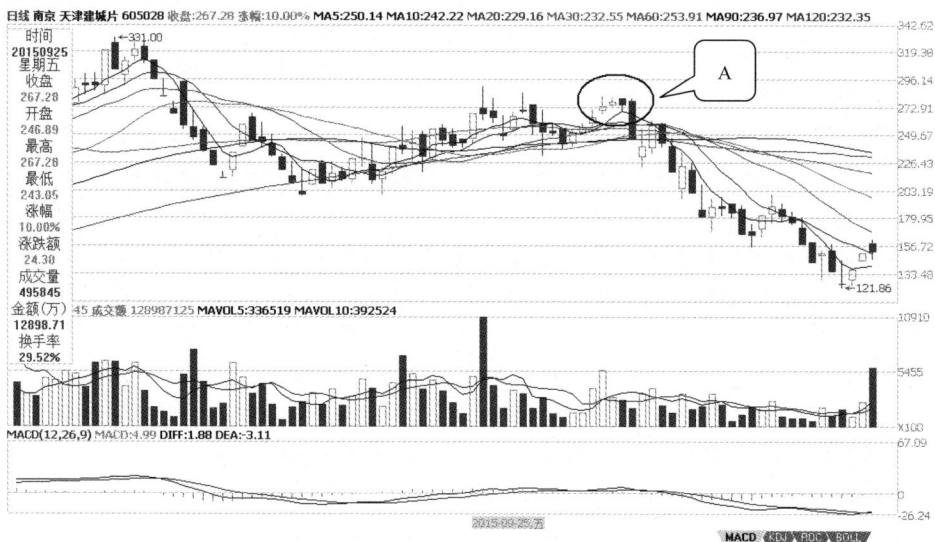

图7.25 南京的"天津建城片"（605028）2015年8月6日至11月18日的日K线图

"天津建城片"（605028）经过几波上涨，创出 331 元的高点，但创出高点当天，价格却收出一根中阴线，这表明上方有压力，所以持有多单的投资者要注意止赢。

随后价格又沿着 10 日均线上涨两天，上涨到 331 元附近，但没有再创新高，随后就跌了下来。一路跌到 120 均线附近，然后在 120 均线附近企稳，出现了一波反弹行情。

需要注意的是，这一波反弹行情虽然反弹的时间较长，但反弹的力量很弱，并且在反弹的后期，在 A 处出现了塔形顶。塔形顶是一个明显的见顶信号，这表明反弹即将结束，所以手中还有多单的投资者，要及时出局。

从其后走势可以看出，塔形顶出现后，略做震荡，就出现了一波明显的下跌行情。

7.3.4 射击之星

射击之星，因其像弓箭发射的样子而得名，人们还根据其特点给它起了一些混名，如扫帚星、流星。射击之星其特征是：在上涨行情中，并且已有一段升幅，阳线或阴线的实体很小，上影线大于或等于实体的两倍，一般没有下影线，即使有，也短得可以忽略不计。射击之星的图形如图 7.26 所示。

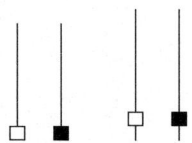

图7.26 射击之星

射击之星是一种明显的见顶信号，它暗示着价格可能由升转为跌，投资者如不及时出逃，就会损失惨重。

图 7.27 所示为南京的"53 年大号伍分券"（501005）2015 年 9 月 17 日至 2016 年 2 月 2 日的日 K 线图。

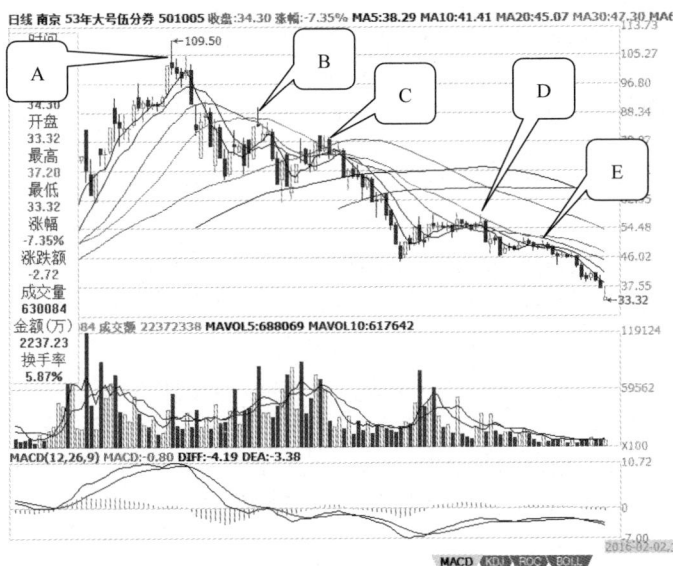

图7.27　南京的"53年大号伍分券"（501005）2015年9月17日至2016年2月2日的日K线图

"53 年大号伍分券"（501005）经过几波上涨，创出 109.5 元的高点，但创出高点当天，价格却收出一根射击之星见顶 K 线，即 A 处。

A 处出现见顶 K 线，并且价格已出现较长时间的较大幅度上涨。所以，在 A 处持有多单的投资者一定要注意止赢。

随后价格在高位震荡 3 个交易日，然后就是一根大阴线杀跌，同时跌破了 5 日和 10 日均线，所以这一天，如果手中还有多单的投资者，一定要果断出局。

接着价格不断震荡下跌，回调到 60 日均线附近，价格企稳即将开始反弹，但反弹力度不强，并且反弹到 30 日均线附近，再度出现射击之星见顶 K 线，即 B 处。所以在 B 处，如果有抄底多单，是最佳的出局位置。

价格在 B 处见顶后，开始下跌，下跌到 90 日均线附近，价格再度企稳，出现反弹，又反弹到 30 日均线附近，价格再度反弹无力，即 C 处。C 处价格反弹无力后，略做震荡，就开始新的一波下跌。这一波下跌幅度较大，并且跌破了所有的均线。

经过较大幅度的下跌之后，出现了反弹，反弹时间虽长，但反弹的幅度很小，反弹到 30 日均线附近，再度出现射击之星见顶 K 线，即 D 处。所以，D 处有多单的投资者，一定要注意止赢。

同理，E 处也是抄底多单止赢比较好的位置。

7.4　其他常见的 K 线和 K 线组合

在运用 K 线技术时，不能只看其形，重在研究其后的多空力量对比，即要结合 K 线的位置和时间来看，因为在不同的位置和不同的时间段所表达的信息不同。所以在

学习 K 线时，要多站在主力的角度去思考 K 线背后的意义，即多空力量的对比情况。

7.4.1 红三兵和黑三兵

红三兵的特征是：在上涨趋势中，出现 3 根连续创新高的小阳线。需要注意的是，当 3 根小阳线收于最高或接近最高点时，称为"3 个白色武士"，其作用要强于普通的红三兵，投资者应高度重视。红三兵的图形如图 7.28 所示。

红三兵是推动价格上涨的信号。一般来说，在价格见底回升或横盘后出现红三兵，表明多方正在积蓄力量，准备发力上攻。如果在红三兵后，价格上冲时成交量能同步放大，说明已有主力加入，后面继续上涨的可能性极大。投资者见此 K 线组合，应大胆买进，从而轻松、快速地获利。

黑三兵的特征是：连续出现 3 根小阴线，其中最低价一根比一根低。因为这 3 根小阴线像 3 个穿着黑色服装的卫兵在列队，故名为"黑三兵"。黑三兵的图形如图 7.29 所示。

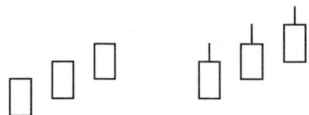

图7.28 红三兵

图7.29 黑三兵

黑三兵在上升行情中出现，特别是在价格有了较大升幅之后出现，暗示着行情即将转为跌势；黑三兵如果在下跌行情后期出现，特别是价格已有一段较大的跌幅或连续急跌后出现，暗示下跌行情短期内即将结束，并可能转为一轮升势。所以投资者见到该 K 线组合，可根据其所在位置，决定投资策略，即在上升行情中出现，要适量做空；在下跌行情中出现，要适量做多。

7.4.2 两红夹一黑和两黑夹一红

两红夹一黑的特征是：左右两边是阳线，中间是阴线，3 根 K 线的中轴基本上是处在同一水平位置上，两根阳线的实体一般比阴线实体长。两红夹一黑的图形如图 7.30 所示。

如果两红夹一黑出现在跌势中，则暗示价格会暂时止跌，或有可能见底回行；在上涨趋势中，特别是在上升初期，表示价格经过短暂的休整，还会继续上涨。

两黑夹一红的特征是：左右两边是阴线，中间是阳线，两根阴线的实体一般要比阳线的实体长。两黑夹一红的图形如图 7.31 所示。

在下跌行情中，尤其是在下跌的初期阶段，出现两黑夹一红 K 线组合，表明价格经过短暂整理后，还会继续下跌。在上涨行情中，出现两黑夹一红 K 线组合，表明价格升势已尽，很有可能见顶回落。投资者无论是在升势或跌势中见此 K 线组合，都要保持高度警惕，及时减仓多单，并逢高建立空单。

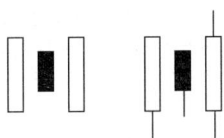

图7.30　两红夹一黑

图7.31　两黑夹一红

7.4.3　大阳线和大阴线

大阳线可以出现在任何情况下，阳线实体较长，可略带上下影线，如图 7.32 所示。
大阳线表示买盘相当强劲，后市看涨，但不同位置应区别对待。

大阴线可以出现在任何情况下，阴线实体较长，可略带上下影线，如图 7.33 所示。

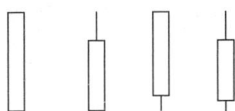

图7.32　大阳线

图7.33　大阴线

大阴线表示卖盘相当强劲，后市看跌，但不同位置应区别对待。

7.4.4　其他常见的 K 线和 K 线组合的实战应用

下面通过具体案例，讲解其他常见的 K 线和 K 线组合的实战应用。

图 7.34 所示为中艺的"综合指数"（100001）2015 年 8 月 26 日至 2016 年 2 月 2
日的日 K 线图。

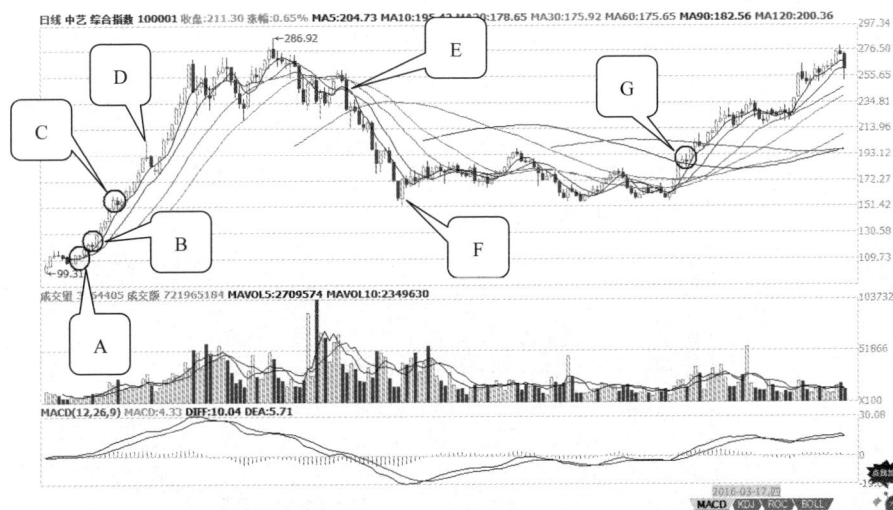

图7.34　中艺的"综合指数"（100001）2015年8月26日至2016年2月2日的日K线图

"综合指数"（100001）一上市，就是连续三根阳线上涨，然后略做回调，之后再出现连续三根阳线上涨，即 A 处出现了红三兵。红三兵是看多信号，所以持有多单的投资者可以继续持有，没有多单的，可以继续关注逢低做多机会。

随后价格继续沿着均线上涨，出现了两红夹一黑看多信号，即 B 处。所以在 B 处持有多单的投资者可以继续持有，并且可以继续介入多单。

接着价格继续阳线上涨，然后又在 C 处出现两红夹一黑看多信号，所以持有多单的投资者可以继续持有，并且仍可以介入多单。

之后价格连续出现 7 根阳线上涨，然后出现带有长长上影线的见顶 K 线，这表明价格有回调要求，所以持有多单的投资者需要注意止赢。

价格回调到 10 日均线，再度上涨，并且连续阳线上涨。经过较长时间上涨之后，价格开始在高位震荡。在高位震荡 1 个多月，在 E 处出现了大阴线，这表明价格要开始下跌了，所以手中还有多单的投资者，要注意止赢。

随后价格出现连续下跌，并且下跌幅度较大。经过大幅下跌之后，在 F 处再度出现大阳线，这表明价格又开始反弹上涨，可以关注做多机会。

从其后走势来看，价格在 F 处出现大阳线见底后，价格开始很长时间的筑底行情。经过 3 个月的筑底震荡后，价格又开始了一波上涨行情。在新的一波上涨行情中，多单可以持有，并且在上涨过程中，出现做多信号，可以继续介入多单，即在 G 处出现两红夹一黑看多信号，仍可以介入多单。

图 7.35 所示为中艺的"百合花片"（605002）2015 年 9 月 15 日至 12 月 11 日的日 K 线图。

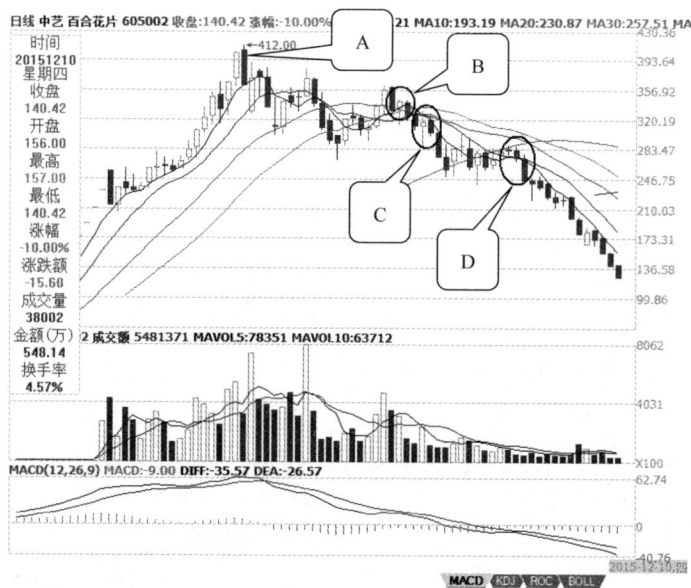

图7.35　中艺的"百合花片"（605002）2015年9月15日至12月11日的日K线图

　　"百合花片"（605002）经过大幅上涨之后，创出 412 元的高点，但在创出高点当天，价格却收出一根大阴线，这表明价格有转势的可能，所以持有多单的投资者要注意止赢，即 A 处。

　　A 处出现大阴线后，价格开始由上涨行情转为震荡下跌行情，由于均线仍属于多头行情，所以价格几乎是宽幅震荡。总体来说，高点是不断下移的，这表明价格虽是震荡，但是震荡偏空。

　　在 B 处，价格出现了两黑夹一红 K 线组合，这是一个看空信号，所以手中还有多单的投资者，需要注意及时出局。随后价格继续下跌，在 C 处又出现了两黑夹一红 K 线组合，也是看空信号。

　　这一波价格下跌到 60 日均线附近，有一个弱势反弹，反弹结束后，又出现黑三兵看空信号，即 D 处。D 处出现黑三兵看空信号，表明价格要开始新的一波下跌，从其后走势来看，D 处出现看空信号后，出现了一波较大幅度的下跌。

第 8 章

邮币卡的趋势线分析技术

在利用技术分析邮币卡行情时，趋势的概念绝对是核心内容。技术分析者所使用的全部工具，如支撑线、压力线、K 线形态、趋势线等，其唯一的目的就是辅助我们估量市场趋势，从而顺应着趋势的方向做交易。在市场上，"永远顺着趋势交易"、"决不可逆趋势而动"、"趋势即良友"等，已经是老生常谈了。

本章主要内容：

- 什么是趋势
- 趋势的方向和分类
- 趋势线的定义、类型和作用
- 支撑线和压力线的成因与应用
- 趋势线的类型
- 上升趋势线应用实战
- 下降趋势线应用实战
- 趋势线应用注意事项

8.1　初识趋势

在实战操作中，顺势而为是投资者操作的灵魂。追随市场大的趋势，而不能看不到趋势，更不能逆势操作；同时在趋势的运行过程中，要根据行情的发展，注意把握趋势的节奏，即要"权死生之机"，又要"辨动静之理"。

提醒： 对于趋势和节奏准确而敏锐的感觉和把握，必须来自殚精竭虑的思考，必须来自千万次的实战经验。

8.1.1　什么是趋势

一般来说，趋势就是市场何去何从的方向。不过，为了便于实际应用，我们需要更具体的定义。在通常情况下，市场不会朝任何方向直来直去，市场运动的特征是曲折蜿蜒的，它的轨迹类似一系列前赴后继的波浪，具有相当明显的峰和谷。所谓市场趋势，正是由这些波峰和波谷依次上升或下降的方向所构成的。无论这些峰和谷是依次递升，还是依次递降，或者横向延伸，其方向都构成了市场的趋势。

所以，我们把上升趋势定义为一系列依次上升的峰和谷；把下降趋势定义为一系列依次下降的峰和谷；把水平趋势定义为一系列依次横向伸展的峰和谷，如图 8.1 所示。

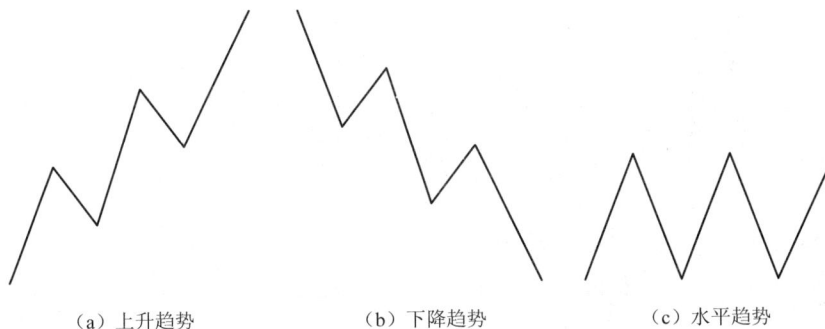

（a）上升趋势　　　　　（b）下降趋势　　　　　（c）水平趋势

图8.1　趋势

提醒： 趋势是指市场何去何从的方向，更确切地说，趋就是未来价格运动的方向；势就是未来价格在运动方向上的力量。

8.1.2　趋势的方向

我们所说的上升、下降、水平（横向延伸）三种趋势都是有充分依据的。许多人习惯上认为市场只有两种趋势方向，要么上升，要么下降。但是事实上，市场具有三种运动方向，即上升、下降以及横向延伸。

据统计，至少有 1/3 的时间，价格处在水平延伸的形态中，属于交易区间，所以弄清楚这个区别颇为重要。这种水平伸展的状况表明，市场在一段时间内处于均衡状态，也就是说，在上述价格区间中，供求双方的力量达到了相对的平衡。不过，虽然我们把这种持平的市场定义成横向延伸趋势，但是更通俗的说法还是"没有趋势"。

大多数技术分析工具在本质上都是顺应趋势的，其主要设计意图在于追随上升或下降的市场。当市场进入这种持平的或者说"没有趋势"的阶段时，它们通常表现拙劣，甚至根本不起作用。恰恰是在这种市场横向延伸的时期，趋势投资者最易受挫折，而采用交易系统的投资者也蒙受着最大的损失。

顾名思义，对顺应趋势系统来说，首先必须有趋势可循，然后才能施展功用。所以，失败的根源不在于系统本身，而是在于投资者，是投资者操作错误，把设计要求在趋势市场条件下工作的系统，运用到没有趋势的市场环境之中。

投资者有三种选择，第一，先买后卖（做多头）；第二，先卖后买（做空头）；第三，空仓等待。当市场上升的时候，先买后卖是上策。而在市场下跌的时候，第二种选择则是首选。顺理成章，遇到市场横向延伸的时候，第三个办法，即空仓等待通常是最明智的，如图 8.2 所示。

图8.2　中艺的"综合指数"（100001）的日K线图

8.1.3　趋势的分类

趋势不仅具有三种方向，而且还有三种类型，分别是主要趋势、次要趋势和短暂趋势，如图 8.3 所示。

（1）主要趋势

主要趋势，又称为长期趋势，通常运行时间在一年以上。主要趋势是价格运行趋势的基本趋势，是投资者努力要弄清楚的方向性问题，只有了解了主要趋势，投资者才能做到顺势而为。如果主要趋势是上升趋势，则称为牛市，说明市场非常活跃；如果主要趋势是下降趋势，则称为熊市，说明市场萎靡不振，持续向下。

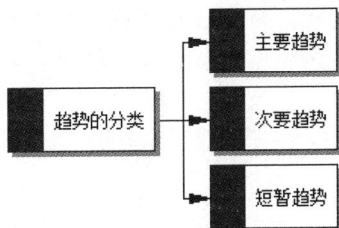

图8.3　趋势的分类

（2）次要趋势

次要趋势，又称为中期趋势，通常运动时间为 3 周到 3 个月。当价格持续上涨到一定阶段时，往往会进行局部的调整，这个调整的任务是由次要趋势来完成的。至于价格会调整多少，可以是主要趋势波幅的 1/3、1/2 或 2/3。如果调整过大，那么就不是价格在做调整，而是主要趋势反转了。3 周到 3 个月的次要趋势运动时间，往往是投资者做波段交易的主要时间段。

（3）短暂趋势

短暂趋势，又称为短期趋势，一般运行时间在 3 周之内。短暂趋势是在次级趋势中进行的价格调整运动，它多数时候与主要趋势同方向。短暂趋势可以调整到中期趋势波幅的 1/3、1/2 或 2/3，如果调整过大，就不是价格在调整了，而是主要趋势继续发力。趋势的类型如图 8.4 所示。

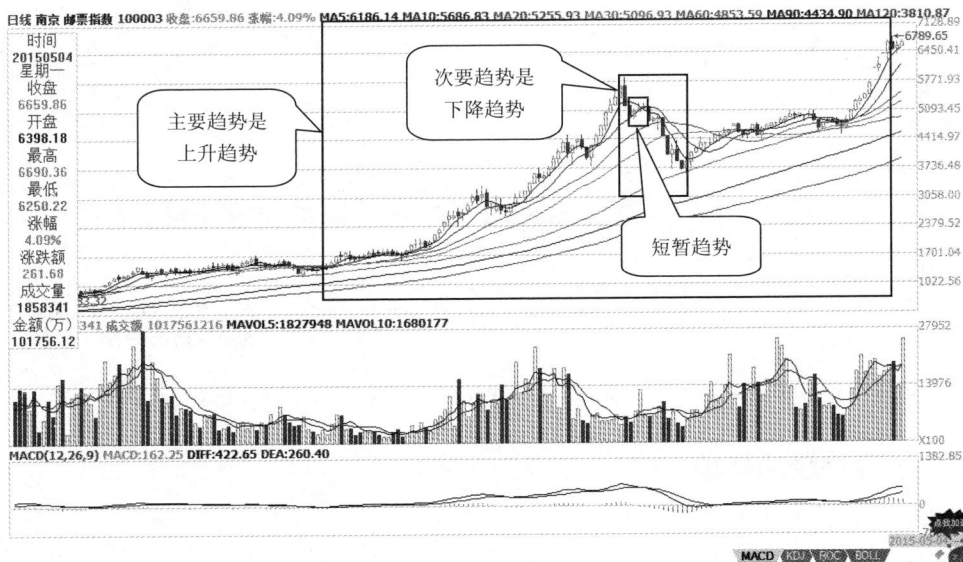

图8.4　南京的"邮票指数"（100003）的日K线图

提醒：一个长期趋势包括多个中期趋势，而一个中期趋势包括多个短期趋势。在

分析趋势的过程中，应按照从长到短的原则。长期趋势制约中期趋势，中期趋势制约短期趋势，而中期趋势是至关重要的，起着承上启下的作用。

8.2 初识趋势线

在分析趋势时，往往通过绘制趋势线来进行分析。画趋势线是衡量趋势发展的手段，并且趋势线的方向可以明确地看到价格的发展方向。

8.2.1 趋势线的定义

趋势线的绘制方法很简单，在上升趋势中，将两个明显的反转低点连成一条直线，就可以得到上升趋势线，上升趋势线起支撑作用；在下降趋势中，将两个明显的反转高点连成一条直线，就可以得到下降趋势线，下降趋势线起阻力作用。

图 8.5 所示为中艺的"综合指数"（100001）的上升趋势线和下降趋势线。

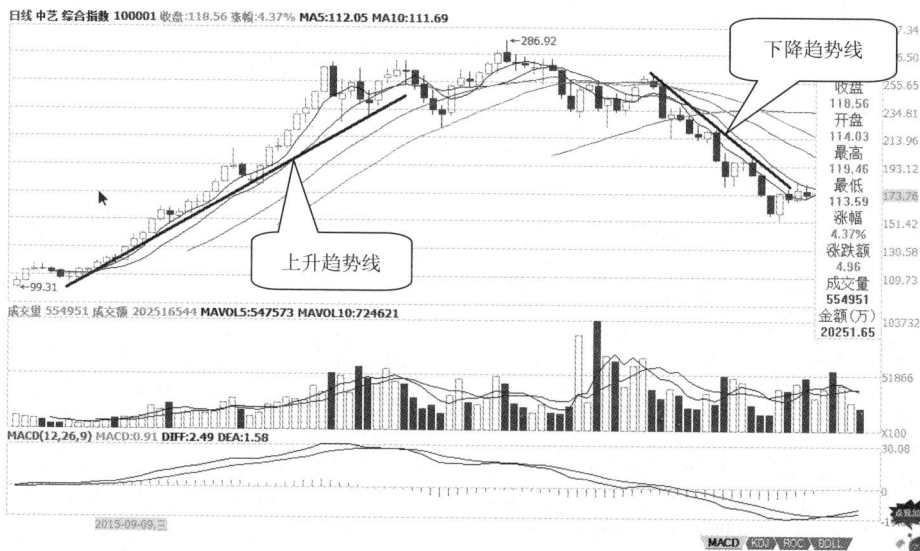

图8.5　中艺的"综合指数"（100001）的上升趋势线和下降趋势线

8.2.2 趋势线的类型

从方向上来讲，趋势线可分为上升趋势线和下降趋势线。上升趋势线预示价格的趋势是向上的；下降趋势线预示价格的趋势是向下的。

从时间上来说，趋势线可分为长期趋势线、中期趋势线和短期趋势线。长期趋势线是联结两大浪的谷底或峰顶的斜线，跨度时间为几年，它对市场的长期走势将产生

很大的影响；中期趋势线是联结两中浪的谷底或峰顶的斜线，跨度时间为几个月，甚至一年以上，它对市场的中期走势将产生很大的影响；短期趋势线是联结两小浪的谷底或峰顶的斜线，跨度时间不超过 2 个月，通常只有几个星期，甚至几天的时间，它对市场的走势只起短暂影响。

8.2.3　趋势线的作用

趋势线简单、易学，但它对邮币卡的中长期走势却有着相当重要的作用。投资市场有句名谚："不要与趋势抗衡"，即要顺应潮流，跟着趋势走。所以在市场中，只有看清大势（长期趋势），分清中期趋势，不为短期趋势的反向波动所困惑，才能成为真正的赢家。

趋势线对后市的价格起约束作用，上升趋势线可以支撑价格的上涨；下降趋势线对价格起压制作用。当趋势线被突破后，价格下一步的走势将沿着新的趋势线运行，原有趋势线的作用会转换。上升趋势线的作用如图 8.6 所示；下降趋势线的作用如图 8.7 所示。

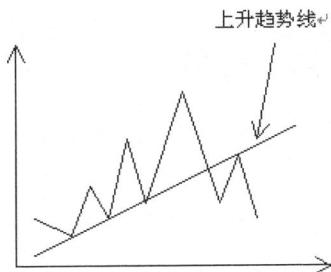

图8.6　上升趋势线的作用　　　　图8.7　下降趋势线的作用

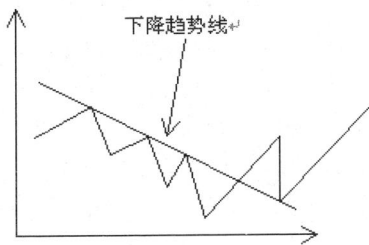

提醒：影响趋势线的可靠性因素有趋势线被价格触及的次数、趋势线的倾斜角度、趋势线形成的时间跨度。一般来说，趋势线被价格触及的次数越多，倾斜角度越小、形成的时间跨度越长，则其预测价格波动的可靠性越大。

8.3　支撑线和压力线

支撑线，又称为抵抗线，是指价格跌到某个价位附近时，价格停止下跌甚至回升。支撑线起到阻止价格继续下跌的作用。支撑线是价格运行 K 线图形上每一谷底最低点之间的切线，意思是价格在此线附近具有相当高的买进意愿。

压力线，又称为阻力线，是指价格上涨到某个价位附近时，价格停止上涨甚至回落。压力线起到阻止价格继续上涨的作用。压力线是价格运行 K 线图形上每一波峰最高点之间的切线。

8.3.1　支撑线和压力线的成因

支撑线和压力线是趋势分析的重要方法，其形成原因一般为价格在某个区域内上下波动，并且在该区域内累积了较大的成交量，这样价格冲过或者跌破该区域后，该区域就会成为价格的支撑线或压力线。

支撑线和压力线并不仅产生于成交密集区。当行情恢复到上一波大涨或大跌行情的 50%时，会稍加休息，即在这个区间产生一根支撑线，原因是为大多数投资者的心理因素所致，是技术上的卖出、买入价位。此外，投资者会自觉地将当前价格与过去曾经出现的价格进行对比，所以阶段性的最低价位和最高价位往往也是投资者的心理支撑线和压力线。

8.3.2　支撑线和压力线的应用

由于支撑线可以使价格停止下跌，压力线可以使价格停止上涨，因此当形成支撑线和阻力线后，投资者可预测未来价格涨跌的界限和区间。

支撑线和压力线被有效突破是长期趋势、中期趋势将发生变化的重要信号。有效突破的标志有两种情况，第一种是，日 K 线图上价格连续三天在支撑线或压力线外运行；第二种是，收盘价突破支撑线或压力线超过 3%的幅度。

另外，支撑线和压力线之间存在互换的规律，其形成原因主要在于投资者的心理因素。压力线一旦被冲过，便成为下一个跌势的支撑线；而支撑线一经跌破，将会成为下一个涨势的压力线。压力线转换成支撑线如图 8.8 所示；支撑线转换成压力线如图 8.9 所示。

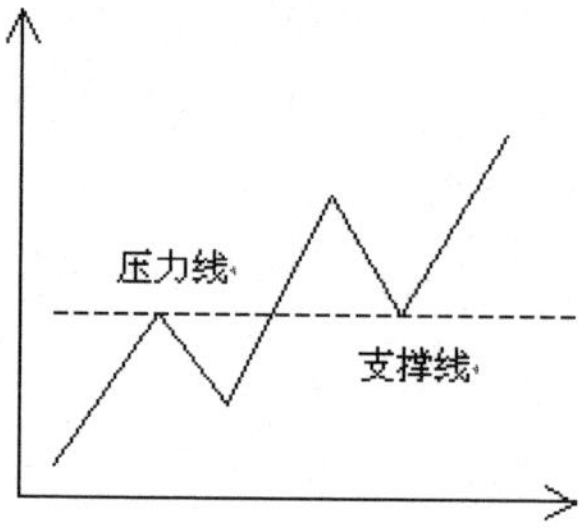

图8.8　压力线转换成支撑线 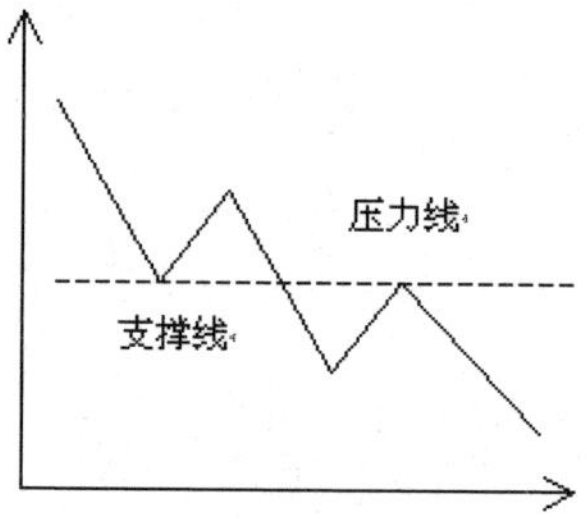　　　　图8.9　支撑线转换成压力线

8.4　趋势线的类型

为了更好地运用趋势线，可以把上升趋势线细分为 4 种，分别是上升支撑线、慢速上升趋势线、快速上升趋势线和新的上升趋势线；下降趋势线也可以细分成 4 种，分别是下降压力线、慢速下降趋势线、快速下降趋势线和新的下降趋势线。

8.4.1　上升支撑线和下降压力线

上升支撑线，又称为上升趋势线，其特征是：价格回落的低点呈现明显的上移态势。此时，如果将最先出现或最具有代表意义的两个低点联结，就会形成一条向上的斜线。上升支撑线的图形如图 8.10 所示。

从技术上来讲，上升支撑线的出现，表示空方的气势越来越弱，而多方的气势越来越强，投资者可以逢低吸筹，在转向之前持筹待涨，这样可以获得不错的收益。

下降压力线，又称为下降趋势线，其特征是：价格回落的低点呈现明显的下移态势。此时，如果将最先出现或最具有代表意义的两个高点联结，就会形成一条向下的斜线。下降压力线的图形如图 8.11 所示。

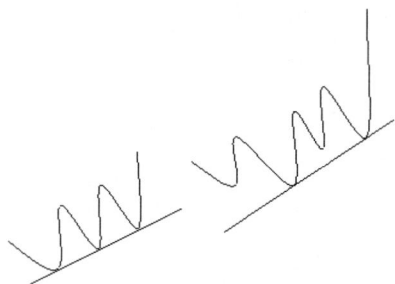

图8.10　上升支撑线　　　　　　图8.11　下降压力线

从技术上来讲，下降压力线的出现，表示多方的气势越来越弱，而空方的气势越来越强，投资者可以看空、做空。

8.4.2　慢速上升趋势线和慢速下降趋势线

慢速上升趋势线出现在以慢速上升趋势为主的快慢趋势线组合中，其维持时间比快速上升趋势线长，预示了价格运行的中长期趋势是向上的，具有长期支持价格上升的作用。慢速上升趋势线的图形如图 8.12 所示。

价格只要在慢速上升趋势上方运行，就应该坚持逢低看多、做多，采取持筹待涨策略。

慢速下降趋势线出现在以慢速下降趋势为主的快慢趋势线组合中，其维持时间比快速下降趋势线长，预示了价格运行的中长期趋势是向下的，具有长期压制价格上升的作用。慢速下降趋势线的图形如图 8.13 所示。

价格只要在慢速下降趋势线下方运行，就应该坚持看空，采取逢高做空的策略。

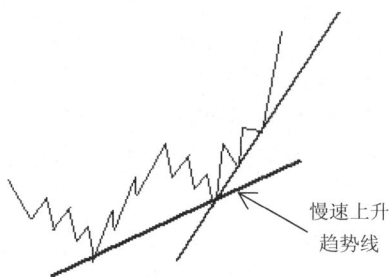

图8.12　慢速上升趋势线　　　　　图8.13　慢速下降趋势线

8.4.3　快速上升趋势线和快速下降趋势线

快速上升趋势线既可以出现在以慢速上升趋势为主的快慢趋势线组合中，也可以出现在以慢速下降趋势为主的快慢趋势线组合中，其维持时间比慢速趋势线短。快速上升趋势线的图形如图 8.14 所示。

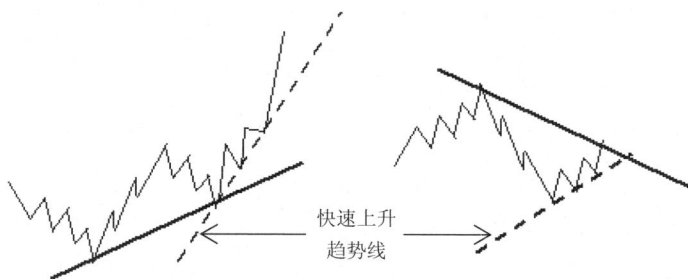

图8.14　快速上升趋势线

快速上升趋势线预示了价格运行的短期趋势是向上的，具有短期支持价格上升的作用。但是，快速上升趋势线在以慢速上升趋势线为主与以慢速下降趋势线为主的快慢趋势线组合中，发挥的作用是不同的。前者因为价格总体是向上的，投资者在快速上升趋势线上方做多获利机会较多，而后者因为价格总体是处于下降态势，投资者在快速上升趋势线上方做多，风险很大，一不小心就会被套。所以快速上升趋势出现在以慢速下降趋势线为主的快慢趋势线组合中时，除非你是激进型投资者，同时对市场变化又十分敏感，才可以用少量资金做反弹，否则还是看空、做空为妙。

快速下降趋势线可以出现在以慢速上升趋势为主的快慢趋势线组合中，也可以出现在以慢速下降趋势为主的快慢趋势线组合中，其维持时间比慢速趋势线短。快速下降趋势线的图形如图 8.15 所示。

快速下降趋势线预示了价格运行的短期趋势是向下的，具有短期压制价格上升的作用。但是，并不是快速下降趋势线出现后，就看空、做空。只有当快速下降趋势线出现在以慢速下降趋势线为主的快慢趋势线组合中时，才需要看空、做空。

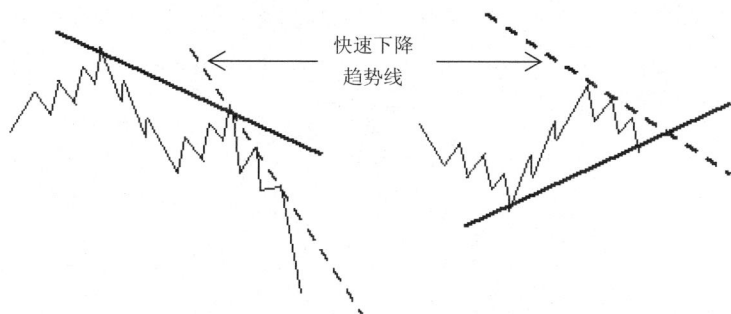

图8.15　快速下降趋势线

当快速下降趋势线出现在以慢速上升趋势线为主的快慢趋势线组合中时，因为价格总体是向上的，价格回落无论是在时间上，还是在空间上都较为有限，价格最终还是会继续上行。所以，在此如果过分看空、做空，则很容易失去筹码，即被主力清洗出局。

总之，当快速下降趋势线出现在以慢速上升趋势线为主的快慢趋势线组合中时，除非你是激进型投资者，并且对市场变化又十分敏感，才可以适时做空。一般投资者可以不理会短期波动，持筹待涨，这样就可以成为市场大赢家。

8.4.4　新的上升趋势线和新的下降趋势线

新的上升趋势线的特征是：在上涨行情中，上升趋势线向下破位后，不是反转向下，而是继续上升且收盘创出新高。新的上升趋势线的图形如图 8.16 所示。

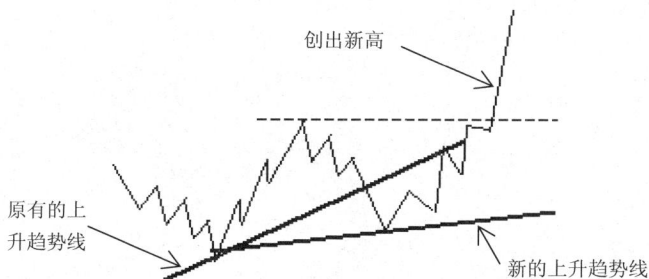

图8.16　新的上升趋势线

从技术上来讲，新的上升趋势线是做多信号，并且新的上升趋势线出现后，往往都有一段比较好的上升趋势。另外，还要注意，新的上升趋势线出现后，原有的上升趋势线就失去了参考意义。

新的上升趋势线确定后，就可以说明前期价格下穿原先的上升趋势线，是主力刻意打压所致，是为了诱空而故意设置的一个空头陷阱，目的是为了清洗浮筹，蓄势后再次发动新的一轮上攻。投资者这时应该看多，准备随时进场。

新的下降趋势线的特征是：下降趋势线被有效突破后，不是反转向上，而是继续

下降且收盘创出新低。新的下降趋势线的图形如图 8.17 所示。

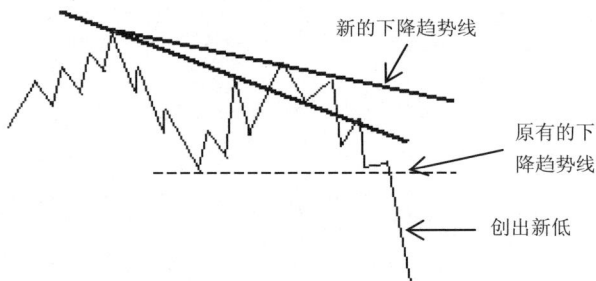

图8.17　新的下降趋势线

从技术上来讲，新的下降趋势线是看跌信号，它表明市场正处于空方的控制之下。原先的下降趋势线被有效突破后，多方没有继续上攻，空方却发动了新一轮的攻势。另外，还要注意，新的下降趋势线出现后，原有的下降趋势线就失去了参考意义。

8.5　趋势线的实战技巧

下面通过具体实例讲解一下趋势线的实战技巧。

8.5.1　上升趋势线的实战技巧

图 8.18 所示为中艺的"06 华侨套票"（602004）2015 年 8 月 24 日至 2016 年 1 月 12 日的日 K 线图。

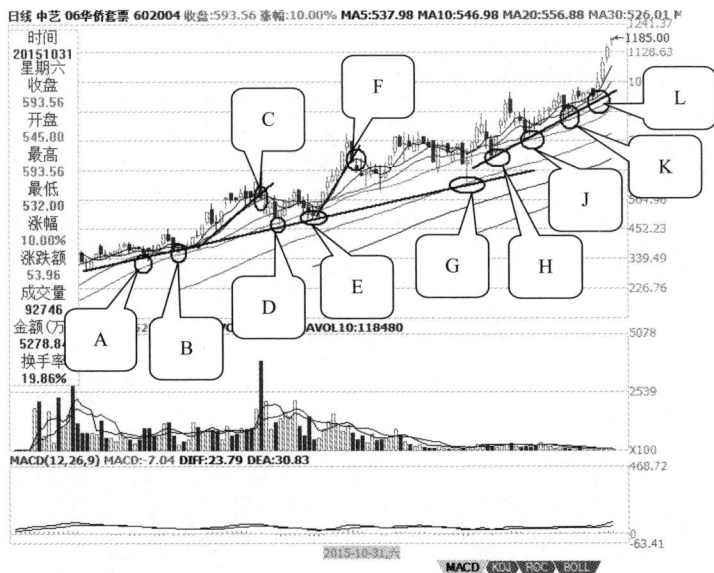

图8.18　中艺的"06华侨套票"（602004）2015年8月24日至2016年1月12日的日K线图

"06 华侨套票"（602004）沿着均线缓慢上涨，这样既可绘制上升趋势线。当价格回调到上升趋势线附近时，就是较好的做多机会，即 A 处和 B 处，都是不错的做多机会。

价格缓慢上涨之后，出现了一波快速上涨，这样就可以绘制快速上升趋势线，只要价格不跌破快速上升趋势线，多单就可以持有。一旦价格跌破快速上升趋势线，多单应果断止赢，等回调到上升趋势线（慢速上升趋势线）附近，再介入多单。所以 C 处，是多单止赢的位置，而 D 处和 E 处是新的做多介入位置。

同理，F 处也是多单止赢的位置，而 G 处又是新的做多机会。

绘制快速上升趋势线后，每当价格回调到快速上升趋势线附近，都是不错的做多机会，即 H、J、K 和 L 处。

8.5.2　下降趋势线的实战技巧

邮币卡的价格形成下跌趋势之后，一条下降趋势线如同一把利剑将价格的上升之路封死，每当它们反弹到这条下降趋势线附近时，就会在该利剑的威逼下，调头向下，如图 8.19 所示。

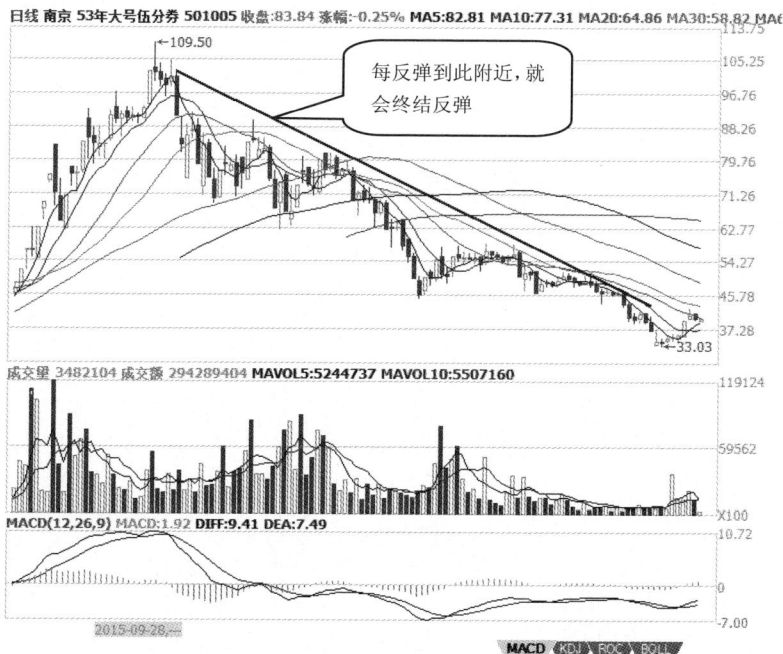

图8.19　"53年大号伍分券"（501005）2015年9月10日至2016年2月19日的日K线图

一般情况下，一旦一剑封喉形成，就会在较长的一段时间内对做多的投资者产生强大的威慑力。因此有经验的投资者会在反弹到该附近位置时，抄底多单及进出发局。

8.5.3　趋势线应用注意事项

趋势线根据价格波动时间的长短分为长期趋势线、中期趋势线和短期趋势线。长期趋势线应选择长期波动点作为画线依据，中期趋势线则是中期波动点的连线，而短期趋势线建议利用 30 分钟或 60 分钟 K 线图的波动点进行连线。

画趋势线时应尽量先画出不同的实验性线，待价格变动一段时间后，保留经过验证能够反映波动趋势、具有分析意义的趋势线。

趋势线的修正。以上升趋势线的修正为例，当价格跌破上升趋势线后又迅速回到该趋势线上方时，应将原使用的低点之一与新低点相连接，得到修正后的新上升趋势线，能更准确地反映出价格的走势。

趋势线不应过于陡峭，否则很容易被横向整理突破，失去分析意义。在研判趋势线时，应谨防主力利用趋势线做出的"陷阱"。一般来说，在价格没有突破趋势线以前，上升趋势线是每一次下跌的支撑，下降趋势线则是价格每一次回升的阻力。价格在突破趋势线时，如果出现缺口，极有可能出现反转走势，并且出现反转后价格走势有一定的力度。价格突破下降趋势线的阻力而上升时，一般需要大成交量的配合，而价格向下突破上升趋势线时，成交量一般不会放大，而是在突破后几天内成交量急剧放大。

第 9 章

邮币卡的形态分析技术

根据多年实战经验可知，利用 K 线和 K 线组合，可以预测 1～3 天的未来行情，即可以利用 K 线和 K 线组合技术做短线操作。如果想要抓住 3 周到 3 个月的中期趋势行情，即波段行情，就要学习和训练 K 线形态技术。

本章主要内容：

- 什么是反转形态
- 反转形态的特征
- 什么是持续形态
- 头肩形反转形态实战技巧
- 倒头肩形反转形态实战技巧
- 双重顶和双重底反转形态实战技巧
- V 形反转形态实战技巧
- 三角形持续形态实战技巧
- 旗形持续形态实战技巧
- 楔形持续形态实战技巧

9.1 初识形态

价格的运行总伴随着上涨和下跌，根据前面讲解的趋势分析可知，如果在某一时期，趋势向上，虽然有时出现下跌，但却不影响升势，即价格不断创出新高，使得投资者看好后市；如果在某一时期，趋势向下，虽然有时出现上涨，但却不影响跌势，即价格不断创出新低，使得投资者看淡后市。

从一种趋势向另一种趋势转换，通常需要一段时间，在这段时间内，如果趋势转换成功，就是反转形态；如果转换不成功，即按照原来的趋势运行，就是持续形态。

9.1.1 反转形态

反转形态，意味着趋势正在发生重要反转，价格运行方向也会发生改变，由原来的上升趋势转换为下降趋势；或者由原来的下降趋势转换为上升趋势。

反转形态的形成起因于多空双方力量对比失去平衡，变化的趋势中一方的能量逐渐被耗尽，另一方转为相对优势。它预示着趋势方向的反转，价格在多空双方力量平衡被打破之后探寻新的平衡。在外汇市场中，反转形态是重要的买入或卖出信号，所以投资者要掌握并灵活运用反转形态。反转形态如图 9.1 所示。

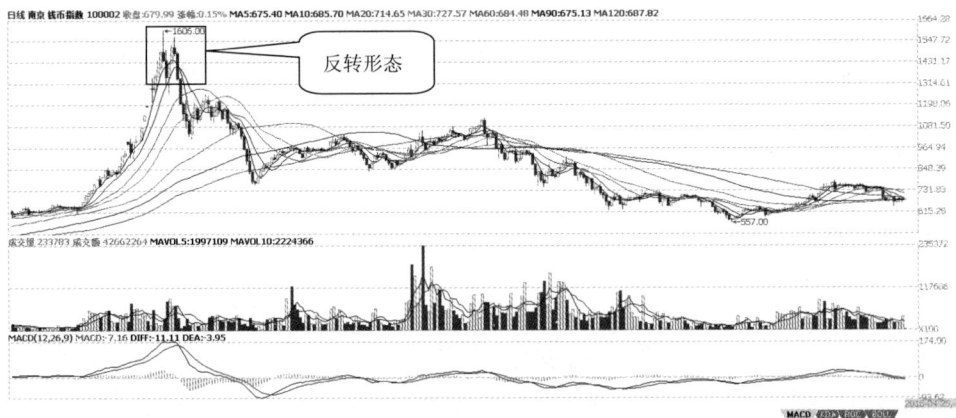

图9.1　南京的"钱币指数"（100002）的日K线图

反转形态主要包括头肩形、双重顶（底）、V 形顶（底）、圆弧顶（底）等形态。

9.1.2 反转形态的特征

在单独研究各个主要反转形态之前，需要注意反转形态所共有的特征。从整体把握上来说，这是相当重要的。

（1）事先存在趋势的必要性

市场上确有趋势存在是所有反转形态存在的先决条件。市场必须先有明确的趋势，然后才有反转。

在 K 线图上，偶尔会出现一些与反转形态相似的图形，但是如果事前并无趋势存在，那么它便无物可反，因而意义有限。我们在辨识形态的过程中，正确把握趋势的总体结构，有的放矢地对最有可能出现一定形态的阶段提高警惕，是成功的关键。

正因为反转形态事先必须有趋势可反，所以它才具备了测算意义。大多数测算技术仅仅给出最小价格目标。那么，反转的最大目标是多少呢？就是事前趋势的起点，它的终点就是回到它的起点。如果市场发生过一轮主要的牛市，并且主要反转形态已经完成，就预示着价格向下运动的最大余地便是 100% 的回撤整个牛市。

（2）重要趋势线的突破

即将降临的反转过程，经常以突破重要的趋势线为其前兆。不过需要注意的是，主要趋势线被突破，并不一定意味着趋势的反转。这个信号本身的意义是，原趋势正有所改变。

主要向上趋势线被突破后，或许表示横向延伸的价格形态开始出场，之后随着事态的进一步发展，我们才能够把该形态确认为反转型或连续型。在有些情况下，主要趋势线被突破与价格形态的完成恰好同步实现。

（3）形态的规模越大，则随之而来的市场动作越大

所谓规模大小，是就价格形态的高度和宽度而言的。高度标志着形态波动性的强弱，而宽度则代表着该形态从发展到完成所花费的时间。

形态的规模越大，即价格在形态内摆动的范围（高度）越大、经历的时间（宽度）越长，那么该形态就越重要，随之而来的价格运动的余地就越大。

（4）顶和底的差别

顶部形态与底部形态相比，"顶"的持续时间短但波动性更强。在顶部形态中，价格波动不仅幅度更大，而且更剧烈，它的形成时间也较短。底部形态通常具有较小的价格波动幅度，但耗费的时间较长。正因为如此，辨别和捕捉市场底部比捕捉其顶部，通常来得容易些，损失也相应少些。

对喜欢"猜顶"的投资者来说，一定要注意价格通常倾向于跌快而升慢，因而顶部形态虽然难于对付，却也自有其引人之处。通常，投资者在捕捉住熊市的卖出机会时比抓住牛市的买入机会时，盈利快得多。事实上，一切都是风险与回报之间的平衡。较高的风险从较高的回报中获得补偿，反之亦然。顶部形态虽然很难捕捉，却也更具盈利的潜力。

（5）成交量在验证向上突破信号时更具重要性

成交量通常顺着市场趋势的方向相应地增长，这是验证所有价格形态完成与否的重要线索。任何形态在完成时，均应伴随着成交量的显著增加。但是，在趋势的顶部反转过程的早期，成交量并不如此重要。一旦熊市潜入，市场惯于"因自重而

下降"。技术分析者希望看到，在价格下跌的同时，交易活动也更为活跃。不过，在顶部反转过程中，这不是关键。然而，在底部反转过程中，成交量的相应扩张，却是绝对必需的。如果当价格向上突破的时候，成交量形态并未呈现出显著增长的态势，那么整个价格形态的可靠性，就值得怀疑了。

9.1.3 持续形态

持续形态，是指价格维持原有的运动轨迹。市场事先确认有趋势存在，是持续形态成立的前提。

市场经过一段趋势运动后，积累了大量的获利筹码，随着获利盘纷纷套现，价格出现回落，但同时对后市继续看好的投资者大量入场，对市场价格构成支撑，因而价格在高价区小幅震荡，市场采用横向运动的方式消化获利筹码，重新积聚了能量，然后又恢复原先的趋势。持续形态即为市场的横向运动，它是市场原有趋势的暂时休止。

与反转形态相比，持续形态形成的时间较短，这可能是市场惯性的作用，保持原有趋势比扭转趋势更容易。持续形态形成的过程中，价格震荡幅度应当逐步收敛，同时成交量也应当逐步萎缩。最后在价格顺着原趋势方向突破时，应当伴随着大的成交量。

持续形态的完成过程往往不会超过3个月，而且多数出现在日K线图上，周K线图上很少出现，在月K线图中几乎没有出现过。整理时间不长的原因是：整理经不起太多的时间消耗，士气一旦疲软，则继续原有趋势就会产生较大的阻力。

对于持续形态，如果是中长线投资者，那么在整个持续形态中可以不进行操作，等到形势明朗后，才去具体操作。但对于短线投资者来说，不可以长达3个月不进行操作，而应该以K线的逐日观察为主。也就是说，当价格在这些形态中来回折返的时候，也会产生很多次短线交易机会。因此，短线投资者对长期价格形态并不在意，而仅仅是对某些重要的突破位比较在意。持续形态如图9.2所示。

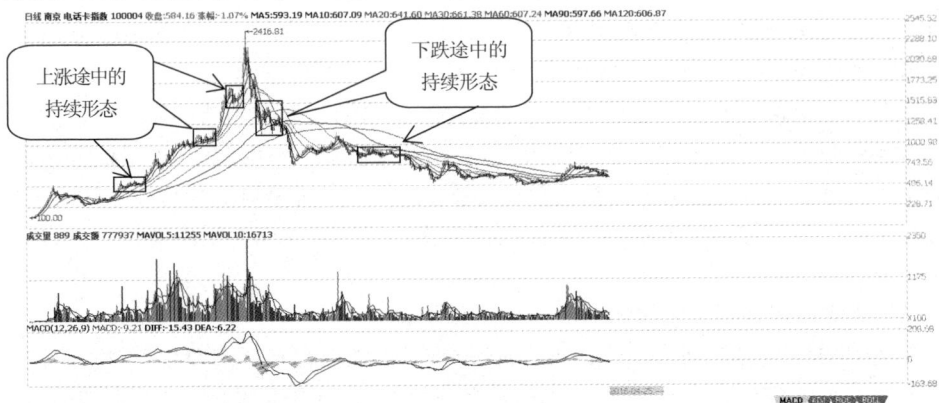

图9.2 南京的"电话卡指数"（100004）的日K线图

9.2　反转形态实战技巧

反转形态可分为两类，分别是顶部反转形态和底部反转形态，下面来详细讲解一下。

9.2.1　头肩形反转形态实战技巧

头肩形反转形态是最著名、最可靠的反转形态，其形态图形如图 9.3 所示。

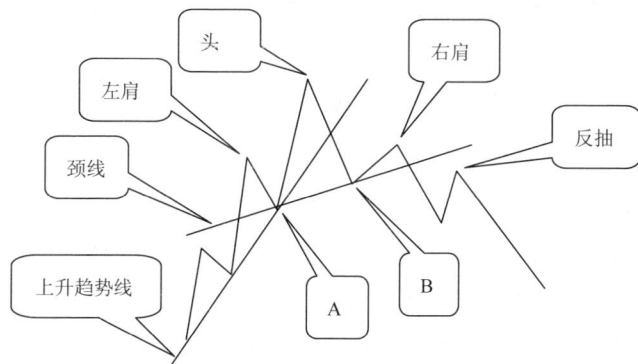

图9.3　头肩形反转形态

在头肩形反转形态中，左肩和右肩的高度相差无几，头比两肩高。下面来看一下头肩形的形成过程。

在形成左肩的过程中，上升趋势一如既往，毫无反转的迹象。在回调过程中，也很正常，即回调到 A 点时受到上升趋势线的支撑。

在形成头的过程中，虽然价格创出了新高，但一般情况下成交量会减少。虽然这个变化本身并不具有重要意义，但是这时候，投资者需要提高警惕。

价格在回调时，出现了一些令人不解的问题，即这次回调跌破了上升趋势线，然后在 B 点止跌，止跌后反弹高度没有突破前期高点，也没有突破上升趋势线，即右肩高点比头低，也没有突破上升趋势线。一般情况下，成交量也会缩小，这表明上升趋势很可能就此结束。

这样，左肩回调低点 A 和头部回调低点 B 的连线就是头肩形的颈线。颈线可以是水平直线，也可以是向下或向上倾斜的斜线。

如果价格跌破颈线，则表明头肩形反转形态形成。

一般情况下，价格跌破颈线后会有反抽，即价格重新反弹到颈线附近，但不会再突破颈线。

形成头肩形的各要素具体如下：

● 事先是上升趋势。
● 左肩伴随着较大的交易量，随后市场向下调整到 A 点。

- 缩量上涨，创出新高，即形成头部。
- 随后的下跌低于左肩，且接近前一个向上反弹低点 A。
- 第三轮的上冲具有明显的缩量，并且无力再创出新高。
- 再次下跌，并且跌破颈线。
- 反抽，但没有突破颈线，然后再下跌并且创出新低。

图 9.4 所示为南京的"杨家埠小全张"（601002）2015 年 8 月 25 日至 2016 年 1 月 13 日的日 K 线图。

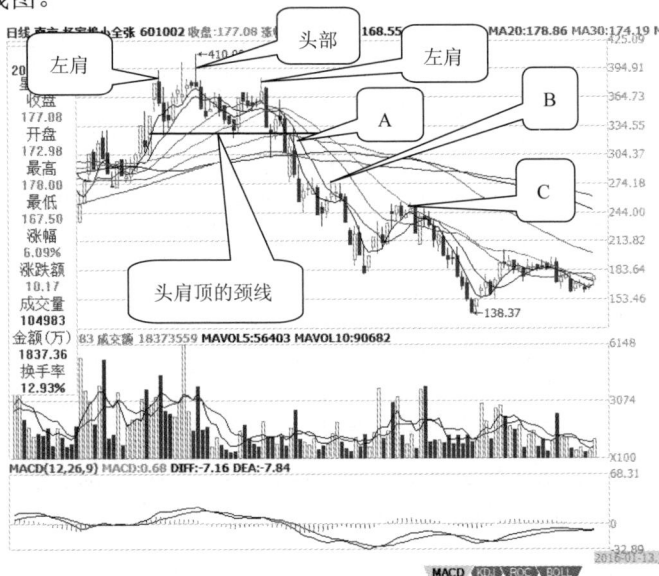

图9.4 "杨家埠小全张"（601002）2015年8月25日至2016年1月13日的日K线图

"杨家埠小全张"（601002）经过几波上涨之后，开始在高位震荡筑顶。在震荡过程中出现了头肩顶形态，当价格跌破头肩顶形态颈线后，表明价格要开始下跌了，所以手中持有多单的投资者一定要及时出局。

如果跌破头肩顶形态颈线后，没有及时出局，那么再度反弹到头肩顶颈线时，就是出局的最后机会，即 A 处。

价格在下跌过程中，也有反弹，但反弹都比较弱，如果有抄底多单，一定要及时出局，即 B 处。

在 C 处，虽然价格出现了一波反弹，但只反弹到 30 日均线附近，所以 30 日均线附近是多单及时止赢的位置。

9.2.2 倒头肩形反转形态实战技巧

头肩形底，又称为倒头肩形，它恰好与头肩形顶互为镜像，如图 9.5 所示。

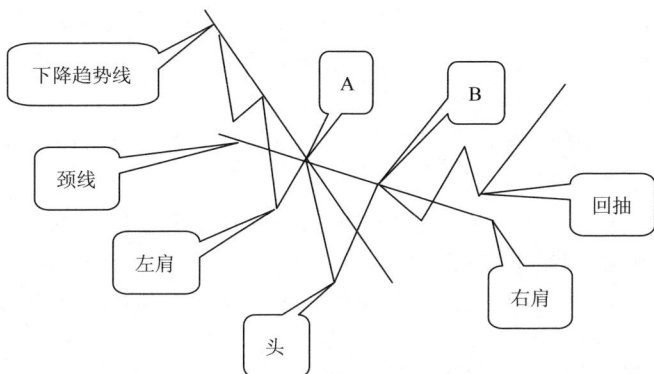

图9.5　倒头肩形

　　倒头肩形有三个清楚的低点，其中头（中间的低点）稍低于两肩低点。收盘价格有效突破颈线，是该形态得以完成的必要条件，而且它的测算空间方法与头肩形相同。

　　头肩形与倒头肩形最重要的区别在于成交量。在判断倒头肩形形态及其突破时，成交量起到关键的验证作用。头肩形形成的下跌具有"因自重而下跌"的倾向性，因此在底部，当市场发动一轮牛市时，必须要具有较多的成交量，也就是说，必须具有显著增强的买进推力。

　　颈线可以是水平的，也可以是向上倾斜的，这两种情况差别不大。如果颈线向下倾斜，则是市场疲弱的一种表现。

　　图 9.6 所示为中艺的"文工农兵"（602014）2015 年 12 月 19 日至 2016 年 3 月 19日的日 K 线图。

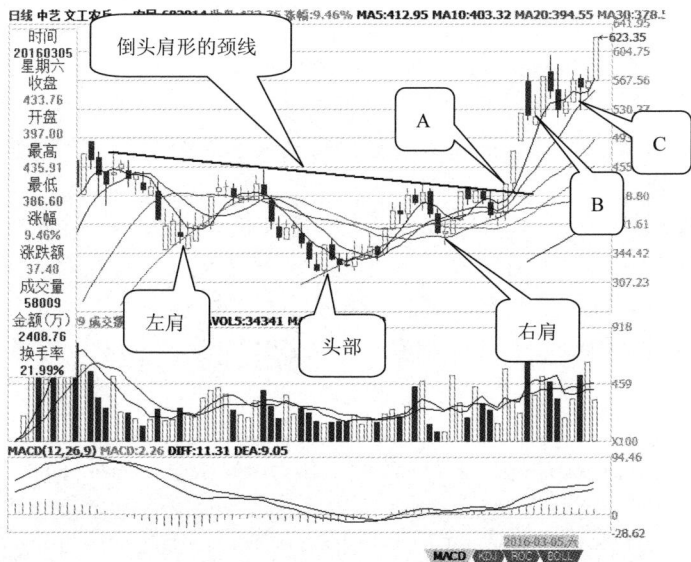

图9.6　中艺的"文工农兵"（602014）2015年12月19日至2016年3月19日的日K线图

143

"文工农兵"（602014）上市之后，出现了连续涨停。随后价格开始震荡，在震荡过程中出现了明显的倒头肩形形态。倒头肩形形态的头部低点是 315 元，右肩低点比左肩低点略高，然后在 A 处，价格突破了头肩底的颈线，这是一个不错的做多位置。

价格突破倒头肩形形态的颈线后，出现了连续大阳线上涨。当价格回调到 5 日均线附近，仍可以介入多单，即 B 处。

只要价格处于明显的上涨行情之中，那么每当价格回调到 5 日或 10 日均线附近，都可以介入多单，即 C 处也是不错的做多位置。

从其后走势来看，在 B 处和 C 处做多的投资者，短时间内仍有不错的盈利空间。

9.2.3　双重顶和双重底反转形态实战技巧

双重顶和双重底反转形态，此种形态仅次于头肩形，出现得很频繁，并且易于辨认。

双重顶，又被称为双顶或 M 顶，其图形如图 9.7 所示。

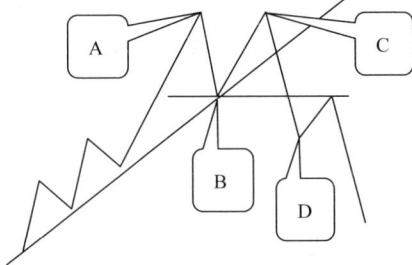

图9.7　双重顶

下面来看一下双重顶的形成过程。

在上升趋势中，市场在 A 点确立了新的高点，通常其成交量会有所增加。然后是缩量回调，回调到 B 点受到上升趋势线的支撑，这时技术形态表现良好。

接着上冲到 C 点，收盘价无法再创出新高，于是开始下跌。此时，一个潜在的双重顶很可能即将形成。

需要注意的是，这里只是可能，因为双重顶反转形态成立的必要条件，只有在收盘价格突破前一个低点 B 的支撑后，这个反转才成立。当价格跌破前期低点 B，然后回抽没有能再次站上颈线，则表示双重顶形态形成。

图 9.8 所示为南京的"城市运动会片"（605012）2015 年 2 月 24 日至 7 月 8 日的日 K 线图。

"城市运动会片"（605012）经过几波震荡上涨之后，先是创出 1 580 元的高点，然后连续四根中阴线下跌。随后价格企稳，开始再度上涨。需要注意的是，最后一波上涨，虽然创出新高，即创出 1 664.51 元的高点，但最后一波上涨连续涨停后，出现了连续跌停，并且跌破了双重顶的颈线。价格跌破双重顶的颈线时，如果手中还持有多单的投资者，一定要及时出局。

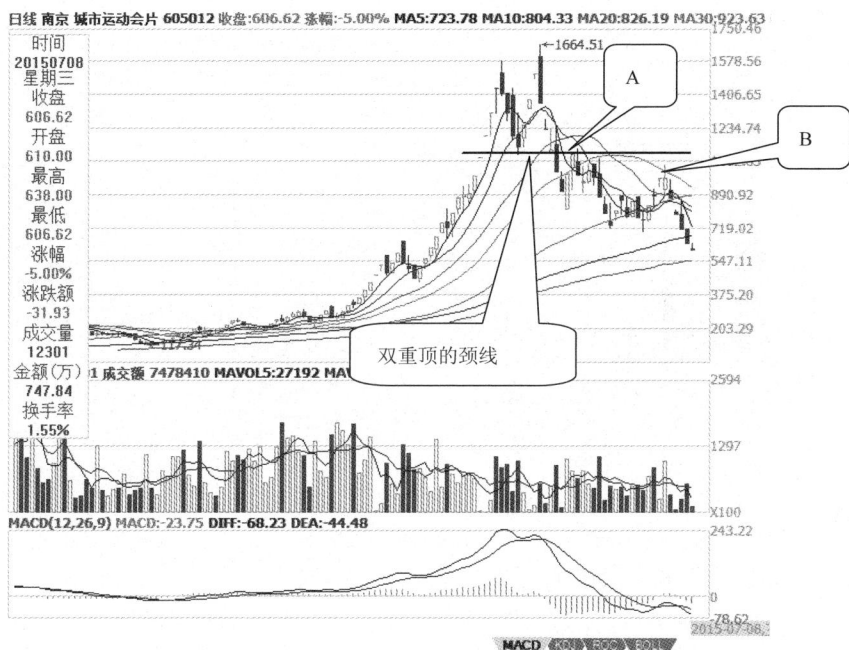

图9.8　"城市运动会片"（605012）2015年2月24日至7月8日的日K线图

价格跌破双重顶颈线后，出现了反弹，反弹到双重顶颈线后，是最后一次多单出局，即 A 处。

价格经过两波下跌之后，跌到 60 日均线附近，价格再度反弹，反弹到 30 日均线就是新的多单出局机会，即 B 处。

另外，还需要注意，双重顶的两个峰，并不处于相同的水平上，有时第二峰相当疲弱，达不到第一峰的高度，这种情况我们可以理解。但当第二峰超过第一峰时，初看起来是向上突破，即恢复了上升趋势，对于这一点，我们要高度重视，否则追高做多，就会被套在最高点上。

判断突破是否成立，首先，主要看收盘价是否超过前一个高峰，而不能仅仅看日内是否穿越。其次，我们还要考虑其突破的高度，如果超过第一个高点的 3%，则很可能突破成功。最后，考虑突破的时间，如果连续 2~3 天，收盘价都在第一个高峰之上，这表明突破很可能成功。

在牛市中，双重顶的第二峰高于第一峰是相当正常的现象，因为这是市场主力在诱多，是牛市陷阱。

双重底，又称为双底，是双重顶的镜像，在向上突破颈线时，成交量的放大是相当重要的，并且突破颈线后，一般会回调，如图 9.9 所示。

图 9.10 所示为南京的"一轮生肖鸡票"（602017）2015年 12 月 18 日至 2016 年 3 月 31 日的日 K 线图。

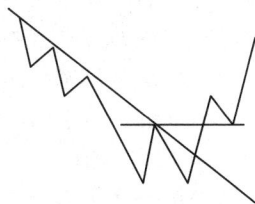

图9.9　双重底

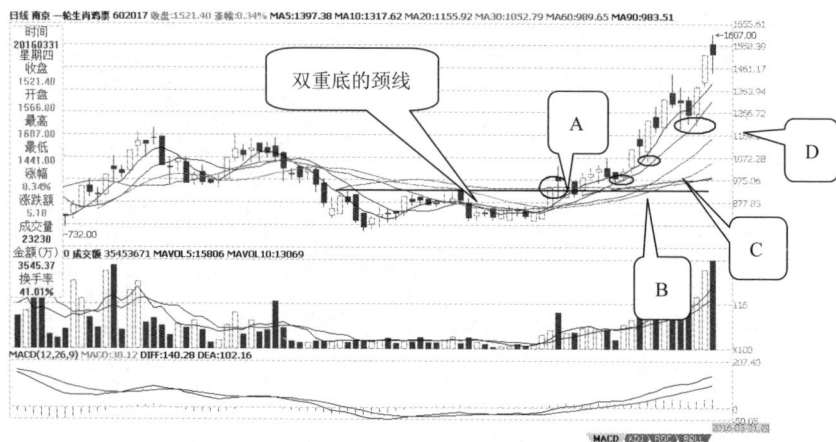

图9.10 "一轮生肖鸡票"（602017）2015年12月18日至2016年3月31日的日K线图

"一轮生肖鸡票"（602017）经过一波大幅回调之后，开始在低位震荡，经过两个月时间的震荡，形成了双重底形态。

在 A 处，价格突破了双重底的颈线，这意味着价格即将开始上涨，所以 A 处是介入多单的位置。

随后价格开始沿着 10 日均线上涨，每当价格回调到 10 日均线附近时，都是不错的做多机会，即 B、C 和 D 处。

需要注意的是，在判断双重顶或双重底时，形态的规模很重要。双峰之间持续的时间越长、形态的高度越大，则即将来临的反转潜力越大。这一点对所有的反转形态都成立。

一般情况下，在最有力的双重顶或双重底形态中，市场至少应该在双峰或双谷之间持续一个月，有时甚至可能达到两三个月之久。

9.2.4 V 形反转形态实战技巧

V 形反转形态在其出现时很难判断，但这种反转形态很常见。前面讲解的各种反转形态，价格都有一段横向延伸的时间，投资者能够利用这个机会研究市场行情，仔细地探索其未来的运动方向。但 V 形反转形态代表的是剧烈的市场反转，与市场逐步改变方向的一般方式不同。当它发生时，几乎没有预兆，趋势会出人意料地突然转向，随即向相反的方向剧烈地运动。

V 形反转形态如图 9.11 所示。

图 9.12 所示为南京的"二滩小型张"（601007）2015 年 12 月 4 日至 2016 年 5 月 4 日的日 K 线图。

如果价格已经过较长时间和较大幅度的下跌，并且幅度较大，投资者一定要谨慎，因为有可能形成了 V 形底，即

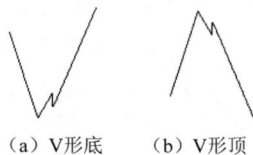

（a）V形底　　（b）V形顶

图9.11　V 形反转形态

价格会有大幅反弹，甚至反转上行，所以空单一定要注意保护盈利，即 A 处。

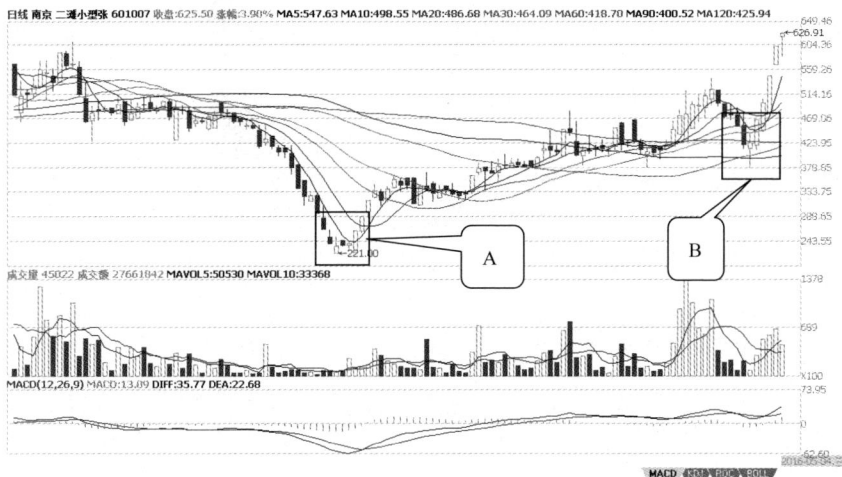

图9.12　"二滩小型张"（601007）2015年12月4日至2016年5月4日的日K线图

如果价格处在明显的上升趋势中，出现了快速回调，形成了 V 形底，就要敢于逢低做多，并且这种操作的风险较小，收益较大，即 B 处。

图 9.13 所示为南京的"为中国喝彩双连"（601006）2015 年 4 月 15 日至 8 月 26 日的日 K 线图。

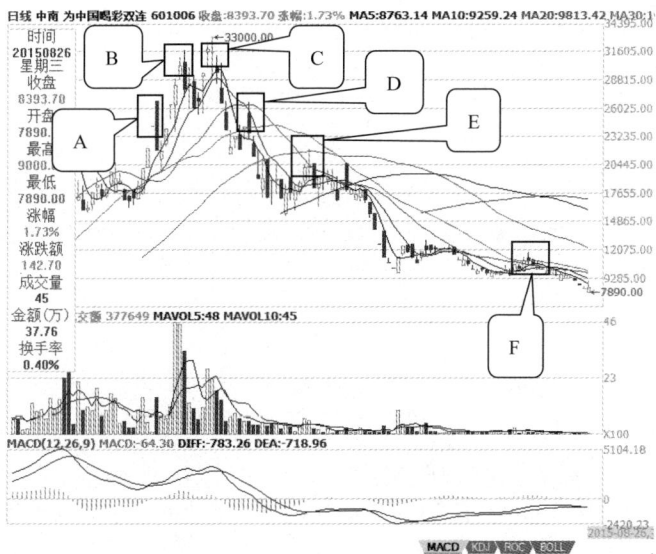

图9.13　"为中国喝彩双连"（601006）2015年4月15日至8月26日的日K线图

如果价格处在明显的上升趋势中，并且价格上涨的幅度不大，若是此时出现 V 形顶，短线需要注意规避风险，但一旦有企稳，仍可以介入多单，即 A 处和 B 处的 V 形顶。

如果价格已经过较长时间的大幅上涨，上涨幅度较大，若是此时出现 V 形顶，就需要注意。多单一定要在第一时间出局，即 C 处的 V 形顶。

如果价格处在明显的下跌趋势中，出现了反弹，反弹出现 V 形顶，往往是抄底多单果断出局的位置，即 D、E 和 F 处。

9.3 持续形态实战技巧

持续形态包括三种，分别是三角形、旗形和楔形，下面详细讲解一下。

9.3.1 三角形持续形态实战技巧

三角形持续形态包括 3 种，分别是收敛三角形、上升三角形、下降三角形。

（1）收敛三角形

收敛三角形既可以出现在跌势中，也可以出现在涨势中，每次上涨的高点连线与每次回落的低点连线相交于右方，呈收敛状，其形状像一把三角形尖刀。收敛三角形的图形如图 9.14 所示。

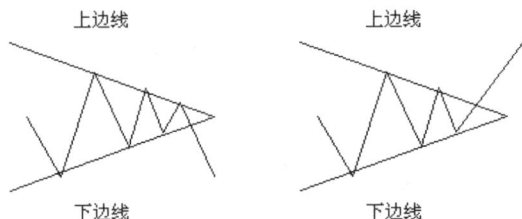

图9.14　收敛三角形

收敛三角形整理后可以向上，也可以向下，是一个观望信号。在涨势中，如果放量收于压力线上方，可加仓做多；如果向下突破，则要看空，所以持有多单的投资者要果断出局。

如果邮币卡的价格处在上升趋势中，在调整的过程中出现了收敛三角形，当价格突破收敛三角形上边线时，要敢于做多，如图 9.15 所示。

"三轮龙大版"（602001）的价格在 A 处突破了收敛三角形的上边线，所以 A 处是一个不错的多单进场点。

如果邮币卡的价格在下跌初期或下跌途中，出现反弹，在反弹过程中出现了收敛三角形，当价格跌破收敛三角形的下边线时，持有多单的投资者一定要及时出局，如图 9.16 所示。

"宝鼎无齿型张"（601016）的价格跌破收敛三角形的下边线时，即 A 处，持有多单的投资者一定要及时出局，否则会亏损惨重。

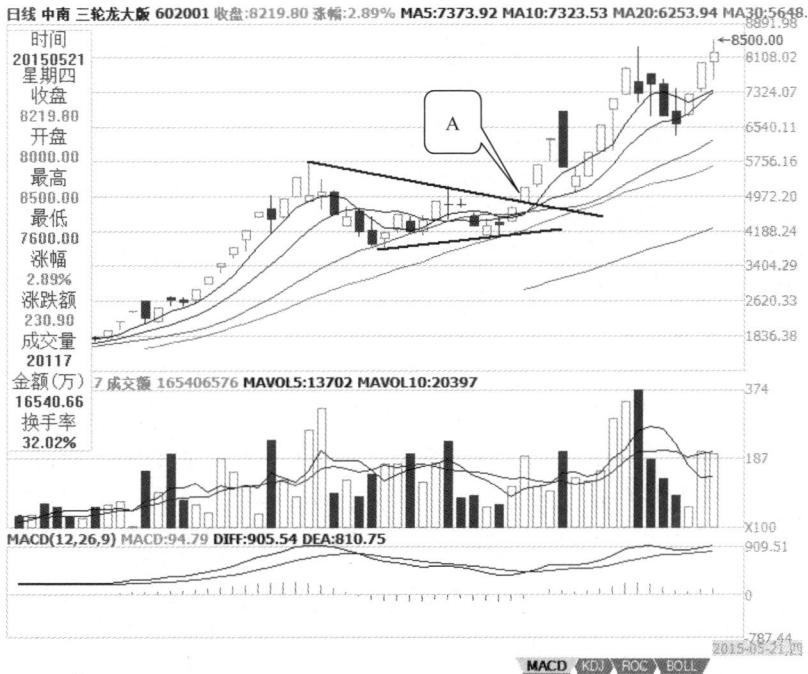

图9.15　中南的"三轮龙大版"（602001）2015年3月21日至5月21日的日K线图

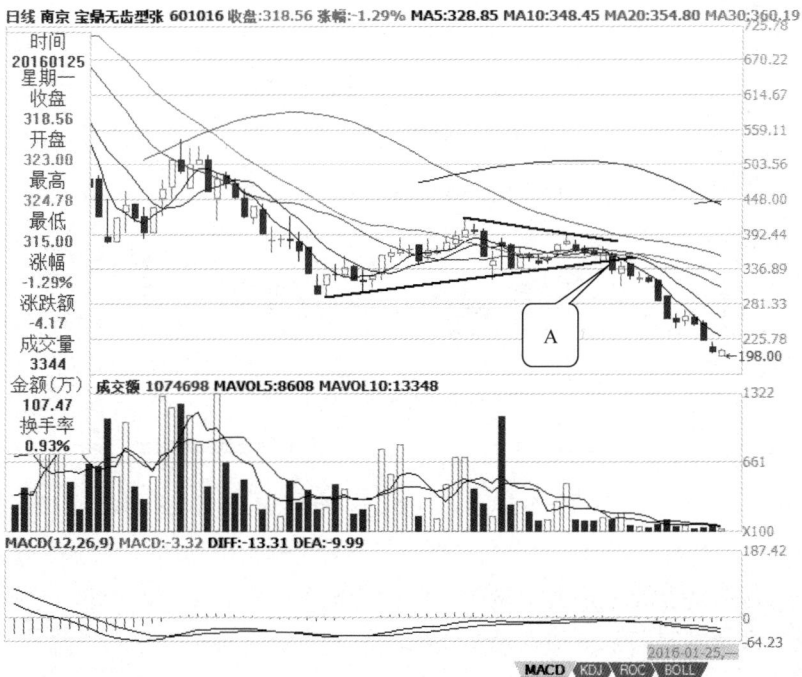

图9.16　南京的"宝鼎无齿型张"（601016）2015年11月13日至2016年2月3日的日K线图

（2）上升三角形

上升三角形的下边线是向上倾斜的，上边线是水平的。一般来说，它属于看涨形态，如图 9.17 所示。

上升三角形显示多空双方在该范围内的较量，在较量中多方稍占上风，空方在其特定的价格水平不断估售，但并不急于出货，也不看好后市，于是价格每次上升到理想水平便估出，这样在同一价格的估售便形成了一条水平的供给线。不过市场的买力很强，他们不待价格回落到上次的低点，便迫不及待地买进，因此形成一条向右上方倾斜的需求线。

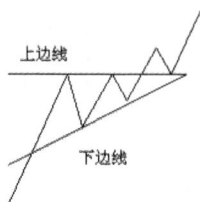

图9.17　上升三角形

上升三角形在形成过程中，成交量不断萎缩，向上突破压力线时要放大量，并且突破后一般会有回抽，在原来高点连接处止跌回升，从而确认突破有效。上升三角形是买进信号，为了安全，最后在价格突破压力线后，小幅回调再创新高时买进。

如果邮币卡的价格处在上升趋势中，在调整的过程中出现了上升三角形，那么当价格突破上升三角形上边线时，要敢于做多，如图 9.18 所示。

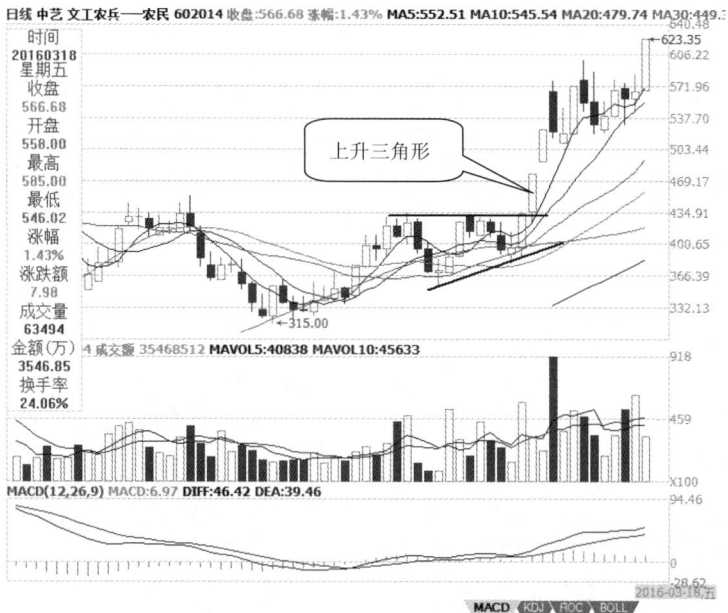

图9.18　中艺的"文工农兵—农民"（602014）2016年1月8日至3月19日的日K线图

（3）下降三角形

下降三角形是上升三角形的镜像，一般情况下，它属于下跌形态。下降三角形的上边线是向下倾斜的，下边线是水平的，这种形态说明卖方比买方更积极主动，如图 9.19 所示。

图9.19　下降三角形

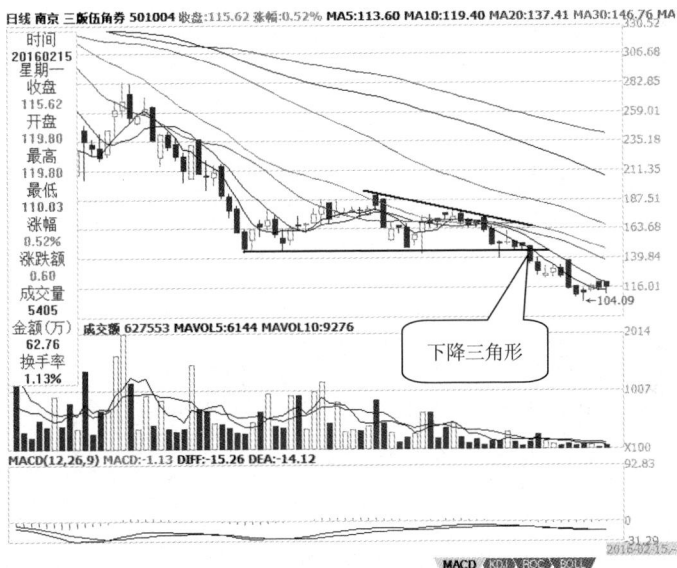

在下降三角形形成的过程中，看淡的一方不断地增加估售压力，价格还没有回升到上次高点时便再次估出，而看好的一方坚守着某一价格的防线，使价格每回落到该水平线便获得支撑。

下降三角形在形成过程中，成交量不断放大，向下突破压力线时可以放量也可以不放量，并且突破后一般会有回抽，在原来支撑线附近受阻，从而确认向下突破有效。下降三角形是卖出信号，投资者可在跌破支撑线后，止损离场。

如果邮币卡的价格处在明显的下跌趋势中，出现了反弹，而且在反弹过程中出现了下降三角形，一旦下降三角形的下边线被跌破，持有多单的投资者一定要及时出局，如图 9.20 所示。

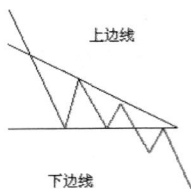

图9.20　南京的"三版伍角券"（501004）2015年11月17日至2016年2月15日的日K线图

9.3.2　旗形持续形态实战技巧

旗形持续形态包括 2 种，分别是上升旗形和下降旗形。

（1）上升旗形

上升旗形出现在涨势中，每次上涨的高点连线平行于每次回落低点的连线，并且向下倾斜，看上去就像迎面飘扬的一面旗子。上升旗形的图形如图 9.21 所示。

上升旗形在向上突破压力线时要放大量，并且突破后一般会有回抽，在原来高点连接处止跌回升，从而确认突破有效。上升旗形是诱空陷阱，是一个买进信号，为了安全，最好在价格突破压力线后，小幅回调再创新高时买进。需要注意的是，投资者

不能被价格下移所迷惑，要警惕主力的诱空行为，持筹者可静观其变。

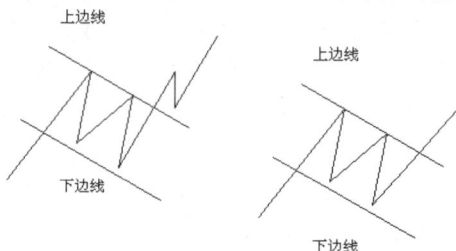

图9.21　上升旗形

如果邮币卡的价格经过较长时间的回调之后，开始上涨，并且在上涨的初期出现了上升旗形，那么当价格突破上升旗形的上边线时，多单要及时进场，如图9.22所示。

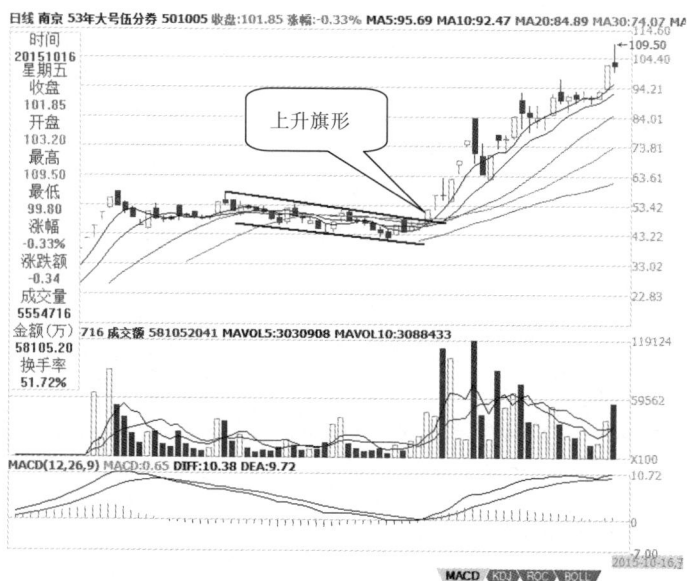

图9.22　南京的"53年大号伍分券"（501005）2015年7月18日至10月16日的日K线图

（2）下降旗形

下降旗形一般出现在跌势中，每次反弹的高点连线平行于每次下跌低点的连线，并且向上倾斜，看上去就像迎面飘扬的一面旗子。下降旗形的图形如图9.23所示。

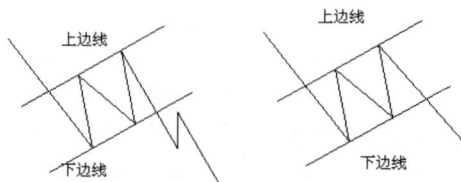

图9.23　下降旗形

在下降旗形形成过程中，价格突破支撑线后一般会有回抽，受阻于支撑线，从而确认突破有效。下降旗形是诱多陷阱，是一个卖出做多信号，多单应果断止损离场。需要注意的是，投资者不要被价格上移所迷惑，要警惕主力的诱多行为。

如果邮币卡的价格处在明显的下跌行情中，出现了反弹，并且在反弹过程中出现了下降旗形，那么当价格跌破下降旗形的下边线支撑时，抄底多单一定要及时出局，如图 9.24 所示。

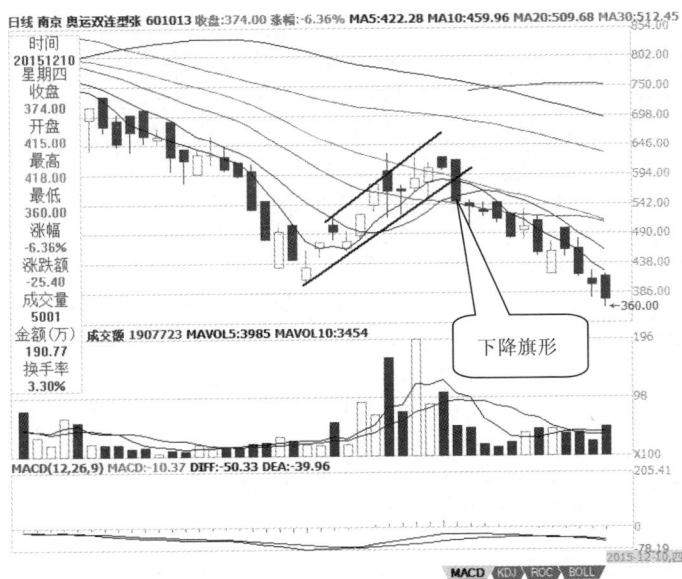

图9.24　南京的"奥运双连型张"（601013）2015年10月27日至12月10日的日K线图

9.3.3　楔形持续形态实战技巧

楔形持续形态包括 2 种，分别是上升楔形和下降楔形。

（1）上升楔形

上升楔形出现在跌势中，反弹高点的连线与下跌低点的连线相交于右上方，其形状构成一个向上倾斜的楔形图，最后价格跌破支撑线向下滑落。上升楔形的图形如图 9.25 所示。

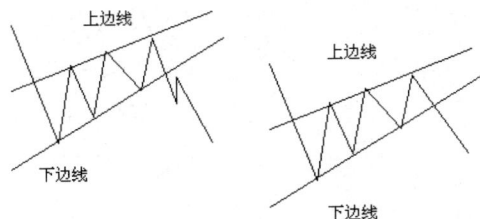

图9.25　上升楔形

上升楔形在形成过程中，成交量不断减少，呈现价升量减的反弹特征。上升楔形是诱多陷阱，表示升势已尽，是一个卖出信号。投资者不要被低点上移所迷惑，要保持警惕。

如果邮币卡的价格处在下跌趋势中，出现了反弹，并且在反弹过程中出现了上升楔形，那么当价格跌破上升楔形的下边线的支撑时，多单一定要及时出局，如图 9.26 所示。

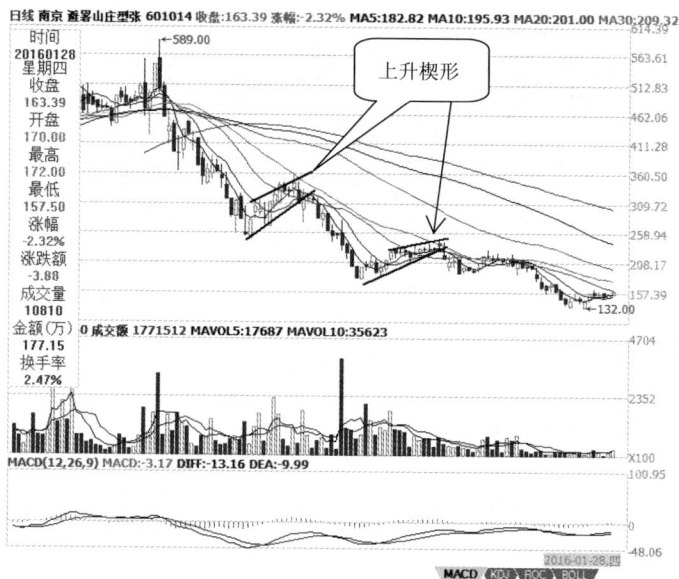

图9.26　南京的"避暑山庄型张"（601014）2015年9月29日至2016年2月22日的日K线图

（2）下降楔形

下降楔形出现在涨势中，每次上涨的高点连线与每次回落低点的连线相交于右下方，其形状构成一个向下倾斜的楔形图。最后价格突破压力线，并收其上方。下降楔形的图形如图 9.27 所示。

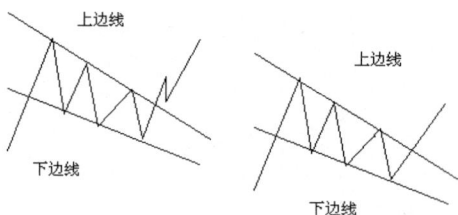

图9.27　下降楔形

下降楔形在形成过程中，成交量不断减少，向上突破压力线时要放大量，并且突破后一般会有回抽，在原来高点连接处止跌回升，从而确认突破有效。下降楔形是诱空陷阱，

是一个买进信号，为了安全，最好在价格突破压力线后，小幅回调再创新高时买进。

　　如果邮币卡的价格处在上升趋势中，出现了回调，并且在回调过程中出现了下降楔形，那么当价格突破下降楔形的上边线压力时，多单要敢于进场，如图 9.28 所示。

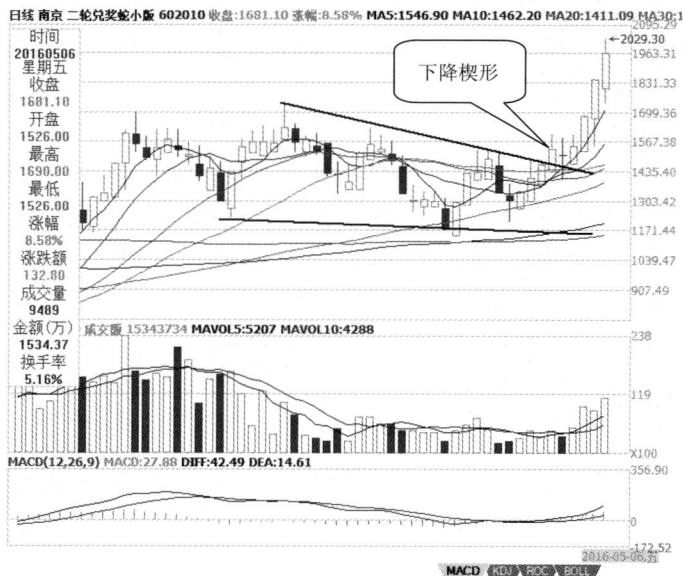

图9.28　南京的"二轮兑奖蛇小版"（602010）2016年3月10日至5月9日的日K线图

第 10 章

邮币卡的指标分析技术

邮币卡的实际供需量及其背后起引导作用的种种因素，包括邮币卡市场上每个人对未来的希望、担心、恐惧等，都集中反映在邮币卡的价格和交易量上。由此在"价与量"的基础上，依照一定的算法计算出"技术指标"，从而在一定程度上反映邮币卡的走势状况。

本章主要内容：

- 什么是技术指标
- 技术指标的类型和背离
- 技术指标的交叉、低位和高位
- 技术指标的徘徊、转折和盲点
- 什么是均线及其类型、特性
- 利用 5 日均线做多技巧
- 利用 10 日均线做多技巧
- MACD 指标应用实战
- KDJ 指标应用实战
- 技术指标运用注意事项

10.1　初识技术指标

很多投资者常常以为技术分析就是技术指标分析，并且把技术指标当成赖以分析的工具。实际上，技术指标只是一种统计工具，只能客观地反映某些既成过去的事实，将某些市场的数据形象化、直观化，将某些分析理论数量化和精细化。但技术指标并不能保证操作成功，因为技术指标可以被主力操纵。

10.1.1　什么是技术指标

技术指标是依据一定的统计方法，运用一定的数学计算公式或数量模型，通过计算机系统生成的某种指标值或者图形曲线。以指标技术来判断价格未来走势的分析方法，就是技术分析指标分析法。

产生技术指标的方法通常有两种，具体如下：

第一种是按照明确的数学公式产生的新的数值，这是技术指标中较为广泛的一类，如 KDJ、RSI、MA 等指标都属于这一类。

第二种是没有明确的数学公式，只有处理数据的文字说明，这一类指标比较少，如宝塔线等。

技术指标其计算的原始数据是黄金的开盘价、收盘价、最高价、最低价、成交量、成交笔数等。对不同的原始数据进行不同的处理后，就会产生不同的技术指标。每个技术指标都是从一个特定的方面对邮币卡市场进行观察，它们都有其合理的诞生原理和解释方法。

提醒：技术指标的最大作用就是将一些定性的分析原理量化，使具体操作时的精确度得以提高。

10.1.2　技术指标的背离

技术指标的背离，是指技术指标的波动与价格曲线的趋势方向不一致，即价格的变动没有得到指标的支持。指标背离可分为 2 种，分别是顶背离和底背离。

顶背离出现在上涨后期，当价格的高点比前一次高点高时，指标的高点却比指标的前一次高点低，这就预示着价格上涨不会长久，很可能马上就会下跌，是一个明显的见顶卖出信号。顶背离的图形如图 10.1 所示。

底背离出现在大幅下跌后，当价格的低点比前一次的低点低时，而指标的低点却比指标前一次的低点高，这就预示着价格不会再继续下跌，很可能马上反转向上，是一个见底买进信号。底背离的图形如图 10.2 所示。

在应用技术指标背离时，需要注意以下几点：

（1）能够形成明显技术指标背离特征的指标有 MACD、RSI、KDJ 等，其中 RSI

和 KDJ 的指标背离对行情判断成功率较高。

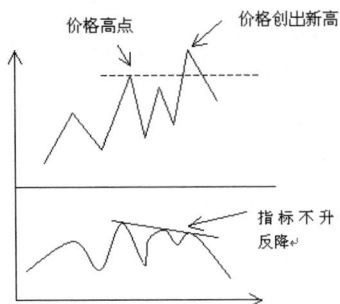

图10.1　顶背离

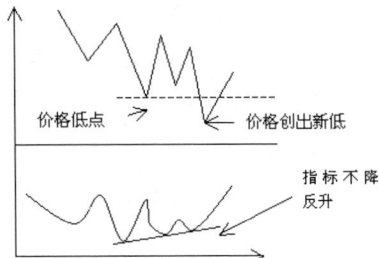

图10.2　底背离

（2）价格在高位时，通常出现一次顶背离，就可以确认见顶；而价格在低位时，可能需要出现几次底背离才能确认见底。

（3）当价格出现暴涨或暴跌的行情时，KDJ 指标很可能呈高位或低位钝化后，价格还在上涨或下跌，这时一旦出现背离特征则有效性很高。结合使用 KDJ 和 RSI 指标来判断价格走势，效果理想。

（4）要识别假背离现象，假背离往往具有以下特征：

● 某一时间周期背离，其他时间不背离，如日 K 线图背离，而周 K 线图和月 K 线图不背离。

● 没有进入指标高位区域就背离。技术指标在高于 80 或低于 20 背离，比较有效，在 20～80 之间出现的背离，可以不理会。

● 某一技术指标背离，而其他技术指标不背离。各种技术指标都是通过不同的算术方法计算得来，所以背离时间也不相同。其中 KDJ 最敏感，RSI 次之，MACD 则最弱。单一技术指标背离参考意义不大，如果有多个技术指标同时出现背离，则可靠性就比较高。

10.1.3　技术指标的交叉、低位和高位

技术指标的交叉，是指技术指标图形中的两条指标曲线发生了相交现象，交叉表明多空双方力量的对比发生了变化。技术指标的交叉可分为 3 类，分别是黄金交叉、死亡交叉、与 0 轴的交叉。

黄金交叉，是指上升中的短期指标曲线由下向上穿过上升中的长期指标曲线，预示着价格将继续上涨，行情看好。黄金交叉的图形如图 10.3 所示。

死亡交叉，是指下降中的短期指标曲线由上向下穿过下降中的长期指标曲线，预示着价格将继续下跌，行情看跌。死亡交叉的图形如图 10.4 所示。

技术指标曲线向上穿越 0 轴，表明技术指标认为空方市场开始转为多方市场，行

情看多；技术指标曲线向下穿越 0 轴，表明技术指标认为多方市场开始转为空方市场，行情看空。与 0 轴的交叉的图形如图 10.5 所示。

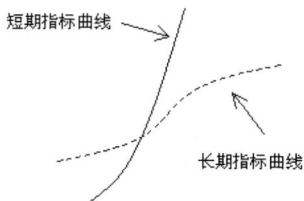

图10.3　黄金交叉

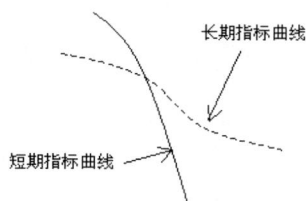

图10.4　死亡交叉

　　技术指标的低位，表示指标认为市场进入超卖区；技术指标的高位，表示指标认为市场进入超买区。下面以 KDJ 为例进行讲解。KDJ 指标从低位升到高位区并超过 80 以上，则 KDJ 指标认为市场已进入超买阶段，价格随时可能回落，投资者应警惕。KDJ 指标从高位降到低位区并低于 20 以下，则 KDJ 指标认为市场已进入超卖阶段，价格随时可能反弹，投资者应关注。

图10.5　与0轴的交叉

　　如果指标在高位，这时价格又大幅度攀升，指标上升幅度越来越小，从而形成上升抛物线状，即高位钝化。指标高位钝化只出现在强势特征明显的市场下，而低位钝化只出现在极度弱势的市场中。

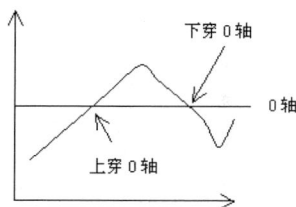

10.1.4　技术指标的徘徊、转折和盲点

　　技术指标的徘徊，是指技术指标处在进退不明的状态，对未来走势方向不能做出明确的判断。

　　技术指标的转折，是指技术指标在高位或低位发生了调头，表明前面超买或超卖状态将要得到平衡。有时技术指标的调头表明一个趋势即将结束，另一个趋势即将开始。

　　技术指标的盲点，是指在大部分的时间里，技术指标不能发出买入或卖出信号，处于"盲"的状态。如价格在盘整震荡时，大多数指标都会失灵。每个指标都有自己的盲点，即指标失效的时候。所以在运用指标时，要多总结各个技术指标的盲点，然后找出其他可以代替分析的指标。总之，结合 K 线图、形态、趋势等技术，往往能提高技术指标分析的准确率和成功率。

10.2　均线应用实战

　　均线是由美国投资专家格兰维尔创建的，从道氏分析理论的"三种趋势说"演变而来，将道氏理论具体地加以数字化，从数字的变动中去预测黄金价格在未来短期、

中期和长期的变动方向，为投资决策提供依据。

10.2.1 什么是均线

均线就是随着时间的推移，用简单的算法使价格的走势更加平稳。均线，是指一定交易时间内的算术平均线。下面以 10 日均线为例来讲解，将 10 日内的收盘价逐日相加，然后除以 10，就得出 10 日的平均值，再将这些平均值依照先后次序连接成一条线，这条线就叫作 10 日均线。其他平均线算法依此类推，均线如图 10.6 所示。

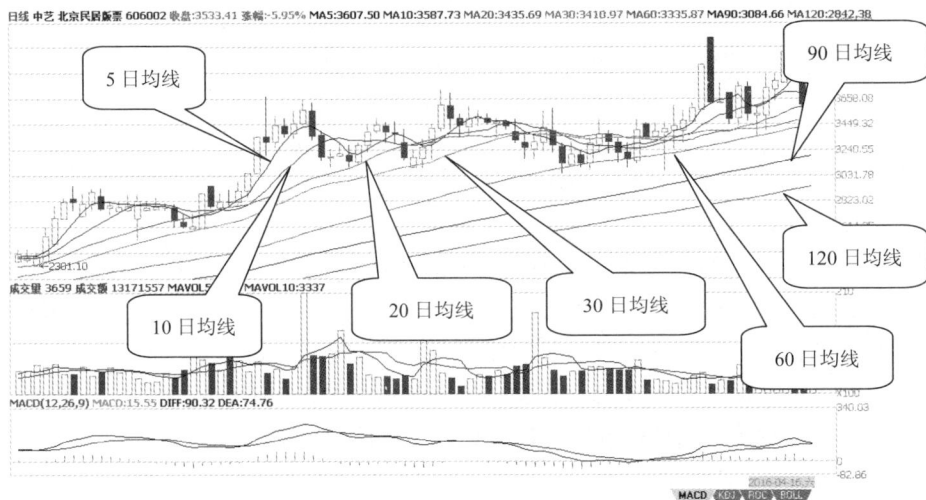

图10.6　中艺的"北京民居版票"（606002）的日K线图及不同的均线

均线是反映价格运行趋势的重要指标，其运行趋势一旦形成，将在一段时间内继续保持，趋势运行所形成的高点或低点又分别具有阻挡或支撑作用，因此均线指标所在的点位往往是十分重要的支撑位或阻力位，这就为我们提供了买进或卖出的有利时机，均线系统的价值也正在于此。

10.2.2 均线的类型

均线按照时间长短可分为 3 类，分别是短期移动平均线、中期移动平均线和长期移动平均线。

（1）短期均线

在各类短期均线中，比较常用的有 3 日、5 日、10 日、20 日和 30 日均线，下面分别讲解一下。

● 3 日均线：一般是行情分析软件中最短时间周期的均线，时间短波动就敏感，不能很好地起到价格平滑作用。该均线对于超短线操作来说是比较有用的。

- 5 日均线：是默认的均线，即 1 周交易日的平均价格，1 周只有 5 个交易日。因为在实际生活中，人们常常用周作为时间单位。所以，5 日均线是短线判断的依据，只要价格不跌破 5 日均线，就说明价格处于极强势状态。

- 10 日均线：又称为半月线，是连续两周交易的平均价格，是考察价格在半个月内走势变化的重要参考线。相对于 10 日均线而言，5 日均线起伏较大，特别是在震荡时期，买卖的信号很难把握。所以，很多投资者操作短线常以 10 日均线作为进出的依据。只要价格不跌破 10 日均线，就说明价格处于强势状态。

- 20 日均线：又称为月线，标志着价格在过去一个月中的平均交易价格达到了怎样的水平，在这一个月中，市场交易者是处于获利状态还是被套状态。20 日均线是考虑价格短期走势向中期走势演变的中继线。

- 30 日均线：具有特殊的重要性，它是价格短期均线和中期均线的分界线，日常使用频率非常高，常被用来与其他均线组合使用。30 日均线是短线主力的护盘线，这意味着价格突破 30 日均线，是市场短线主力进场的表现，只要不跌破 30 日均线，就表明短线主力仍在其中。

提醒： 有些短线主力会使用 25 日均线或 34 日均线作为短期的护盘线。

（2）中期均线

在各类中期均线中，比较常用的有 45 日、60 日、90 日均线，下面分别讲解一下。

- 45 日均线：一个月的交易时间是 22 天，那么 45 天均线基本上是两月线，该均线是一条承线短期均线和中期均线的中继线，对于研究判断价格的中期行情，常常起到先知先觉的作用。

- 60 日均线：是三个月的市场平均交易价格，也被称为季度线。这是一条比较常用、标准的中期均线，对于判断价格的中期走势有着重要的作用。

- 90 日均线：是中期均线和长期均线的分界线，其特点是走势平滑、有规律，是作为判断中期运行趋势的重要依据。90 日均线常被主力使用，作为其中期的护盘线。这意味着价格突破 90 日均线，是市场中线主力进场的表现，只要不跌破 90 日均线，就表明中线主力仍在其中。

提醒： 有些中线主力会使用 75 日均线或 100 日均线作为中期的护盘线。

（3）长期均线

在各类长期均线中，比较常用的有 120 日、250 日均线，下面分别讲解一下。

- 120 日均线：又称为半年线，其使用频率在长期均线组合中较高，利用该均线可以观察价格的长期走势。一般来说，在下降趋势中，它是年线的最后一道护身符；而在上升趋势中，它又是年线的前一个挡箭牌。半年线被价格突破的市场震撼力比较大，它意味着将进入长期上升趋势或长期下降趋势。

- 250 日均线：又称为年线，是价格运行一年后的市场平均交易价格的反映，它是价格长期走势的生命线，也是"牛熊分界线"，是判断牛市是否形成或熊市是

否来临的主要依据。250 日均线常被主力使用，作为其长期的护盘线。这意味着价格突破 250 日均线，是市场长线主力进场的表现，只要不跌破 250 日均线，就表明长线主力仍在其中。

提醒： 有些长线主力会使用 225 日均线或 255 日均线作为长期的护盘线。

10.2.3 均线的特性

均线可以反映真实的价格变动趋势，即通常所说的上升趋势、下降趋势。借助各种均线的排列关系，可以预测价格的中长期趋势，同时灵活应用 K 线技术，即可实现低买高卖，从而获得较高的收益。

在使用均线时，还要注意到平均价格与实际价格在时间上是有所超前或滞后，利用均线很难把握价格的最高点和最低点。另外，价格在盘整时期，均线买卖信号过于频繁。

在使用均线分析邮币卡市场行情时，需要注意以下 5 个特性。

（1）平稳特性：由于均线采用的是"平均"，所以它不会像日 K 线图那样高高低低的震荡，而是起落平稳。

（2）趋势特性：均线反映了价格的变动趋势，所以具有趋势特性。

（3）助涨特性：在多头或空头市场中，均线向一个方向移动，会持续一段时间后才能改变方向，所以在上涨趋势中，均线可以看成多方的防线，具有助涨特性。

（4）助跌特性：与助涨特性相反，在下跌趋势中，均线可以看成空方的防线，具有助跌特性。

（5）安定特性：通常越长期的均线，越能表现安定特性，即价格涨势必须真正明确后，均线才会往上走；价格下落之初，均线还是向上走的，只有价格下落明显时，均线才会向下走。

10.2.4 利用 5 日均线做多技巧

均线由黏合到扩散，然后节节走高，而价格则是放量拉升，并且是沿着 5 日均线向上攻击，即每一次接近 5 日均线，都有大量买盘买进做多，从而推升价格。如果你是在低位买进，就可以一路持有，直到价格跌破 5 日均线再出局，这样就可以实现利润最大化。

图 10.7 所示为中艺的"05 熊猫银币"（802001）2015 年 8 月 25 日至 2016 年 1 月 14 日的日 K 线图。

"05 熊猫银币"（802001）在 2015 年 8 月 15 日上市交易，连续 20 个涨停之后，价格在 A 处出现了小阴线，并放出大量。

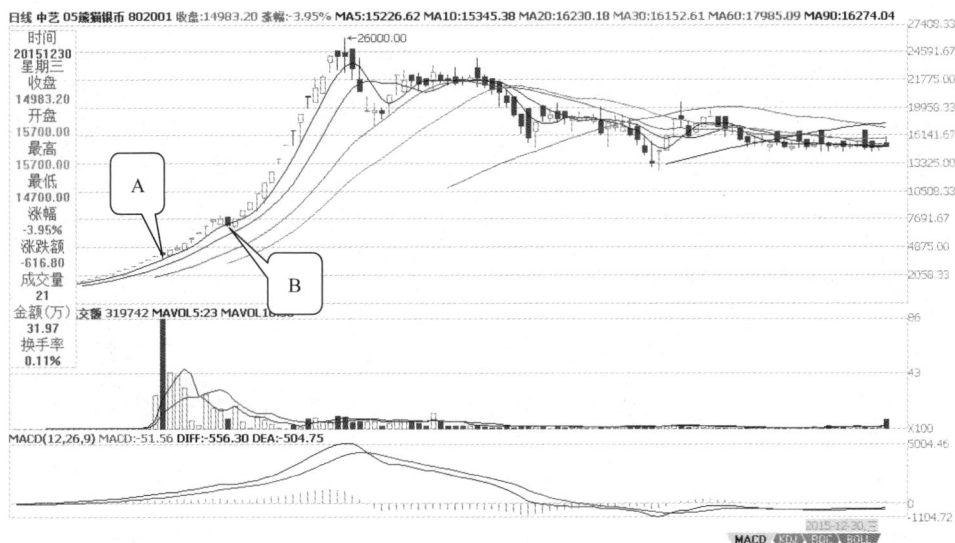

图10.7　中艺的"05熊猫银币"（802001）2015年8月25日至2016年1月14日的日K线图

但投资者一定要明白，均线在明显的多头行情之中，只要价格不跌破 5 日均线，多单就可以持有。

随后价格继续强势上涨，持有多单的投资者，只要能拿住，短时间内就会有翻倍的收益。

在 B 处，价格出现了回调，但回调到 10 日均线附近，价格再度企稳，并站上了 5 日均线，所以 B 处是不错的做多机会。

随后价格继续沿着 5 日均线上涨，敢于持有多单或沿着 5 日均线做多的投资者，仍有相当丰厚的投资收益。

总之，顺势而为，只要价格不跌破 5 日均线，就可以 5 日均线为止损，继续持有多单或介入多单。

10.2.5　利用 10 日均线做多技巧

图 10.8 所示为南京的"红三凸壹角券"（501002）2014 年 6 月 28 日至 9 月 12 日的日 K 线图。

"红三凸壹角券"（501002）在 130 元附近反复震荡，震荡较长时间后，价格开始向上突破，即 A 处。所以，A 处是一个极佳的做多位置。

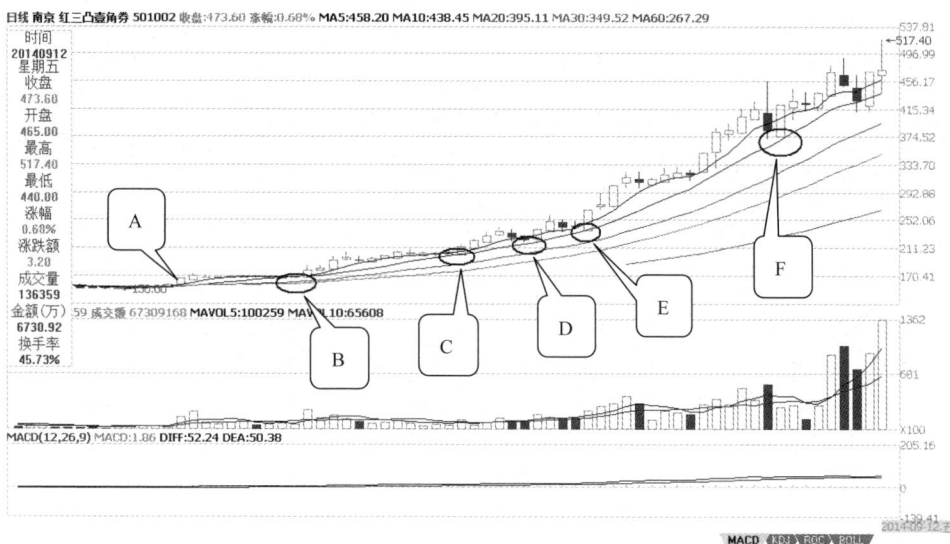

图10.8　南京的"红三凸壹角券"（501002）2014年6月28日至9月12日的日K线图

随后价格开始沿着 10 日均线缓慢上涨，所以每当价格回调到 10 日均线附近，就是不错的做多机会，即 B 处和 C 处，都是不错的做多位置。

需要注意的是，只要价格没有出现疯狂上涨，每当价格回调到 10 日均线，都可以大胆做多，所以 D 处和 E 处，仍是很好的做多位置。

如果价格已出现了较长时间、较大幅度的上涨，再介入多单就要轻仓，并且要特别谨慎。因为这时低位多单，往往都会有丰厚的投资收益，都有止赢的冲动，所以在 F 处做多，只能是轻仓介入，并且一旦有不好的见顶 K 线，多单就要及时出局。

10.3　MACD 指标应用实战

MACD 技术指标，即指数平滑异同移动平均线，是一个比较常用的趋向类指标。它是利用"红"、"绿"柱状表示看多与看空，如果看到红色柱状就看多，绿色柱状就看空。

MACD 技术指标图形是由 DIFF 线、DEA 线和柱状线组成，其中 DIFF 线是核心，DEA 线是辅助。DIFF 线是快速移动平均线（12 日移动平均线）和慢速移动平均线（26 日移动平均线）的差。如果其值为正，则称为正差离值；如果其值为负，则称为负差离值。在持续上涨行情中，正差离值会越来越大；在下跌行情中，负差离值的绝对值会越来越大。这样经过对移动平均线的特殊处理，虚假信号就会大大减少。

DEA 线是 DIFF 线的算术平均值。柱状线的值是 DIFF 线与 DEA 线的差值，即若 DIFF 线在 DEA 线上方，则差值为正，柱状线在 0 轴上方，显示为红柱；若 DIFF 线在 DEA 线下方，则差值为负，柱状线在 0 轴下方，显示为蓝柱，如图 10.9 所示。

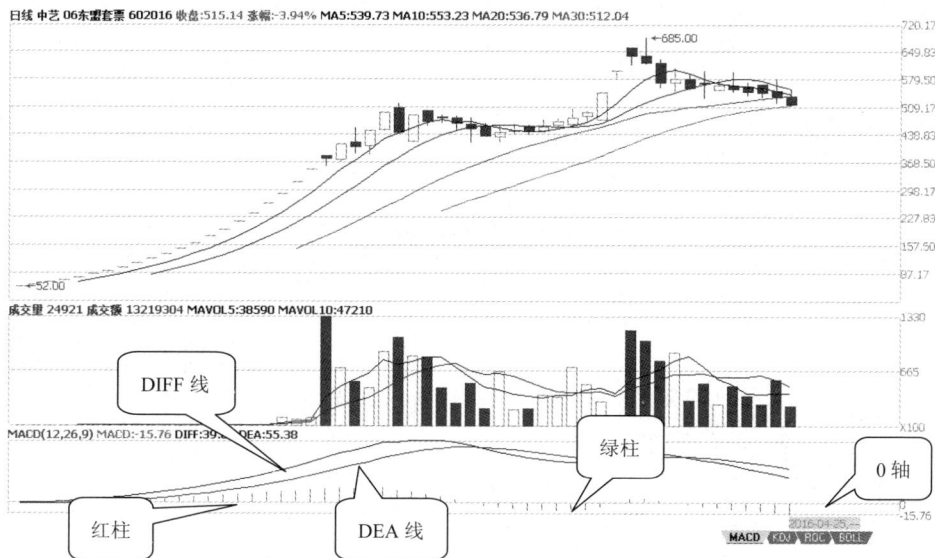

图10.9　06东盟套票（602016）的日K线图及MACD指标

如果 DIFF 线和 DEA 线运行在 0 轴下方，表示现在的市场是空头市场；如果 DIFF 线和 DEA 线运行在 0 轴上方，表示现在的市场是多头市场。

0 轴上方的柱状线为做多信号，当其增多拉长时，说明多方气势旺盛，多方行情将继续；当其减少缩短时，表示多方气势在减弱，价格随时都可能下跌。0 轴下方的柱状线为做空信号，当其增多拉长时，说明空方气势旺盛，空方行情将继续；当其减少缩短时，表示空方气势在衰减，价格随时都可能止跌或见底回升。

图 10.10 所示为中艺的"柳毅加标小本票"（603001）2015 年 9 月 11 日至 2016 年 4 月 25 日的日 K 线图。

"柳毅加标小本票"（603001）在 A 处，MACD 指标在 0 轴附近出现了金叉，MACD 指标金叉是一个做多信号，并且从均线来看，这时也是刚刚向上发散，所以 A 处是极佳的做多机会。

从其后走势来看，A 处做多的投资者，在短时间内，就会获利翻倍的投资收益。价格经过 13 个交易日上涨之后，出现了回调，但这时的 MACD 指标没有出现死叉，然后价格企稳后，再度上涨，并且站上所有均线，即 B 处，所以 B 处也是不错的做多机会。

B 处价格企稳后，也出现了一波明显的上涨行情，在 B 处介入多单的投资者，也会有不错的投资收益。

价格经过两大波上涨之后，做多力量开始减弱，即价格在高位开始震荡，这时 MACD 指标在高位出现死叉，即 C 处。

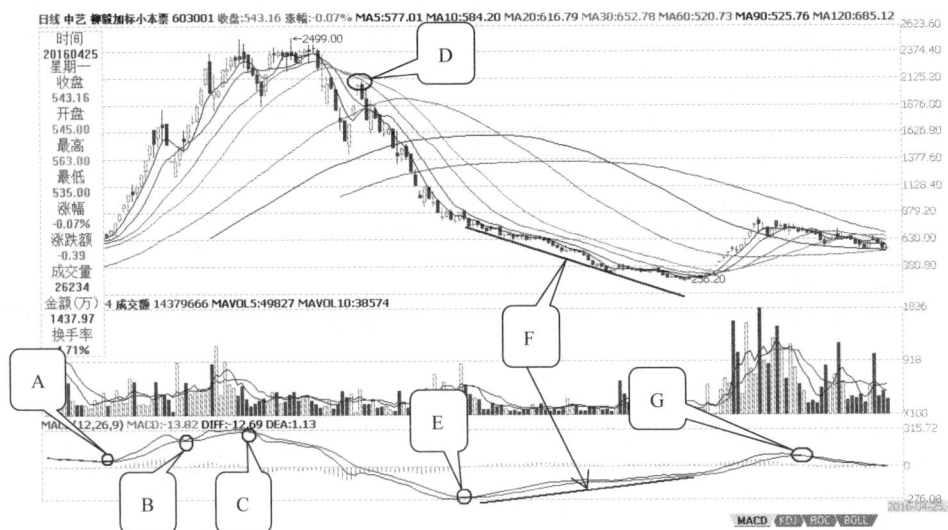

图10.10　中艺的"柳毅加标小本票"（603001）2015年9月11日至2016年4月25日的日K线图

C 处，MACD 死叉是一个看空信号，所以在 C 处手中还有多单的投资者，此时需要注意止赢。

从其后走势可以看出，虽然价格再创新高，即创出 2 499 元的高点，但 MACD 指标却是背离的，即价格在创新高，MACD 指标却在不断地走低，所以多单一定要及时止赢。

价格创出 2 499 元高点后，在高位又震荡了 6 个交易日，然后就出现疯狂的下跌行情，这时 MACD 指标也快速下行。价格下跌到 90 日均线附近，出现了强反弹，但反弹到 30 日均线，价格再度下跌。从其后走势来看，这一波下跌才是真的下跌，下跌的时间和空间都很大，并且没有出现较强的反弹。

价格快速跌破所有的均线后，继续下跌，在明显的下跌行情，不要抄底做多，要耐心等明确的做多信号出现，才能做多。

价格经过较长时间下跌之后，在 E 处，MACD 指标出现金叉，并且 MACD 不断震荡上行，但这时的价格却是不断小幅下跌，并且不断创出新低。这表明价格与 MACD 指标出现了底背离，即 F 处。

F 处价格出现底背离，表明价格下跌空间已不大，随时有反弹要求，这样就要耐心等新的做多信号出现。

这一波行情，创出 236.2 元低点，随后价格出现了反弹，这一波反弹比较强，值得抄底介入多单。

这一波行情反弹到 90 日均线附近，价格就开始在高位震荡，震荡后价格在 G 处出现死叉，所以 G 处是这一波抄底多单止赢的位置。

10.4　KDJ 指标应用实战

随机指标 KDJ 是由乔治•蓝恩博士（George Lane）最早提出的，是一种相当新颖、实用的技术分析指标，最早应用在期货投资方面，功能颇为显著，后来广泛应用于黄金市场的中短期趋势分析中，是最常用的技术分析指标之一。

KDJ 指标由 3 根曲线组成，移动速度最快的是 J 线，其次是 K 线，最慢的是 D 线，它们的变化范围都在 0～100 之间。其实 J 的取值可以大于 100，也可以小于 0，但为了便于图形的绘制，当 J 大于 100 时，仍按照 100 绘制；当 J 值小于 0 时，仍按照 0 绘制，所以在 KDJ 指标图形中可以看到 J 值在 0 或 100 处呈现"直线"状。KDJ 指标如图 10.11 所示。

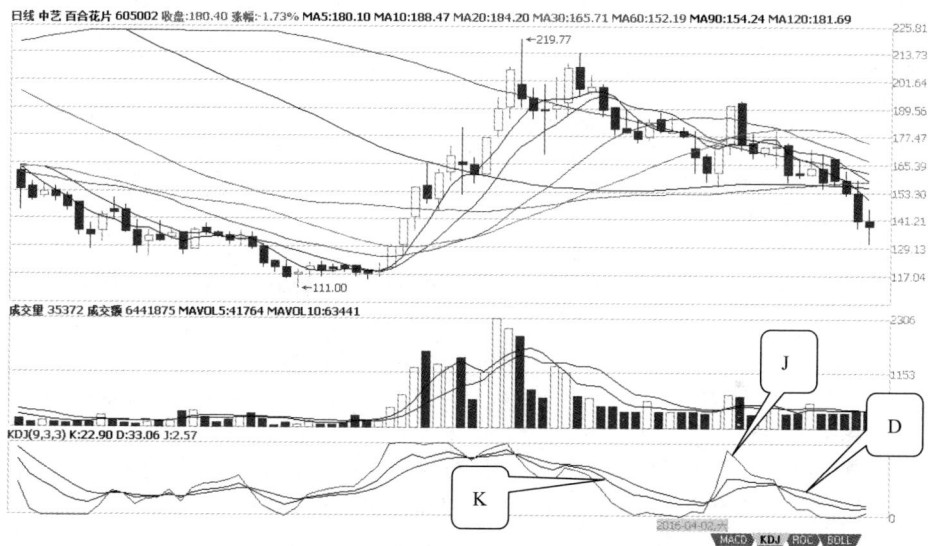

图10.11　中艺的"百合花片"（605002）的日K线图及KDJ指标

随机指标 KDJ 的使用要领具体如下：

● D 值向上趋近 80 或超过 80 时，说明买盘力量大，进入超买区，市场可能下跌。

● D 值向下趋近 20 或跌破 20 时，说明卖方力量很强，进入超卖区，市场的反弹性增强。

● J 值＞100% 为超买，J 值＜10% 为超卖。

● 当 K 线与 D 线交叉时，如果 K＞D，说明市场上涨，K 线从下方突破 D 线，行情上涨，可适当买进做多。

● 如果 K＜D，K 线从上向下跌破 D 线，行情转跌，可适当卖出做空。

● 如果 KD 线交叉突破反复在 50 左右震荡，说明行情正在整理，此时要结合 J 值，观察 KD 偏离的动态，再决定投资行为。

提醒： 如果市场层层拔高而 KD 线层层降低，或者完全相反，这种情况称为"价线背离"，预示着市场行情即将转向，进入一个多头或空头区位，投资者要及时变换投资行为。价格变动过快时，不适用该指标。

如果邮币卡的价格经过较长时间的下跌，然后探明底部区域，开始震荡上行，在这个过程中，若 KDJ 在低中位出现了金叉，则是进场做多的好时机。而在高位出现死叉，短线多单需要注意保护盈利，但不要恐惧，毕竟整个趋势是震荡上升的，如图 10.12 所示。

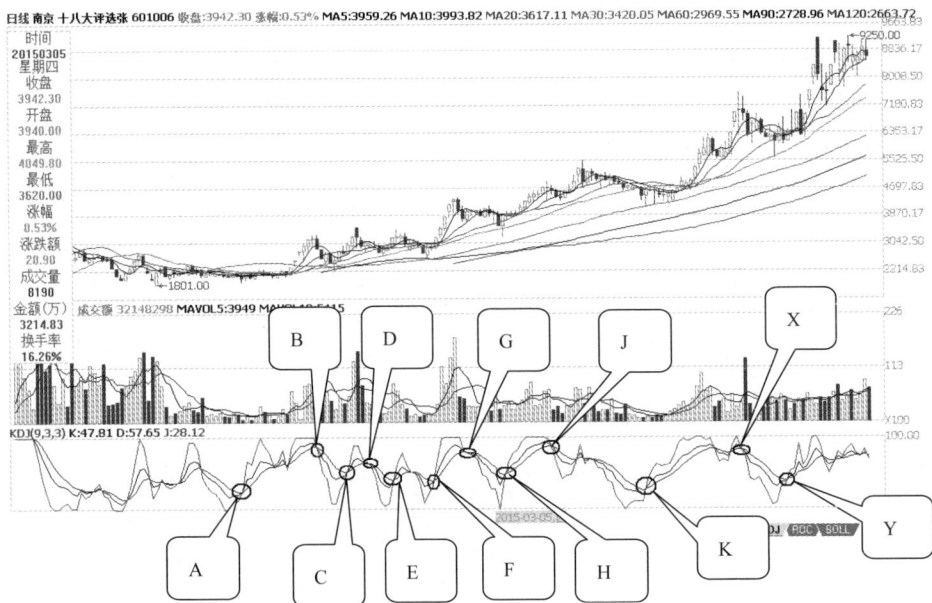

图10.12　南京的"十八大评选张"（601006）2014年11月8日至2015年6月15日的日K线图

通过"十八大评选张"（601006）的走势图可以看出，每次 KDJ 指标出现金叉，都是很好的做多机会，即 A、C、E、F、H、K 和 Y 处，都是不错的做多机会。

而 KDJ 指标出现死叉，中长线多单也不要过分紧张，可以耐心持有，因为当前是明显的震荡上涨行情。当然，如果你是短线高手，可以在 KDJ 指标出现死叉时，多单先止赢，然后耐心等待 KDJ 指标出现金叉时再做多，这样可以实现利润最大化，但这需要你有足够的时间盯盘，即 B、D、G、J 和 X 处，多单可以先止赢。

如果邮币卡的价格刚刚从高位下跌，这时 KDJ 在低位发出金叉，一般不建议多单进场。如果实在是想进场操作，则可以短线多单轻仓搏反弹，但一定要注意有利润就出局，以及 KDJ 在高位时，一出现死叉多单也要果断出局，如图 10.13 所示。

通过"牡丹小型张"（601008）的走势图可以看出，每次 KDJ 指标出现死叉，都是多单果断出局的位置，即 B、D、F、H 和 U 处。

而 KDJ 指标出现金叉，如 A、C、E、G 和 K 处，最好不要做多。当然如果你是

短线高手，可以轻仓试多，但有盈利就要出局，否则很容易被套牢。

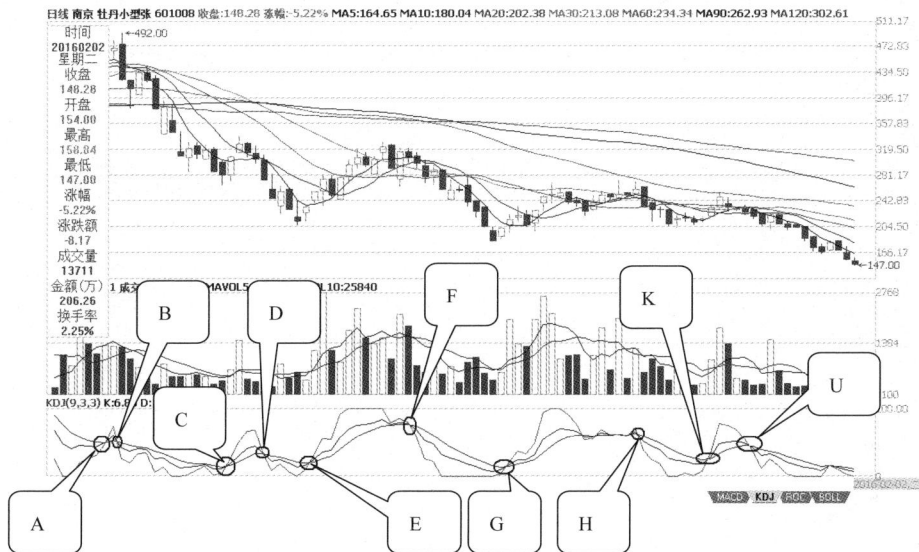

图10.13　南京的"牡丹小型张"（601008）2015年10月20日至2016年2月2日的日K线图

10.5　技术指标应用注意事项

技术指标归根结底是一批工具，我们利用这些工具对市场进行预测。每种工具都有自己的适应范围和适用的环境。有时有些工具的效果很差，有时效果很好。人们在使用技术指标时，常犯的错误是机械地照搬结论，而不理会这些结论成立的条件和可能发生的意外。

首先，盲目地相信技术指标，出现了错误以后，又走向另一个极端，认为技术分析指标起不到任何作用。这显然是错误的认识，只能说是不会使用指标。打个比方，一把刀落在武林高手的手中，这把刀就能杀死对手，还是这把刀，落在没有武功的人的手里，就可能被别人所杀，出现了与前一种截然相反的结果。我们不能说刀没有用，刀是有用的，就看会不会使用。

其次，每种指标都有自己的盲点，也就是指标失效的时候。在实际中应该不断地总结，并找到盲点所在。这对在技术指标的使用少犯错误是很有益处的。遇到了技术指标失效，暂时把它放置在一边，去考虑别的技术指标。一般来说，众多的技术指标，在任何时候都会有几个能对我们行有益的指导和帮助。尽管有时这种帮助可能不大，但至少心里有底，操作起来有目的性。

了解每一种技术指标是很有必要的，但是众多的技术指标我们不可能都考虑到，每个指标在预测大势方面也有能力大小和准确程度的区别。通常使用的手法是以两三个技术指标为主，其他的指标为辅。这两三个技术指标的选择因人而异，不好事先规定，但是随着实战效果的好坏，这几个指标应该不断地进行变更。

第 11 章

邮币卡交易的实战技巧

真正的邮币卡投资高手都是经过实际的操盘一步步成长起来的，投资者要想真正成为市场的大赢家，就应该不断学习、不断地把学习到的技术反复应用，总结出一套简单实用且适合自己的实战秘籍。

本章主要内容：

- 网上开户的方法与技巧
- 网上开户的常见问题
- 中国银行、农业银行和工商银行的银商绑定
- 邮币卡的托管与交收
- 邮币卡交易软件的下载与安装
- 邮币卡交易软件的登录与入金
- 邮币卡交易的技巧
- 邮币卡交易的专业术语解释

11.1　邮币卡的开户

下面以渤商邮币卡交易中心为例，来讲解一下邮币卡的开户。

11.1.1　网上开户的方法与技巧

在浏览器的地址栏中输入"http://www.mycollection.com.cn"，然后按回车键，进入"渤商邮币卡交易中心"的首页页面，如图 11.1 所示。

图11.1　"渤商邮币卡交易中心"的首页页面

单击"在线开户"按钮，进入开户页面，如图 11.2 所示。

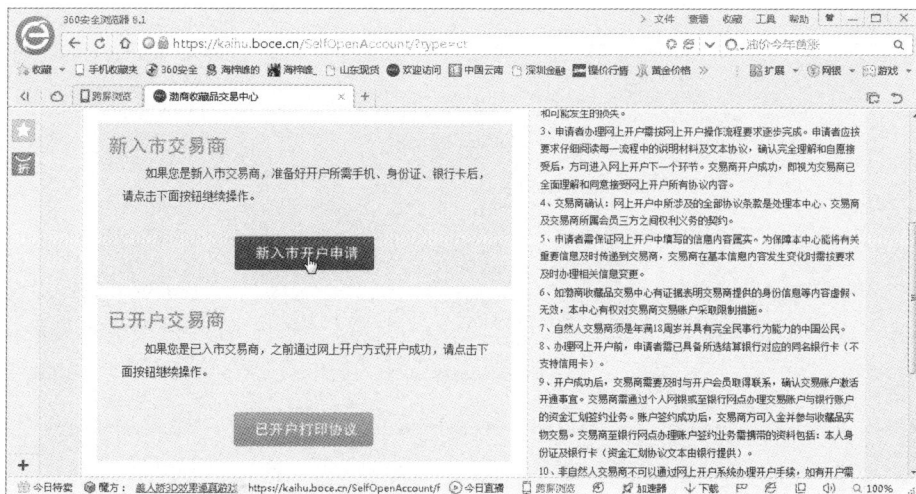

图11.2　开户页面

认真阅读网上开户注意事项，如果你是新入市交易商，单击"新入市开户申请"按钮；如果你在渤海商品交易所已开户交易商，单击"已开户打印协议"按钮即可。

提醒： 如果你已开通过渤海商品交易所账户，那么无须再开户，只需单击"已开户打印协议"按钮，然后下载渤商收藏品交易软件，即可直接登录，进行交易。

在这里单击"新入市开户申请"按钮，就可以看到渤商收藏品交易中心收藏品实物交易管理办法，如图11.3所示。

图11.3　渤商收藏品交易中心收藏品实物交易管理办法

选中"我已认真阅读并完全理解渤商收藏品交易中心收藏品实物交易管理办法（暂行）……制度"前面的复选框，然后输入手机号码和验证码，单击"获取短信验证码"按钮，即可收到短信验证码，输入验证码，单击"申请开户"按钮，进入"个人客户开户申请表"页面，如图11.4所示。

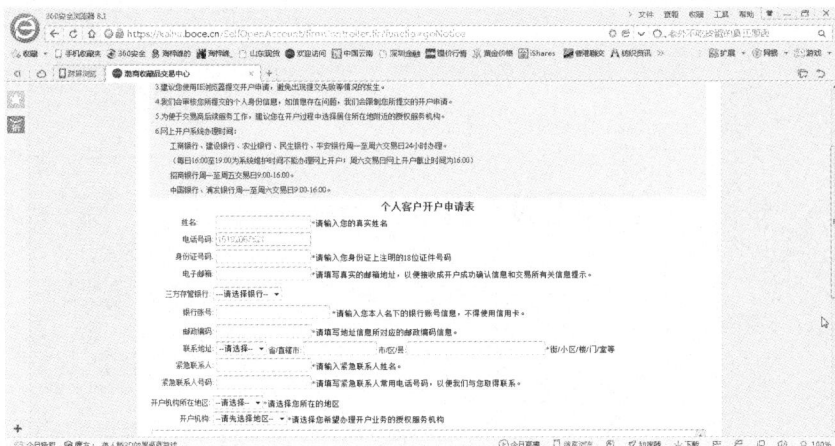

图11.4　"个人客户开户申请表"页面

正确输入各项个人客户开户申请表信息后，向下拖动滚动条，即可看到风险提示书，如图 11.5 所示。

图11.5　风险提示书

选中"我已认真阅读并完全理解风险告知书及交易商须知中各条款内容，自愿申请成为渤商收藏品交易中心交易商。"前面的复选框，然后单击"注册"按钮，即可成功注册。

11.1.2　网上开户的常见问题

下面来看一下网上开户的常见问题。

（1）开户有没有资金方面要求？

做收藏品实物电子交易，您存入了多少资金就买多少数量的藏品，在资金方面没有限制。

（2）想了解一下你们这个是怎么交易的？

目前是钱币、邮票、电话卡等收藏品的电子交易。您可以用资金在电子交易系统客户端上买其他客户的藏品，也可以将自己的藏品送到本中心鉴定入库，然后您的渤商收藏品交易账户上有对应数量的藏品可以卖给其他客户。

（3）具体的交易时间是几点？

目前的交易时间是周一至周五上午 9：30～11：30，下午 13：00～15：00。法定节假日的休市安排以我们的公告为准。

（4）交易当天买入可以当天卖出吗？

当天买入是可以当天卖出的，是 T+0 交易模式。

（5）涨跌幅度是怎么样的？

收藏品实物托管上市交易首日的涨跌幅度为上市指导价的±30%，正常交易品种

的涨跌幅度为上一交易日收盘价的±10%。

（6）交易手续费是多少呢？

买入是 3‰，卖出是 3‰，另外需要多加留意官网手续费的变动情况。

（7）存折可以开户吗？开户是否有年龄限制？

存折是不能开户的。需要是 18 周岁以上才能注册。

11.2　银商绑定

网上开户成功之后，还要进行银商绑定，只有这样才能把银行卡中的钱，转到交易账户上，进行邮币卡交易。

11.2.1　中国银行的银商绑定

柜台办理签约业务需填写材料：《中国银行股份有限公司产权及大宗商品客户交易结算资金存管服务协议》（两联）、《中国银行股份有限公司个人/公司机构客户产权及大宗商品交易资金存管服务申请表》。该协议和申请表请在中国银行柜台领取。

银行柜台系统操作代码，如图 11.6 所示。

业务名称		系统操作代码	
		个人	机构
股商存管业务	签约	E44241	E44244
	入金	不支持	申请：E44247
	出金	不支持	申请：E44250
	变更	E44242	44245

图11.6　银行柜台系统操作代码

中国银行的银商绑定注意事项如下。

- 交易所在中国银行的代码为：02020003；
- 个人交易商需持有中国银行借记卡；存折不可以办理签约；
- 个人交易商可在全国任意中国银行网点办理相关业务，企业交易商需在企业开户行网点办理；
- 如需办理解约业务请向开户机构申请办理。

11.2.2　农业银行的银商绑定

农业银行签约办理流程具体如下。

（1）银行签约需携带材料

个人交易商携带开户申请表、本人银行卡及身份证至全国任意农业银行网点办理（上海地区的个人交易商暂时无法办理该业务）。

企业交易商携带开户申请表、企业及经办人相关证件至开户行网点办理。

（2）银行签约需填写协议及申请表

"中国农业银行银商通业务客户服务协议书"及"中国农业银行银商通业务申请表"表，在农业银行网点领取。

"中国农业银行银商通业务申请表"填写说明如图 11.7 所示。

```
交易市场名称：渤海商品交易所
银行结算账号：农行账号    货款资金账号：空白不做填写
保证金账号：  9位交易账号
```

图11.7　"中国农业银行银商通业务申请表"填写说明

（3）银商通业务柜台操作代码

银商通业务柜台操作代码如图 11.8 所示。

交易所代码80220000	操作代码
银商通客户签约	20405
入金申请	43216
出金申请	43216
银商通客户解约	43305
变更客户签约账号	43411
客户信息管理	43410
对公户密码管理	43409
1）签约时需选择手续费收取方式，客户方可办理出入金业务。	
2）企业交易商在签约过程中需设置银商通密码。该密码用于企业客户办理入金时使用。	

图11.8　银商通业务柜台操作代码

（4）企业交易商如何办理出入金

第一，企业交易商可通过交易客户端、开户行网点柜台、企业版网银办理出入金业务。

第二，企业交易商通过交易客户端办理出入金业务时，需输入银商通密码。

（5）交易账户资金划转功能被锁定如何处理

通过交易客户端办理出入金，若连续输错银行密码相关功能会被锁定，需通过重置银行密码解锁。

11.2.3　工商银行的银商绑定

工商银行签约办理流程具体如下。

（1）柜台办理签约业务需填写材料

《中国工商银行个人/企业客户集中式银商转账业务申请书》

《中国工商银行集中式银商转账协议》

需要注意的是，协议和申请表在工商银行网点领取即可。

银行柜台系统操作代码，如图 11.9 所示。

交易所代码00000026	系统操作系统（银商系统）
签约业务	9588-新增
变更业务	9588-0-修改
解约业务	9588-0-删除

图11.9　银行柜台系统操作代码

注意事项：

第一，当天有交易、出入金等操作不可以办理变更、销户业务。

第二，工商银行不支持个人交易商异地办理相关业务。

第三，企业交易商须在企业开户行网点办理相关业务。

（2）网银办理签约业务操作说明

个人交易商：持有工商银行U盾的个人交易商，可通过个人网银系统办理签约、解约、出入金、明细查询及变更业务。具体操作流程详见附件《工商银行个人网银操作手册》。

企业交易商：签约工商银行的企业客户，可通过企业网银系统办理出入金、明细查询业务。

需要注意的是，交易商通过网上银行系统办理相关业务，不需要填写纸质《中国工商银行个人/企业客户集中式银商转账业务申请书》及《中国工商银行集中式银商转账协议》。

（3）交易商出入金注意事项

个人交易商：个人交易商通过标准版交易软件进行出入金。

企业交易商：企业交易商可通过开户行网点、网上银行、标准版交易软件办理出入金。

11.3　邮币卡的托管与交收

下面来讲解一下邮币卡的托管与交收。

11.3.1　邮币卡的托管

邮币卡的托管流程，具体如图 11.10 所示。下面来看一下邮币卡的托管的常见问题。

（1）托管成功后打入账户的数量为什么不是鉴定合格的数量？

托管成功后需要拿出部分比例来申购，申购结束后按挂牌参考价把资金打入您的交易账户里。

（2）购买成功的藏品可以提货吗？怎么提货？

可以提货的，登录交易软件的客户端，单击"仓单管理/提货单注册"按钮，然后

提交申请即可。但是提货数量都要是最小提货数量的整数倍。

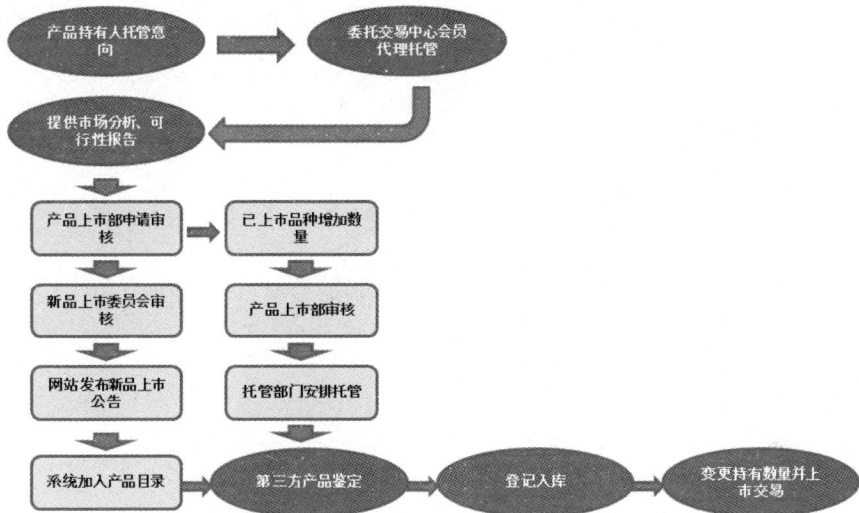

图11.10　邮币卡的托管流程

（3）挂牌上市费如何缴纳？

需在交易账户留存足够金额，在托管完成后会自动扣除。

（4）申请托管数量可以更改吗？

申请时间内可以撤销重新申请，过了申请时间不能更改。

（5）申请托管时间过期了，申请是否有效？

是无效的，只能在申请日期内申请。

（6）公告上已出的藏品如何申请托管？

在申请时间内，登录交易软件的客户端，选择托管日期、藏品名称，然后提交即可。

（7）现场鉴定需要带什么材料？

如果是本人过来现场交鉴定费即可鉴定；如果是委托朋友过来需要身份证的复印件和本人签字的授权委托书，委托书在官网可以下载。托管公告和托管入库公告上有相关信息可以查看，另外客户端会有滚动通知。

（8）鉴定时间是多少？

日期详见公告，鉴定时间是工作日上午 9：00 开始。

11.3.2　邮币卡的交收

邮币卡的交收流程，具体如下。

（1）申请交收方式：客户端提交交收申请，并下载提货单；

（2）申请交收时间：交易日的 9：00～11：30，13：00～15：00；

（3）交收时间限制：《提货通知单》在指定交收时间内有效，过期作废；

（4）实物交收时间：指定交收日的 9：45～16：00；

（5）实物交收须由本人或委托代理人（委托人请携带好委托授权书，委托人和被委托人的有效身份证件前往）到指定地点办理。

11.4　邮币卡交易软件

需要实战炒邮币卡，首先要下载邮币卡交易软件，然后登录即可进行买卖操作。下面先来讲解一下邮币卡交易软件的下载和安装。

11.4.1　邮币卡交易软件的下载

在浏览器的地址栏中输入"http://www.mycollection.com.cn"，然后按回车键，进入"渤商邮币卡交易中心"的首页页面，如图 11.11 所示。

图11.11　"渤商邮币卡交易中心"的首页页面

单击"相关下载"超链接，进入下载页面，如图 11.12 所示。

图11.12　下载页面

如果你的计算机是 Windows 7 及以上操作系统，需要单击"PC 客户端下载【Win7 及以上】"对应的下载按钮 ⬇；如果你的计算机是 XP 操作系统，需要单击"PC 客户端下载【XP】"对应的下载按钮 ⬇。

在这里单击"PC 客户端下载【Win7 及以上】"对应的下载按钮 ⬇，弹出"新建下载任务"对话框，如图 11.13 所示

单击"浏览"按钮，弹出"浏览计算机"对话框，可以选择将文件放在文件夹，在此放在桌面上，如图 11.14 所示。

图11.13　"新建下载任务"对话框　　　　图11.14　"浏览计算机"对话框

设置好安装位置后，单击"确定"按钮即可。

单击"新建下载任务"对话框中的"下载"按钮，即可下载软件，并可以看到下载进度，如图 11.15 所示。

下载成功后，即可在桌面上看到下载的压缩文件，选择该文件后右击，弹出快捷菜单，如图 11.16 所示。

图11.15　下载软件　　　　　　　　　图11.16　快捷菜单

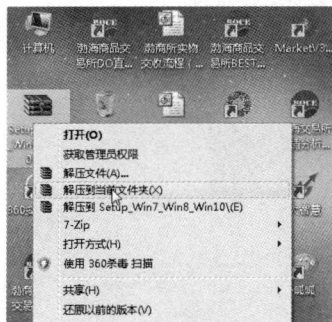

在快捷菜单中，选择"解压到当前文件夹"命令，即可解压，解压成功后，双击"Setup_Win7_Win8_Win10"文件夹，即可看到邮币卡交易软件的安装文件，如图 11.17 所示。

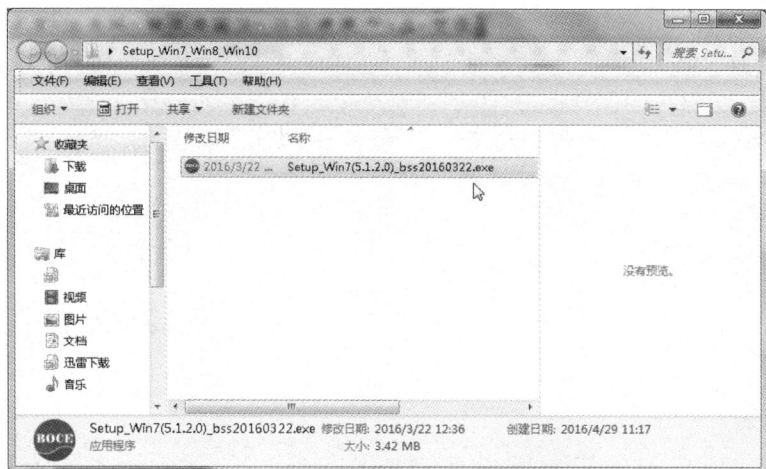

图11.17 邮币卡交易软件的安装文件

11.4.2 邮币卡交易软件的安装

邮币卡交易软件的安装文件下载成功后，双击该安装文件图标，弹出"渤商收藏品交易中心（Win7版）安装向导"对话框，如图11.18所示。

单击"下一步"按钮，可以选择邮币卡交易软件的安装位置，这里安装在"E:\渤商收藏品交易中心（Win7版）"，如图11.19所示。

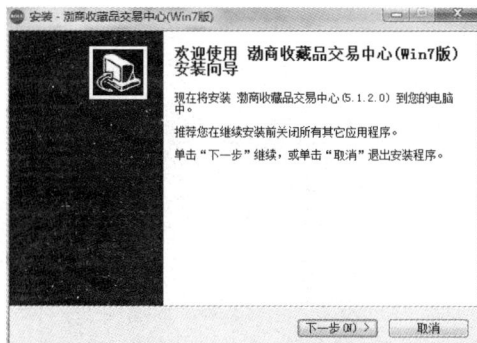

图11.18 "渤商收藏品交易中心（Win7版）安装
向导"对话框

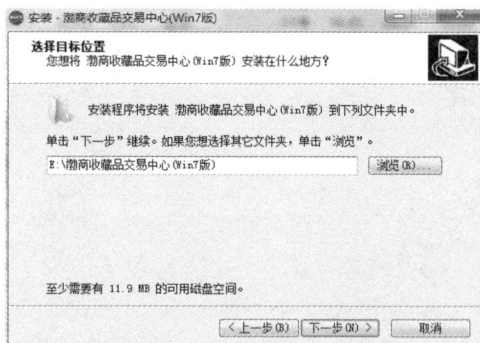

图11.19 邮币卡交易软件的
安装位置

单击"下一步"按钮，即可安装邮币卡交易软件，并可以看到安装进度，如图11.20所示。

邮币卡交易软件安装成功后，在桌面上可以看到其快捷图标，如图11.21所示。

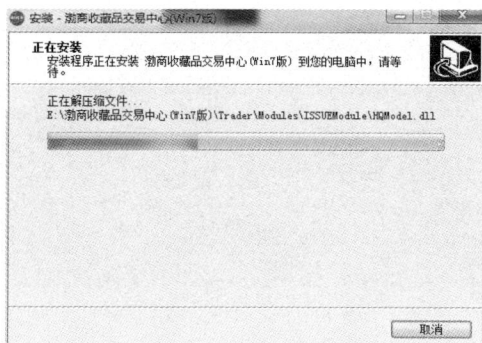

图11.20　安装邮币卡交易软件　　　　　图11.21　快捷图标

11.4.3　邮币卡交易软件的登录与入金

邮币卡交易软件成功安装后，双击邮币卡交易软件图标，即可打开该软件，显示的是登录界面，如图 11.22 所示。

在登录之前，可以查看行情信息、配置服务、测速，如果没有开户，还可以在线开户。操作都很简单，单击相应的按钮即可。

正确输入用户名、密码、验证码后，单击"登录"按钮，弹出"交易商承诺"对话框，如图 11.23 所示。

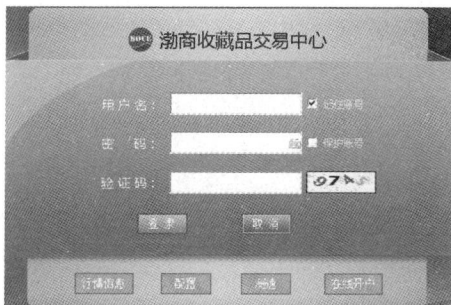

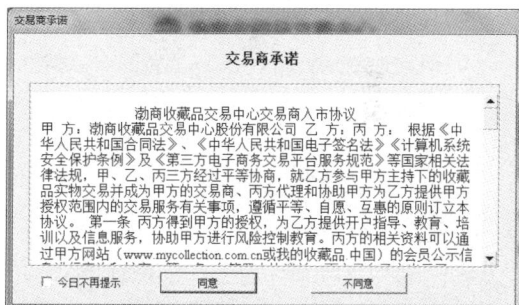

图11.22　登录界面　　　　　　图11.23　"交易商承诺"对话框

单击"同意"按钮，即可成功登录，如图 11.24 所示。

成功登录后，可以看到邮币卡的报价信息、买卖信息、资金信息。也可以看到，现在可用资金、可取资金、持有市值、总资金都为 0。

想要进入交易，就需要先入金，下面来具体讲解一下。

单击"出入金"按钮，进入"出入金"界面，如图 11.25 所示。

在"出入金"对应的下拉列表框中，选择"入金"选项；在选择银行对应的下拉列表框中选择"农业银行"选项（你开户用的哪个银行，就选择哪家银行）；然后输入金额和账户密码，如图 11.26 所示。

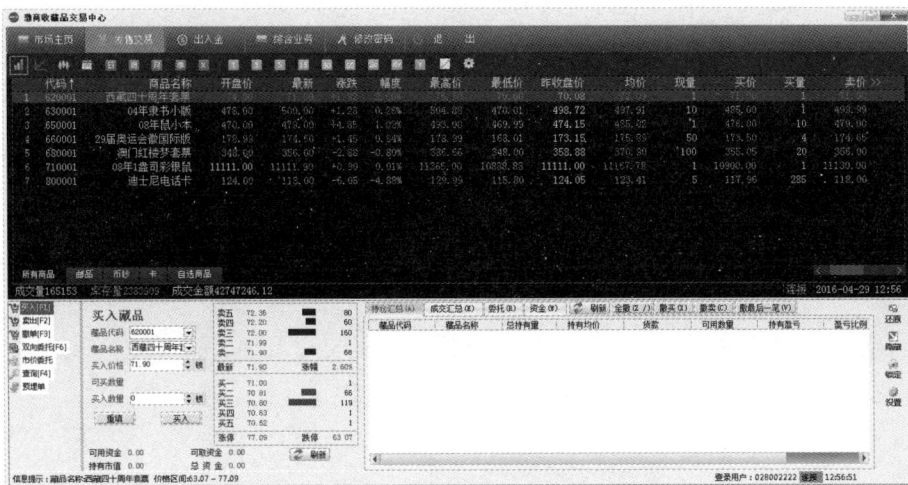

图11.24 成功登录

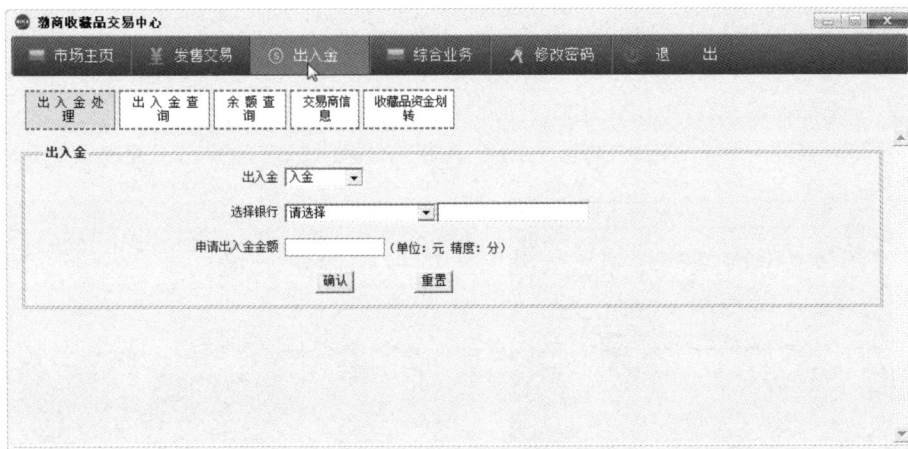

图11.25 "出入金"界面

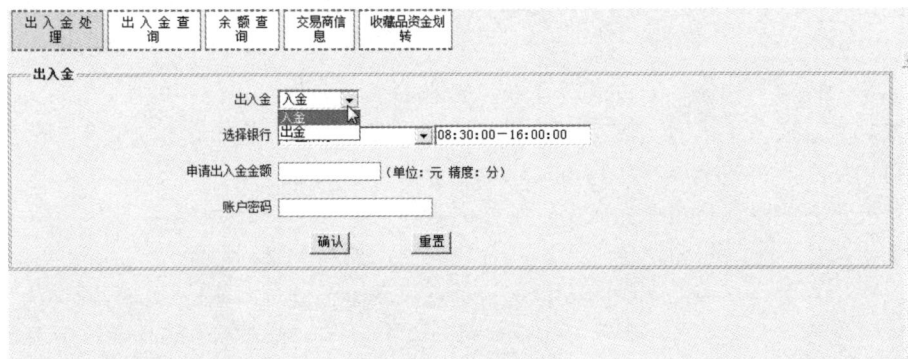

图11.26 入金操作

正确输入各项信息后，单击"确认"按钮，弹出提示对话框，如图 11.27 所示。

单击"确定"按钮，即可成功入金。

单击"出入金查询"选项卡，即可看到具体的入金信息，如图 11.28 所示。

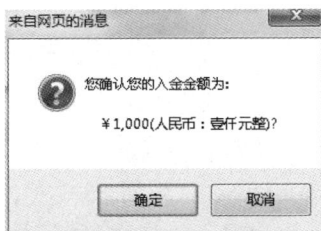

图11.27　提示对话框

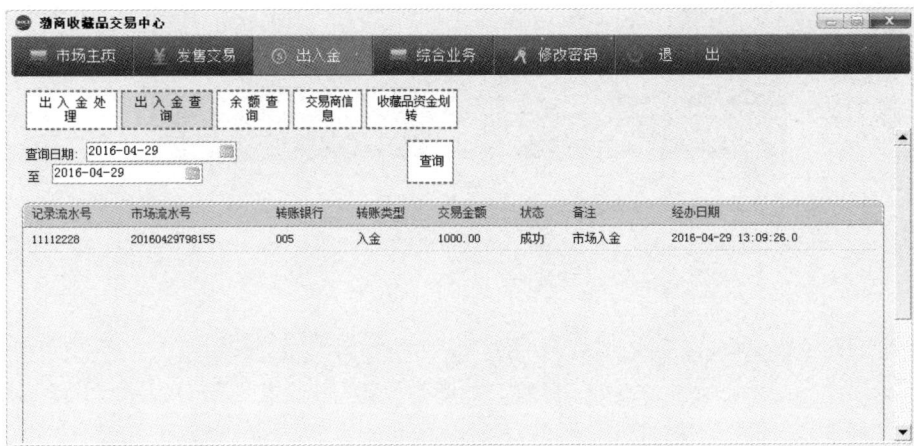

图11.28　具体的入金信息

除了从银行卡中入金之外，还可以从渤海商品账户中转入资金。单击"收藏品资金划转"选项卡，即可看到资金信息，即 Best 系统资金信息和收藏品系统资金，如图 11.29 所示。

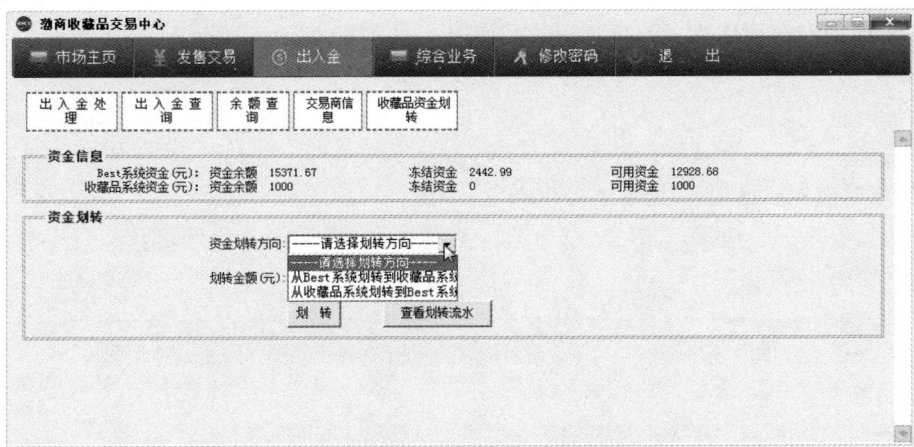

图11.29　收藏品资金划转

单击"资金划转方向"对应的下拉按钮，选择"从 Best 系统划转到收藏品系统"选

项，然后输入划转金额，单击"划转"按钮，弹出提示对话框，如图 11.30 所示。

单击"确定"按钮，即可成功划转。

单击"发售交易"按钮，进入交易界面，然后再单击"刷新"按钮，即可看到已成功入金 2 000 元，如图 11.31 所示。

出金是与入金的反向操作，即把收藏品账户中的资金转到银行卡上或划转到 Best 系统中，操作方法与入金相同，在此不再赘述。

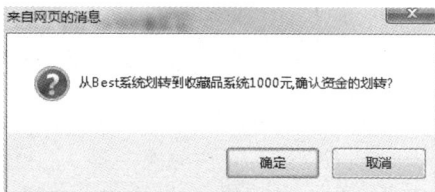

图11.30　提示对话框

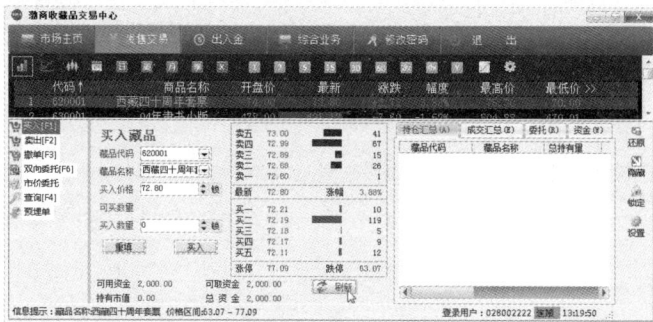

图11.31　成功入金

11.4.4　邮币卡交易的技巧

成功入金后，即可炒邮币卡。邮币卡的分析技术本书已做详细讲解，下面利用这些技术进行交易。

单击左侧列表框中的"买入"选项卡（图 11.31），即可看到买入藏品信息，即藏品代码、藏品名称、买入价格、买入数量。另外，在其右侧还可以看到 5 档买卖盘信息。

正确输入各项信息后，单击"买入"按钮，弹出"委托单信息"对话框，如图 11.32 所示。

图11.32　"委托单信息"对话框

单击"确定"按钮，即可成功下单。单击"委托"选项卡，即可看到委托信息，如图 11.33 所示。

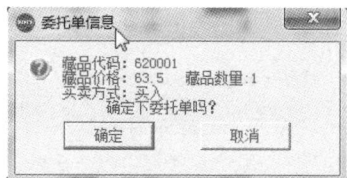

图11.33　委托信息

如果想要撤销委托的单子，选择该单子，单击"撤买"按钮，弹出"撤单操作"对话框，如图 11.34 所示。

单击"确定"按钮，即可成功撤单。

在这里还可以查看持仓信息、成交信息、资金信息，操作方法很简单，只需单击相对应的选项卡即可。在此单击"资金"选项卡，可以看到账户的资金信息，如图 11.35 所示。

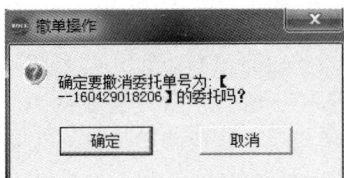

图11.34 "撤单操作"对话框

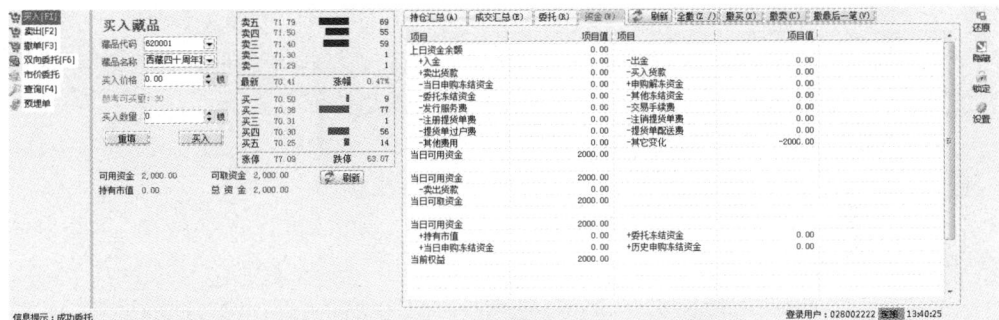

图11.35 账户的资金信息

单击左侧的"卖出"选项卡，即可看到邮币卡的卖出信息，如图 11.36 所示。

图11.36 邮币卡的卖出信息

另外，还可以进入双向委托、市价委托、预埋单及查询信息，操作很简单，在此不再赘述。

11.5 邮币卡交易的专业术语解释

下面来讲解邮币卡交易的专业术语及解释。

（1）升高盘：是指开盘价比前一天收盘价高出许多。

（2）开低盘：是指开盘价比前一天收盘价低出许多。

（3）盘档：是指投资者不积极买卖，多采取观望态度，使当天价格的变动幅度很

小，这种情况称为盘档。

（3）整理：是指藏品价格经过一段急剧上涨或下跌后，开始小幅度波动，进入稳定变动阶段，这种现象称为整理，整理是下一次大变动的准备阶段。

（4）盘坚：藏品价格缓慢上涨，称为盘坚。

（5）盘软：藏品价格缓慢下跌，称为盘软。

（6）跳空：是指受强烈利多或利空消息的刺激，藏品价格开始大幅度跳动。跳空通常在藏品价格大变动的开始或结束前出现。

（7）回档：是指价格在上升过程中，因上涨过速而暂时回跌的现象。

（8）反弹：是指在下跌的行情中藏品价格下跌速度太快，受到买方支撑面暂时回升的现象。反弹幅度较下跌幅度小，反弹后恢复下跌趋势。

（9）成交笔数：是指当天各种藏品交易的次数。

（10）成交额：是指当天每种藏品成交的价格总额。

（11）多头：对收藏品后市看好，先行买进藏品，等价格涨至某个价位，卖出藏品赚取差价的投资者。

（12）空头：是指收藏品已上涨到了最高点，很快便会下跌，或当藏品已开始下跌时，趁高价卖出的投资者。

（13）多头市场：也称为牛市，就是藏品价格普遍上涨的市场。

（14）空头市场：也称为熊市，就是藏品价格普遍下跌的市场。

（15）踏空：是指由于收藏品价格上扬而使得持有者未能买到低价。有时也称为资金在手而未能买到低价的品种。

（16）解套：藏品价格回升而使被套牢的投资者能将藏品不赔本卖出。

第 12 章

邮币卡的申购技巧

许多邮币卡上市后都能创造几倍乃至几十倍的涨幅，这种高回报率也吸引了大量的资金竞逐。下面来具体讲解一下邮币卡的申购技巧。

12.1 邮币卡打新成投资新宠

能赚钱的人总是先知先觉的人，当很多人还在惊叹股票打新的绝对收益时，另外一群投资者已经在邮币卡市场通过打新赚取成倍的利益。

12.1.1 什么是邮币卡打新

邮币卡打新，又称为邮币卡申购，就是使用资金参与邮票、钱币、磁卡等文交所上市的藏品申购，如果中签的话，就买到了即将上市的藏品。网下的只有机构能申购，网上的本人就可以申购。简单来说，打新就是申购。

12.1.2 邮币卡打新的超高收益率

每种新上市的藏品都会有一个线下发行价格，投资者可以通过邮币卡交易软件进行申购，获得原始价格的藏品。

上市第一天的涨幅是 30%，之后每天涨幅限制是 10%。新品上市一般会有十几到三十几个，甚至更多的涨停板，所以收益非常可观，如图 12.1 所示。

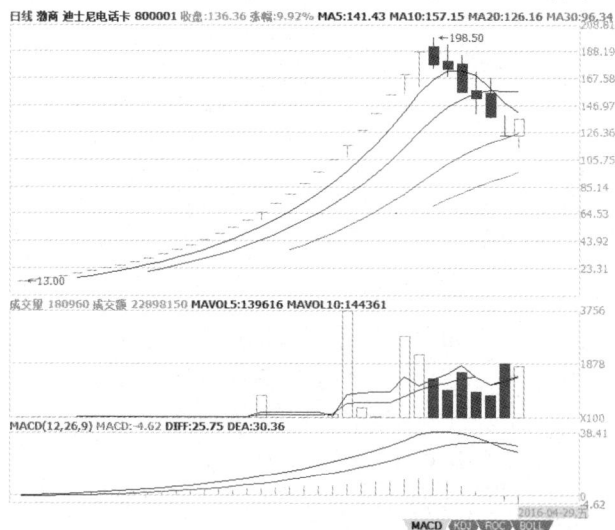

图12.1　渤商的"迪士尼电话卡"（800001）的日K线图

申购新品，资金在申购单日（T 日）：投资者在申购时间内缴足申购款，进行申购委托，申购委托提交后，申购资金将被冻结。

第二日抽签（T+1 日）：根据抽签规则进行抽签，晚间公布中签结果，对未中签部分的申购款予以解冻。

第三日公布中签结果（T+2 日）：藏品上市交易，可以买卖或者继续持有。

12.1.3　邮币卡打新与股票打新的区别

邮币卡打新与股票打新的区别主要有 4 点，分别是回报率高低有别；中签以后操作获利方式不同；邮币卡市场"中签"容易，准入门槛低；打新中签股票，提取实物权利，如图 12.2 所示。

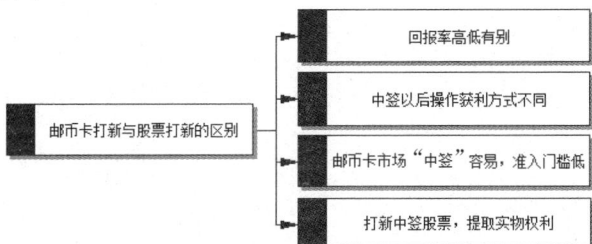

图12.2　邮币卡打新与股票打新的区别

（1）回报率高低有别

邮币卡电子盘与股票一样具有相当好的流动性；由于邮币卡市场大环境的持续走好，其收益率十分惊人，而且涨势持续时间较长，往往一款产品在短短几天内价格就较上市价翻一番，部分品种上市几个月内涨幅甚至达到 500%～4 000%。纵观各大文交所和交易中心的电子盘走势，60%的邮币卡商品都处于上涨态势，40%的涨停率，涨势惊人，这与邮币卡市场本身的品种属性是分不开的：邮币卡商品发行量既定，随着时间的流逝，收藏加上损耗，市场流通量必然逐渐降低，其价格具有天然的上涨趋势。

（2）中签以后操作获利方式不同

众所周知，A 股市场的股票操作是 T+1 机制，即当日买入品种不可当日卖出。但邮币卡电子盘可做 T+0 交易，当日买入亦可当日卖出，国内股市只有上证、深证两个交易所，可以参与打新。而目前国内上线运营的邮币卡电子盘已有近百家，投资者可以同时在多个交易中心开户，进行操作，虽然一家平台中签率比较低，但是可以错开时间进行几家平台的操作，这样提高了资金利用率。

（3）邮币卡市场"中签"容易，准入门槛低

邮币卡电子盘机制更务实、更接地气，对交易商申购"不设下限"，对所有参与申购的交易商，中签比例不以持仓金额与申购金额大小为限制，只要有参与的意愿，大家都有中签的机会，这给了年轻人和资金量小的群体一个新的选择。同时，交易商当日入金申购，翌日公布中签结果，不滞留、不占用交易商资金。

（4）打新中签股票，提取实物权利

股票的操作过程中，一般一只好的股票可能持有几年的时间，甚至更长，在不打算继续持有的情况下，根据情况卖掉出金，如果亏损资金就打了水漂。但是邮币卡电

子盘通常一只股票在短时间内就可以反复买卖，不受时间限制，即使不想继续操作，也可以到实体店提取邮币卡实物，继续收藏升值。

12.2 利用邮币卡交易软件进行邮币卡申购

下面讲解一下如何利用邮币卡交易软件进行邮币卡申购。

12.2.1 邮币卡申购的方法与技巧

双击邮币卡交易软件图标，即可打开该软件，显示的是登录界面，如图 12.3 所示。

正确输入用户名、密码和验证码后，单击"登录"按钮，即可成功登录，如图 12.4 所示。

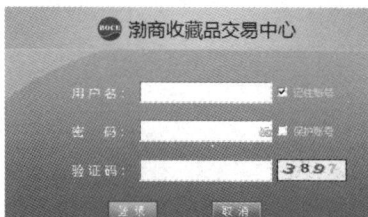

图12.3　登录界面

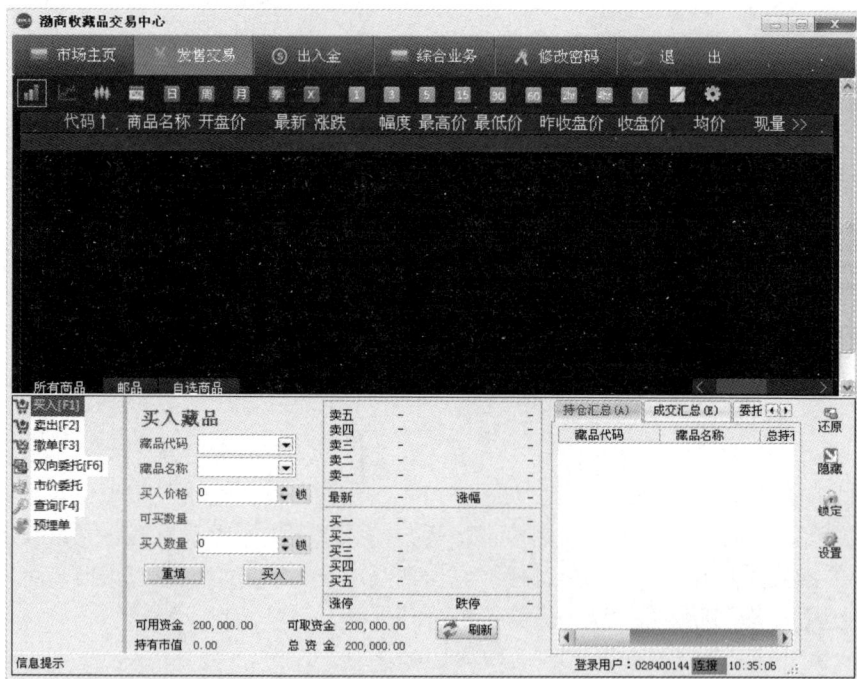

图12.4　成功登录界面

单击"综合业务"按钮，即可在"快捷通道"选项中看到"商品申购"，如图 12.5 所示。

单击"商品申购"超链接，进入"发售业务"界面，选择左侧导航栏中的"商品申购"选项，即可看到要申购的商品，如图 12.6 所示。

如果想要申购哪种商品，只需单击其对应的"申购"超链接即可。在此单击"08

年鼠小本"后面的"申购"超链接，打开"客户添加信息"对话框，如图 12.7 所示。

图12.5　综合业务

图12.6　要申购的商品

图12.7 "客户添加信息"对话框

在这里可以看到商品信息和最大可申购量，输入要申购的数量，然后单击"提交"按钮，弹出提示对话框，如图 12.8 所示。

单击"确定"按钮，即可申购成功，并弹出"申购委托成功"提示对话框，如图12.9 所示。

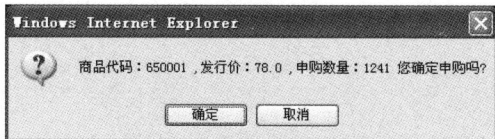

图12.8 提示对话框

图12.9 "申购委托成功"提示对话框

单击"确定"按钮即可。

12.2.2 邮币卡申购记录查询

如果要查看邮币卡申购记录，选择"综合业务"界面中左侧导航栏中的"申购记录"选项，如图 12.10 所示。

接下来设置查询时间，单击"查询日期"后面的文本框，即可设置时间，在这里设置查询时间为 2016 年 1 月 1 日至 2016 年 4 月 30 日，如图 12.11 所示。

设置好查询时间后，单击"立即搜索"按钮，即可查看 2016 年 1 月 1 日至 2016 年 4 月 30 日的邮币卡申购记录，如图 12.12 所示。

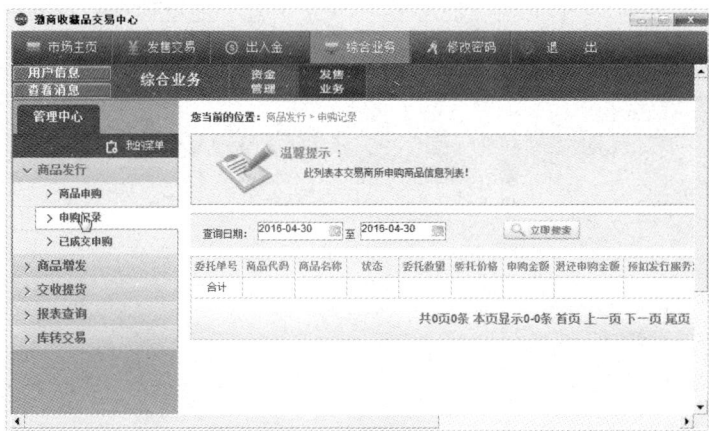

图12.10　申购记录

图12.11　设置查询时间

图12.12　2016年1月1日至2016年4月30日的邮币卡申购记录

还可以查看已成交申购邮币卡的记录。选择"综合业务"界面中左侧导航栏中的"已成交申购"选项，进入已成交申购邮币卡的界面，如图 12.13 所示。

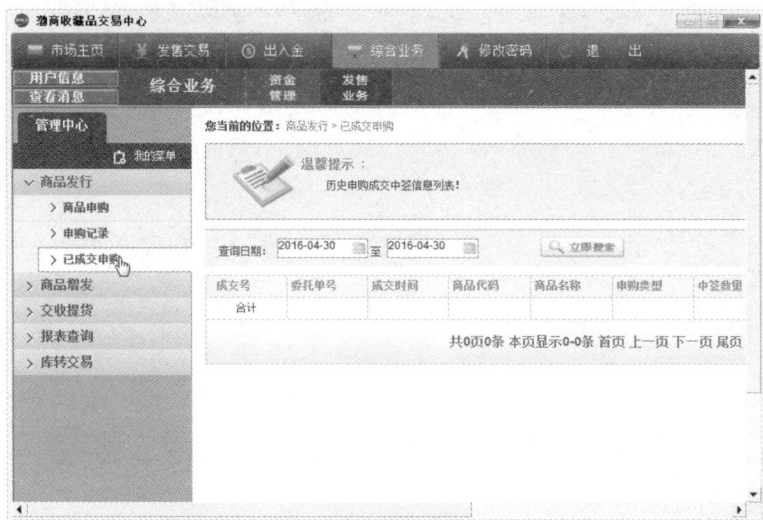

图12.13　已成交申购邮币卡的界面

设置查询时间为 2016 年 1 月 1 日至 2016 年 4 月 30 日，然后单击"立即搜索"按钮，如图 12.14 所示。

图12.14　2016年1月1日至2016年4月30日已成交申购邮币卡

12.2.3　邮币卡申购的技巧

邮币卡申购的技巧主要有 3 点，分别是全仓出击一个新藏品、读懂申购公告提高

效率和合作提高中签率，如图 12.15
所示。

（1）全仓出击一个新藏品

由于参与新股申购，资金将被锁
定几天，如果官网出现原始股申购，
投资者就应该选准一只，并调用可用
的最大资金全仓进行申购，以提高中

图12.15　邮币卡申购的技巧

签率。优先申购流通市值最大的一只个股，中签的可能性将增大。

（2）读懂申购公告提高效率

在邮币卡电子盘中，比如在南京文交所电子盘中，分为资金申购和市值申购。市
值申购要求投资者购买藏品，在账户内保证有一定的市值，前提是投资者确保资金购
买的藏品不会大跌，如果藏品出现大跌的情况，就得不偿失了。

（3）合作提高中签率

对于不同新藏品而言，当申购资金达到一定数目时，中签率就会有保障，在事先
约定好如何分割收益的情况下，为了提高中签率，散户也可齐集亲朋好友的资金打新
股以获取平均收益。

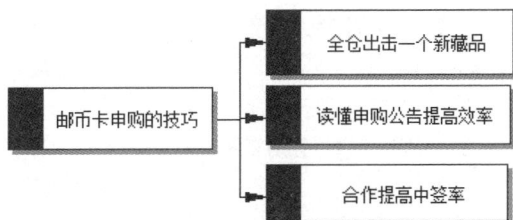

12.2.4　关于《85 年 5 角硬币》等托管藏品申购的公告

根据托管入库结果，《85 年 5 角硬币》、《白鹤小型张》、《移动通信片 B》和《中
山故居片》符合渤商邮币卡交易中心托管藏品上市标准。经研究决定，渤商邮币卡交
易中心将于 2016 年 5 月 9 日对上述藏品进行公开申购。本次申购采取按持仓市值比例
和申购资金比例分配的方式进行，具体事项如下。

一、申购须知

1．申购时间为 2016 年 5 月 9 日的 9：30～11：30，13：00～15：00。

2．交易中心对申购中签者按中签藏品价值（中签数量×申购价）收取 0.3%的申
购服务费和 3%的托管费。

3．藏品托管人不能参与其托管藏品的申购。

4．本次申购成功比例为 60%，即实际申购量超过申购发行总量的 60%则发行成
功，低于 60%则发行失败，发行失败将不进行中签分配，并公告发行失败，申购资金
将退回交易商的资金账户。

二、中签分配方式

30%按持仓市值分配，70%按申购资金分配。

步骤 1：按持仓市值比例分配中签号数

系统设置申购总数的 30%，优先给申购当日所有参与申购某一藏品且有持仓的交
易商分配，规则为按交易商持仓市值占参与申购此藏品所有交易商的总市值的比例分

配，不足 1 签的舍去；

步骤 2：按申购资金比例分配中签号数

系统设置申购总数的 70%，此部分按参与申购某一藏品交易商的实际申购资金比例分配。规则为按交易商持申购资金占总申购资金的比例分配，不足 1 签的舍去；

步骤 3：如存在步骤 1、步骤 2 抽完仍有剩余未分配签的情况（因为不足 1 的都舍去），随机分给剩余未中签号。

三、申购流程

1．交易商申购（2016 年 5 月 9 日）：交易商在申购时间内缴足申购货款和申购手续费，进行申购委托，申购委托提交后，申购货款及相应申购手续费将被冻结。

2．抽签（2016 年 5 月 10 日）：本中心根据抽签规则进行抽签。

3．公布中签结果（2016 年 5 月 11 日）：对未中签部分的申购货款及相应申购手续费予以解冻。

4．托管交易（2016 年 5 月 13 日）：收藏品实物进行托管交易。

12.3　利用邮币卡交易软件进行邮币卡配售

下面讲解一下如何利用邮币卡交易软件进行邮币卡配售。

12.3.1　邮币卡配售的条件

下面以渤商邮币卡交易中心为例来讲解一下。

应广大客户群体的强烈需求，经渤商邮币卡交易中心（下文简称"本中心"）研究决定，对部分托管藏品向交易商进行定向配售，具体事项公告如下。

一、参与定向配售的交易商须满足下列条件之一

1．在 2016 年 4 月 16 日至 2016 年 5 月 20 日期间注册成功，并首次入金至本中心收藏品系统的交易商；

2．在 2016 年 4 月 16 日之前注册成功，从未有过入金至本中心收藏品系统记录，在 2016 年 4 月 16 日至 2016 年 5 月 20 日期间首次入金至本中心收藏品系统的交易商；

3．在本中心于 2016 年 3 月 30 日发布"关于《中山故居片》等藏品向交易商定向配售活动的公告"的活动有效期内符合统计条件，但未排在前 30 000 名的交易商。

二、定向配售信息

1．每个获得配售名额的交易商将配售按托管基准价计算总市值为 30 元的藏品。

2．定向配售藏品数量有限，总配售户数为 50 000 户，配完为止。

3．定向配售时间在 2016 年 5 月 23 日至 5 月 31 日之间。

三、交易商须知

1．交易商入金操作须登录本中心交易客户端通过"出入金"菜单完成，客户端出

入金时间为周一到周五交易日的 9：00～15：00；

2．交易商入金至本中心收藏品系统后，需登录本中心交易客户端，通过"综合业务"菜单查询综合可用资金是否增加以确保入金成功，若综合可用资金未增加则视为入金失败，将不能获得配售；

3．获得藏品配售的交易商，本中心将收取托管基准价 0.3%的手续费和托管基准价 3%的托管费；

4．若在上述时间内符合配售条件的总户数大于可配售总户数，本中心将根据交易商首次入金至本中心收藏品系统的先后顺序进行配售，配完为止；

5．定向配售时间在 2016 年 5 月 23 日至 5 月 31 日之间，所有获得定向配售的交易商，应在获得配售前始终确保其交易账户中收藏品系统可用资金余额不少于 35 元，交易商若在配售时因本中心收藏品系统账户资金不足而造成配售失败的，则视为交易自动放弃配售，请各交易商务必准备好藏品配售所需资金。

12.3.2　查询邮币卡配售记录

在"综合业务"界面下，单击"商品增发"选项卡，即可看到"配售查询"，选择"配售查询"选项，如图 12.16 所示。

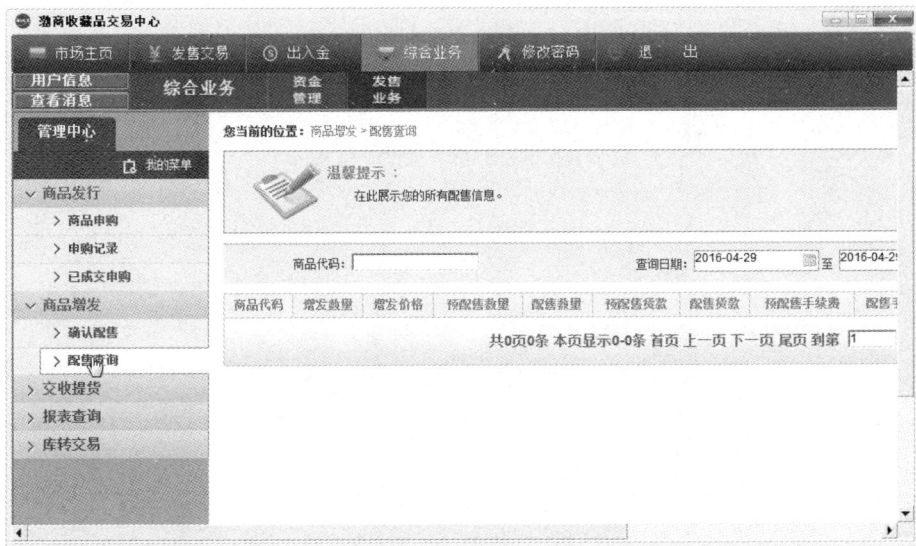

图12.16　配售查询界面

在"配售查询"界面下，设置查询时间，时间为 2016 年 1 月 1 日至 2016 年 4 月 30 日，设置完成后，单击"立即搜索"按钮，如图 12.17 所示。

渤商收藏品交易中心

市场主页　　发售交易　　出入金　　综合业务　　修改密码　　退出

资金　发售
管理　业务

当前的位置：商品增发 » 配售查询

温馨提示：
在此展示您的所有配售信息。

商品代码：　　　　　　　　　查询日期：2016-01-01 至 2016-04-30　　　　　立即搜索

品代码	增发数量	增发价格	预配售数量	配售数量	预配售货款	配售货款	预配售手续费	配售手续费	登记日期	增发日期	上市日期	配售状态
30001	74,145	90.00	19	19	1,710.00	1,710.00	56.43	56.43	2016-03-09	2016-03-09	2016-03-10	已配售
50001	41,657	78.00	10	10	780.00	780.00	25.74	25.74	2016-03-09	2016-03-09	2016-03-10	已配售
60001	116,071	39.00	30	30	1,170.00	1,170.00	38.61	38.61	2016-03-09	2016-03-09	2016-03-10	已配售
00001	260,724	10.00	65	65	650.00	650.00	21.45	21.45	2016-03-09	2016-03-09	2016-03-10	已配售
80001	99,033	39.00	26	26	1,014.00	1,014.00	33.46	33.46	2016-03-10	2016-03-10	2016-03-11	已配售
20001	366,491	10.00	92	92	920.00	920.00	30.36	30.36	2016-03-10	2016-03-10	2016-03-11	已配售
10001	2,928	1,080.00	1	1	1,080.00	1,080.00	35.64	35.64	2016-03-09	2016-03-09	2016-03-10	已配售

共1页7条 本页显示1-7条 首页 上一页 下一页 尾页 到第 1 页 转到

62%　↑ 0.4K/s　↓ 0.4K/s

图12.17　查询邮币卡配售记录